中国科技创新政策与国际经贸规则协调研究

Research on the Coordination between China's S&T Innovation Policies and International Economic and Trade Rules

黄 宁　陈宝明◎著

经济管理出版社
ECONOMY & MANAGEMENT PUBLISHING HOUSE

图书在版编目（CIP）数据

中国科技创新政策与国际经贸规则协调研究/黄宁，陈宝明著．—北京：经济管理出版社，2020.8

ISBN 978-7-5096-7402-4

Ⅰ.①中… Ⅱ.①黄… ②陈… Ⅲ.①进出口贸易商用规则—关系—技术革新—科技政策—研究—中国 Ⅳ.①G322.0

中国版本图书馆 CIP 数据核字(2020)第 157320 号

组稿编辑：申桂萍
责任编辑：申桂萍　王虹茜
责任印制：黄章平
责任校对：董杉珊

出版发行：经济管理出版社
（北京市海淀区北蜂窝 8 号中雅大厦 A 座 11 层　100038）
网　　址：www.E-mp.com.cn
电　　话：（010）51915602
印　　刷：北京晨旭印刷厂
经　　销：新华书店
开　　本：720mm×1000mm/16
印　　张：16.5
字　　数：286 千字
版　　次：2020 年 8 月第 1 版　　2020 年 8 月第 1 次印刷
书　　号：ISBN 978-7-5096-7402-4
定　　价：68.00 元

摘 要

随着中国科技创新实力与高技术产业竞争力的快速提升，与中国科技创新政策相关的国际经贸摩擦也在迅速增多。中国在建设创新型国家和世界科技强国的过程中，需要越来越多地考虑科技创新政策与国际经贸规则协调的问题。

本书以中国科技创新政策与国际经贸规则的协调为研究内容，系统分析中国科技创新政策与相关国际经贸规则之间的适应性问题，以及国际经贸规则调整对于中国科技创新政策的潜在约束，并在深入研究政策与规则的关系、借鉴发达国家典型经验的基础上，提出了完善相关政策与规则协调的建议。

首先，本书梳理总结了影响中国科技创新政策的主要规则。包括《WTO 协定》及中国加入世界贸易组织承诺、多哈回合贸易谈判相关议题，以及近年较有影响力的诸边、区域与双边协定（谈判）中的部分条款。并基于中国科技创新战略和科技体制改革的演进阶段，分析了中国科技创新政策体系与国际经贸规则协调程度的变化。

其次，本书详细研究了中国科技规划、科技计划、科技税收、科技金融、创新产品政府采购和知识产权六类科技创新政策在 WTO 下的合规问题，并揭示了六类政策在合规问题上的不同特点。同时，本书基于中国加入 WTO 以来的被诉案件，分析了中国科技创新政策被诉的趋势与特征。本书还从 WTO 争端解决案件中选取了五个代表性案例，研究了美国、欧盟、英国、加拿大等发达成员在科技创新政策合规问题上的经验教训。

再次，对于国际经贸规则的新一轮调整，本书重点分析了 WTO 改革中的补贴规则调整、贸易协定中的国有企业规则与知识产权规则对中国科技创新政策的可能影响，以及中国数据本地化政策与美国、欧盟跨境数据流动规则的协调问题。

最后，本书提出了策略建议，认为中国应加强新出台政策与国际规则的衔接，充分利用现行规则的政策空间，围绕重点产业构建摩擦预警和应对机制。另外，应在国际经贸规则谈判中重新定位科技创新，扩大高新技术产业领域的市场准入，并考虑积极推动构建全球科技创新治理体系。

缩略语

ACTA	《反假冒贸易协定》
APEC	亚洲太平洋经济合作组织
AFA	不利可得事实
BCRs	约束性公司规则
BITs	双边投资协定
CBPRs	跨境隐私规则
CETA	《综合性经济与贸易协定》
CPTPP	《全面与进步跨太平洋伙伴关系协定》
DOD	美国国防部
DSB	争端解决机构
DSM	争端解决机制
FTAs	自由贸易协定
GATS	《服务贸易总协定》
GATT	《关税与贸易总协定》
GATT1947	《1947 年关税与贸易总协定》
GATT1994	《1994 年关税与贸易总协定》
GDPR	《统一数据保护条例》
GMOs	转基因生物体
GPA	《政府采购协定》
G8	八国集团
G20	二十国集团
LATR	低于合理回报
MFN	最惠国待遇
NAFTA	《北美自由贸易协定》

NASA	美国国家航空航天局
OECD	经济合作与发展组织
PTAs	优惠贸易协定
RCEP	《区域全面经济伙伴关系》
RTAs	区域贸易协定
R&D	研究与试验发展
SCM	补贴与反补贴措施
SPS	卫生与植物卫生措施
TBT	技术性贸易壁垒
TiSA	《国际服务贸易协定》
TPP	《跨太平洋伙伴关系协定》
TRIMs	与贸易有关的投资措施
TRIPS	与贸易有关的知识产权
TTIP	《跨大西洋贸易与投资伙伴协议》
USMCA	《美国—墨西哥—加拿大协议》
USTR	美国贸易代表
WIPO	世界知识产权组织
WTO	世界贸易组织

目　录

第一章　导　论

第一节　问题的提出

随着经济科技全球化的深入发展，科技创新政策与国际经贸规则协调的重要性日益提升。从发展趋势来看，当前主要有四个方面的因素使得中国科技创新政策与国际经贸规则协调的问题越来越凸显，甚至成为中国参与全球治理和处理对外关系时的重要议题。一是国际经贸规则展开新一轮调整，呈现进一步侵蚀国内政策空间的趋势。二是中国在世界经济与贸易中占据较大比重，中国国内政策对世界经济与贸易的影响越发受到关注。三是中国进入新的发展阶段，对科技创新支撑经济与社会发展的需求迅速提升。四是全球科技创新竞争空前激烈，进一步增强了其他国家对中国科技创新政策实施干扰的意愿。

首先，国际经贸规则在多个层面展开新一轮调整，国内政策空间进一步承压。2008 年金融危机以后，全球经贸领域展开了自 1986 年乌拉圭回合谈判以来的新一轮规则调整。在多边层面，虽然多哈回合谈判始终没有取得决定性突破，但世界贸易组织（World Trade Organization，WTO）改革已经成为共识，WTO 框架下电子商务领域的诸边谈判也已经启动。在诸边和区域层面，《跨太平洋伙伴关系协定》（*Trans – Pacific Partnership Agreement*，TPP）、《跨大西洋贸易与投资伙伴协定》（*Transatlantic Trade and Investment Partnership*，TTIP）、《服务贸易协定》（*Trade in Services Agreement*，TiSA）等大型经贸协定的谈判一度成为全球经济治理的焦点，并在很大程度上代表了国际经贸规则的未来发展方向。TPP 在 2015 年达成最终协定，虽然在 2016 年受美国国内政治的影响而遭遇了重大挫折，但其协定规则的影响已经显现。在美国的要求和主导下，2018 年美国、墨西哥、加拿大三国谈判达成的取代《北美自由贸易协定》（*North American Free Trade Agreement*，*NAFTA*）的《美国—墨西哥—加拿大协议》（US - *Mexico* - *Canada Agreement*，USMCA）中，纳入了 TPP 中的环境与劳工标准、国有企业等条款。在双边层面，主要经济体之间开始缔结包含新规则的经贸协定，欧盟与加拿大之间的《综合性经济贸易协议》（*Comprehensive Economic and Trade Agreement*，CETA）在 2016 年正式签署，美国与韩国达成的双边 FTA 也在 2018 年重新修订。从本轮规则调整的参与主体来看，发达经济体是规则调整的主要推动者，其目的主要在于维护自身竞争优势，并对不断成长的发展中经济体施加更严格的规则约束。从规则内容来看，本轮规则调整的方向一方面是进一步扩大市场开放、消除贸易与投资壁垒，另一方面则是强调高标准、高水平，将规则调整的范围从传统的边境措施向边境后措施延伸，试图在竞争政策、政府采购、知识产权、数字贸易、环境保护、劳工标准及国有企业等议题上形成新规则。这种规则范围的扩展，必然使更多的国内政策的制定和实施进入其管辖范围，从而呈现出进一步侵蚀国内公共政策空间的趋势。

其次，中国在世界经济与贸易中占据重要地位，国内政策受到前所未有的外部关注。2010 年中国首次超过日本成为世界第二大经济体，2013 年中国首次超过美国成为世界第一大贸易国。中国经济成为世界经济增长的主要驱动力量。自 2006 年开始，中国对世界经济增长的贡献率一直保持世界第一位。2013—2018 年，中国经济年均增长率为 7%，对世界经济增长的年均贡献率为 28.1%。而随着中国融入全球化的程度不断加深，中国对世界经济与贸易的影响大幅提升，国际上要求中国承担更多国际责任的声音增多，对中国公共政策的关注度也不断提高。这些关注不仅围绕汇率政策、货币政策等直接与国际经济贸易相关的政策，而且也越来越多地指向了产业政策、创新政策等传统国内政策的领域。仅从科技创新政策领域看，从自主创新政策到战略性新兴产业支持政策，再到知识产权保护甚至网络安全立法，中国均受到外界的高度关注。

再次，中国进入新的发展阶段，对于科技创新驱动发展的战略需求越发迫切。一方面，新常态下中国经济增速放缓、原有的发展方式难以持续，科技创新对于未来中国经济持续健康发展的重要性越来越大。构建完整高效的科技创新政策体系，已经成为推动经济尽快走上创新驱动道路的必要条件。另一方面，中国特色社会主义进入新时代，对科技创新的目标和需求也提升到新的层次。党的十九大报告提出，到 2035 年中国经济实力、科技实力大幅跃升并跻身创新型国家前列。同时指出，中国经济已由高速增长阶段转向高质量发展阶段，正处在转变发展方式、优化经济结构、转换增长动力的攻关期，建设现代化经济体系必须提高全要素生产率，不断增强中国经济创新力和竞争力。

最后，国际科技创新竞争空前激烈，中国科技创新政策不断遭受质疑和打压。在新一轮科技革命和产业变革的大背景下，新的科技突破正在孕育形成，大数据、区块链、人工智能等领域的竞争空前激烈。各国纷纷出台以竞争高技术领先优势为目标的战略、规划或路线图。与此同时，中国科技创新不断取得重大突破，天宫、蛟龙、天眼、悟空、墨子、大飞机等重大科技成果相继问世。根据 WIPO 发布的《全球创新指数报告》，中国在 2016 年成为首个进入全球创新指数前 25 位的中等收入经济体，并在 2019 年跃升到全球第 14 位。这也意味着中国科技创新能力对其他国家构成的竞争压力越来越大，因而必然引发外界对中国科技创新政策的打压。在近年的中美创新对话、中美战略与经济对话、中美商贸联委会、中欧领导人会晤、中欧高级别战略对话等双边会晤机制和 WTO 等多边平台中，中国科技创新政策议题受到了前所未有的关注。美中经济安全审查委员会、美国国际贸易委员会甚至多次发布报告，公开指责中国科技创新政策。在 2016 年美国大选及英国脱欧等“黑天鹅”事件相继爆发后，中国科技创新的外部环境出现了更多的负面因素，国际经贸摩擦也迅速渗透到科技创新领域。针对中国技术转让政策的 WTO 争端，针对华为、中兴等中国高技术企业的出口管制，针对中国海外技术投资的严格限制，都是外部环境恶化的表现。

基于上述原因，中国科技创新政策的制定和实施需要更多地考虑到与国际经贸规则协调的问题。根据中国加入 WTO 承诺，与贸易相关的科技创新政策必须符合 WTO 规则。未来如果 WTO 规则完成改革，或者中国加入新的经贸协定，也应当确保科技创新政策不会违反新规则所规定的义务，否则可能产生以下三方面的负面影响：一是政策所支持的对象遭受惩罚性措施，失去外部市场准入机会或丧失部分竞争优势；二是政策本身在诉讼中被裁定违规，被迫取消或调整；三是在全球治理平台中产生外交压力，影响国际形象。

与此同时，在与国际经贸规则的关系中，中国科技创新政策也并非完全处于被动适应的地位。其原因是：第一，国际经贸规则的调整将是一个较长的过程，新的规则还没有完全成形。第二，随着经济与科技实力的提升，中国在国际规则的制定中已经具备一定的影响力。第三，在某些情形下，对国际规则的“有意违反”也是一种策略性的举措。例如，发达国家的过往经验显示，有时可以利用 WTO 争端解决机制“不溯及既往”的原则，在最终裁决作出之前取得政策实施的预期效果。

第二节　相关理论与文献综述

一、科技创新与国际贸易相关理论

（一）科技创新与经济增长

经济学在发展之初并不存在“创新”的概念，也没有集中探讨科技创新与经济增长的关系。但在古典经济学中，涉及了关于技术进步对经济增长的作用的讨论。李嘉图在《政治经济学及赋税原理》中就强调了技术的作用，认为如果没有技术进步就会导致货币工资持续上涨，最终拖累资本积累的速度。

关于创新与经济增长关系的研究最早出现在熊彼特1912年的《经济发展理论》一书中。熊彼特在其中明确提出了“创新”的概念，认为创新就是将一种从来没有过的关于生产要素和生产条件的“新组合”引入生产体系，同时列举了创新的五种情况，即“引进新产品”“采用新技术”“开辟新市场”“控制原材料的新供应来源”和“实现企业的新组织”。此外，熊彼特在1939年的《经济周期》一书中对创新理论作了补充，提出经济发展是一个创新、扩散、再创新的动态非均衡过程。

在新古典经济学中，技术进步在1950年前后被认为是经济增长的决定因素。索洛最先运用计量经济学方法解决了技术进步对经济增长贡献率的问题，提出了以柯布—道格拉斯生产函数为基础计算技术进步对国民经济贡献率的方法。① 索洛模型将技术进步视为经济增长的外生变量，凡是没有被模型中已有变量解释的经济增长贡献都是由外生的技术进步引起的。②

20世纪五六十年代出现的一些模型将技术设定为内生变量。如卡尔多1957年提出的“技术进步函数”模型，假设人均资本增长率与人均产出增长率之间存在线性关系。③ 这些模型认为技术知识并不是公共品，技术知识的转移或溢出

① 苏竣. 公共科技政策导论［M］. 北京：科学出版社，2014：19.

② ［挪］詹·法格伯格，［美］戴维·莫利，［美］理查德·纳尔逊. 牛津创新手册［M］. 北京：知识产权出版社，2009：479.

③ Kaldor N. A Model of Economic Growth［J］. Economic Journal，1957，67（268）：591－624.

是较为困难的。卡尔多在1970年关于区域经济增长的研究中也采用了该观点，用以解释不同地区间经济增长速度的明显差距。①

20世纪八九十年代，新古典经济学将研发和创新过程加入经济增长模型中，从而将技术内生化，构建了内生经济增长理论。其中较有影响力的如罗默知识积累内生增长模型②③、卢卡斯人力资本模型④，以及格罗斯曼－赫尔普曼产品质量升级型内生增长模型⑤，分别对技术进步的来源作出了不同的解释。

20世纪八九十年代，演化经济学理论基于经济发展史和科学进步史研究了技术与经济增长的关系。演化经济学认为，技术创新具有很高的随机性，而总体经济绩效取决于对随机创新的选择。这一时期的演化经济学中出现了一些较有意义的启发式理论。如多西提出的“技术范式”概念，认为技术范式会对技术发展的多样性造成限制，进而在较长时间内主导经济增长路径。⑥ 另有一些学者在熊彼特理论的基础上提出，重大的创新会在时间上聚集。⑦ 依据这些理论可以推导出经济增长在时间上的不平衡性，甚至可以推导出经济增长的长波周期规律。

（二）国际贸易与产业竞争

自国际贸易理论诞生以来，始终存在着贸易自由化和贸易保护主义两大类主张的此消彼长。15世纪至16世纪诞生的重商主义学说是最早的关于贸易保护的理论。重商主义学说认为货币是财富的唯一标志，主张实行出口多于进口的对外贸易，把货币保留在国内。

随着国际交往和国际贸易的发展，18世纪中期时，古典贸易理论应运而生。斯密提出的绝对优势理论认为，各国因地域和自然条件不同而形成的商品成本的

---

① Kaldor N. The Case for Regional Policies ［J］. Scottish Journal of Political Economy，1970，17（5）：481－491.

② Romer P M. Increasing Returns and Long－Run Growth ［J］. Journal of Political Economy，1986，94（5）：1002－1037.

③ Romer P M. Endogenous Technological Change ［J］. Journal of Political Economy，1990，98（5）：71－102.

④ Lucas R E. On the Mechanics of Economic Development ［J］. Journal of Monetary Economics，1988，22（1）：3－42.

⑤ Grossman G M，Helpman E. Innovation and Growth in the Global Economy ［J］. Mit Press Books，1991，1（2）：323－324.

⑥ Dosi G. Technological Paradigms and Technological Trajectories：A Suggested Interpretation of the Determinants and Directions of Technical Change ［J］. Research Policy，1982，11（3）：0－162.

⑦ Mensch G. Stalemate in Technology：Innovations Overcome the Depression ［M］. Cambridge：Balinger，1979.

绝对差异是国际贸易发生的原因，自由贸易会使贸易双方的资源从生产能力低的行业转移到生产能力高的出口行业中，提高劳动生产率。[①] 以此为基础，李嘉图提出了比较优势理论，认为即便一个国家在任何一种产品的生产上都没有绝对优势，仍然可以生产具有比较优势的产品，并通过贸易获益。

18 世纪末 19 世纪初，在英国建立的全球贸易霸权的压力下，美国和德国等新兴大国产生了幼稚产业保护理论。汉密尔顿在 1791 年向美国国会提交的《关于制造业的报告》中，论证了贸易保护政策对于发展美国本土制造业的必要性，认为对处于工业化早期阶段的美国来说，其幼稚产业难以与英国同类产业竞争，必须用关税壁垒和生产补贴等措施进行保护。李斯特在 1841 年出版的《政治经济学的国民体系》一书中系统性地提出了其幼稚产业保护学说。李斯特认为，虽然自由贸易原则是合理的，但为了实现工业化，后发国家必须运用关税手段保护和培育新兴产业与弱势产业。[②]

20 世纪 30 年代，赫克歇尔与俄林在比较优势理论的基础上提出了生产要素禀赋理论。该理论从生产要素的角度分析了比较优势形成的原因，认为土地、劳动力、资本、技术等生产要素比例的差异为国际贸易提供了基础。生产要素禀赋理论进一步解释了古典贸易理论中优势差异带来的产业间贸易现象，是对比较优势理论的重大发展，因此也被称为新古典贸易理论。

20 世纪 80 年代，克鲁格曼、赫尔普曼、斯潘塞等人将不完全竞争和规模经济的前提假设引入贸易理论，创立了战略性贸易政策理论。战略性贸易政策理论认为，在充满不完全竞争和贸易壁垒的世界里，单个国家有理由从本国利益出发，实行偏离自由贸易的政策，凭借生产补贴、出口补贴或保护国内市场等措施和手段，扶持本国战略性产业成长，增强本国在国际市场上的竞争力。[③] 战略性贸易政策理论也是最先明确将贸易政策与产业政策协调的理论。[④]

20 世纪 90 年代，波特在《国家竞争优势》一书中提出了国家竞争优势理论，从企业如何参与全球竞争的角度分析了国家特征与竞争的关系。该理论认为，随着全球化的发展，传统贸易理论强调的劳动力、自然资源等物质要素禀赋对国家竞争力的影响逐渐减弱，只有适宜的创新和发展环境才能持续改善竞争优

① 陈岩．国际贸易理论与实务［M］．北京：清华大学出版社，2007：12.
② 英国布朗参考书出版集团．经济史［M］．北京：中国财政经济出版社，2004：57.
③ 薛荣久．国际经贸理论通鉴［M］．北京：对外经济贸易大学出版社，2013：305.
④ 田玉红．WTO 框架下中国贸易政策与产业政策的协调［M］．北京：人民出版社，2009：33.

势。国家竞争优势理论同时建立了由四类核心要素（生产要素、需求条件、相关产业和支持产业的表现以及企业的战略、结构与同业竞争）和两个辅助因素（政府和机遇）组成的“钻石模型”，并强调，若要建立国家竞争优势，必须善加利用这些要素。

二、文献综述

（一）中国科技创新政策体系与WTO规则的协调

目前，国内外关于中国科技创新政策与国际经贸规则协调的研究文献主要分布在两个方面：一是在2001年中国加入WTO前后关于WTO规则与中国科技创新和科技政策的研究；二是在2006年以后关于中国自主创新政策与WTO规则协调的研究。在2006年《国家中长期科学和技术发展规划纲要（2006—2020年）》发布以后，中国科技创新政策开始受到越来越多的国际关注。

总体上看，从整体上研究中国科技创新政策体系与国际经贸规则协调问题的文献较少，研究者也以国内学者为主。李哲（2012）对加入WTO以后中国创新政策与WTO规则的协调做了简明扼要的梳理，并建议未来针对WTO框架下的经济技术规则开展情景分析和跟踪比对。① 李晓雪（2013）研究了中国科技创新政策与WTO规则的一致性，重点分析了科技税收政策、政府采购及政策性金融支持的合规性问题，认为中国科技创新政策对促进中国经济发展具有重要作用，但其中少数政策条款也存在与WTO规则冲突的问题，进而提出给予不同市场主体更为公平的市场准入机会、促进科技创新政策“合规”与“有效”相结合等建议。② 李哲（2017）回顾了中国加入WTO前后中国科技界、产业界就加入WTO对科技创新活动可能的影响进行的预判，总结认为当时的关注重点集中在研发补贴、投资和税收优惠、知识产权、技术标准及相关的贸易壁垒四个领域。③ 其他的文献则主要研究WTO规则与主要科技政策或相关产业政策的关系，主要包括以下三类：

一是研究加入WTO对中国科技创新政策带来的影响。例如，俞文华（2000）研究了《SCM协定》中的相关条款对中国若干研发与技术创新支持政策

① 李哲．入世十年来我国科技创新政策与WTO规则的协调及展望［J］．中国科技论坛，2012（12）：5－10.

② 李晓雪．中国科技创新政策与WTO规则一致性研究［D］．北京：对外经济贸易大学博士学位论文，2013.

③ 李哲．从“大胆吸收”到“创新驱动”——中国科技政策的演化［M］．北京：科学技术文献出版社，2017.

可能造成的冲击。① 袁晓东（2003）分析了中国科技创新补贴与《SCM 协定》之间的冲突，并提出一些协调建议。②

二是分析中国自主创新政策与 WTO 规则协调的问题。国外的相关文献主要集中在这一问题上，例如，Siyuan 和 Brian（2011）以中国的政策制定发展进程为背景，研究了自主创新政策与 WTO 相关规则协调的问题。③ Boumil（2012）分析了中国自主创新政策的经济与政策目标及其在《TRIPS 协定》和 GPA 下的合规性问题，并提出了可能的替代政策。④ Daniel（2013）认为，饱受美国政企两界指责的中国自主创新政策并未违反 WTO 下的义务。⑤ 国内也有部分相关研究。例如，王识歧（2006）综合讨论了 WTO 规则约束下地方政府在外贸领域的自主创新促进政策。⑥ 牛君等（2008）以中国高新技术产业为对象，围绕 WTO 框架下战略性自主创新政策的实施进行了实证分析，提出了规避反补贴措施的建议。⑦

三是分析中国产业政策与 WTO 规则协调的问题。田玉红（2009）按幼稚产业、高技术产业、环保产业的分类方式研究了 WTO 框架下中国贸易政策与产业政策协调的问题。⑧ 贺小勇（2014）分类研究了中国的补贴政策、汇率政策、知识产权保护政策、环境资源保障政策与 WTO 规则协调的问题。⑨ 韩立余（2014）则基于规则条款的角度，分析了 WTO 规则与产业保护之间的关系。⑩

（二）具体科技创新政策与 WTO 单项规则的协调

受中国自主创新产品政府采购政策相关事件的影响，2011 年以后出现了较多关于政府采购促进科技创新的政策的研究。张换兆和刘冠男（2011）研究了 2009

---

① 俞文华．加入 WTO 对我国技术创新政策的挑战及其对策分析［J］．中国工业经济，2000（8）：58－63.

② 袁晓东．科技创新补贴与 SCM 的冲突及其协调［J］．软科学，2003（3）：78－80.

③ Siyuan A，Brian P. China's Indigenous Innovation Policy in the Context of its WTO Obligations and Commitments［J］. Journal of International Law，2011，42（2）：375－447.

④ Boumil J S. China's Indigenous Innovation Policies Under the TRIPS and GPA Agreements and Alternatives for Promoting Economic Growth［J］. Chicago Journal of International Law，2012，12（2）：755－781.

⑤ Daniel C. China's Indigenous Innovation Policies and the World Trade Organization［J］. Northwestern Journal of International Law & Business，2013（34）：81－124.

⑥ 王识歧．论 WTO 规则约束下地方政府在外贸领域的自主创新促进政策［J］．科技和产业，2006（11）：1－3.

⑦ 牛君，韩民春．WTO 背景下实施战略性自主创新政策的实证分析——以我国高新技术产业为例［J］．国际贸易问题，2008（2）：21－25.

⑧ 田玉红．WTO 框架下中国贸易政策与产业政策的协调［M］．北京：人民出版社，2009.

⑨ 贺小勇．中国产业政策与 WTO 规则协调研究［M］．北京：北京大学出版社，2014.

⑩ 韩立余．世贸规则与产业保护［M］．北京：北京大学出版社，2014.

年中国“自主创新产品优先”政策引发的争议，认为跨国公司炒作自主创新政策的目的是维护其在中国政府采购中的利益、维护其在中国市场的战略地位和影响中国的创新进程。① 邓婉君和张换兆（2012）分析了GPA的具体规则，总结了发达国家保护本国产业、支持本土创新的做法，并建议中国在加入GPA后利用发展中国家优惠原则和技术与产业标准保护本国产业。② 王瑞军和商玲玲（2012）认为，虽然中国作出了自主创新政策与政府采购优惠不挂钩的承诺，但并不表示不能继续利用政府采购支持自主创新，应在GPA允许的范围内，制定相关的政策和法规来支持自主创新。③ 赵云波和武晓媛（2015）梳理归纳了加拿大、日本、欧盟和美国通过政府采购促进科技创新的政策措施，建议中国加入GPA后最大限度发挥政府采购扶持自主创新的作用，包括强化政府采购扶持自主创新的意识、利用GPA例外条款和贸易补偿制度以及探索和建立政府采购中的开发合同制度等。④ 徐进亮、康健、张亦华（2016）以中国加入WTO以及中国—东盟自贸区为背景，研究了贸易自由化对中国自主创新产品政府采购的影响，发现随着进口和出口竞争激烈程度的不断加深，过度竞争会阻碍政府采购清单产品的自主创新，据此建议中国在加入GPA之前优先推动自贸区内互相开放政府采购市场。⑤

一些文献关注了中国科技创新补贴与《SCM协定》协调的问题。俞文华（2000）研究了加入WTO对中国国家科技计划的潜在影响，认为中国多数国家科技计划因大量集中于支持科研成果的商业化阶段，将不同程度地面临不可诉补贴条款或禁止性补贴条款的约束。⑥ 李光（2002）分析了中国加入WTO后在科技和管理方面面临的挑战，特别指出，由于中国在支持企业研发方面必须履行《SCM协定》的规定，国家及地方政府的科技计划将受到冲击。⑦

---

① 张换兆，刘冠男．“自主创新产品优先”政策引发的争议及应对策略［J］．中国科技论坛，2011（5）：5－9.

② 邓婉君，张换兆．对《政府采购协议》下中国保护本国产业和支持本土创新的建议［J］．中国科技论坛，2012（4）：25－29.

③ 王瑞军，商玲玲．加入GPA对我国科技创新和产业发展的影响和应对策略［J］．中国软科学，2012（4）：188－192.

④ 赵云波，武晓媛．GPA规则下政府采购扶持自主创新的策略研究［J］．科学管理研究，2015（5）：34－38.

⑤ 徐进亮，康健，张亦华．贸易自由化对中国政府采购产品自主创新的影响及政策建议［J］．广西民族大学学报（哲学社会科学版），2016（6）：151－156.

⑥ 俞文华．加入WTO对我国国家科技计划的冲击及其政策建议［J］．清华大学学报（哲学社会科学版），2000（4）：13－21.

⑦ 李光．我国加入WTO面临科技与管理的挑战［J］．科技进步与对策，2002，19（1）：28－30.

知识产权政策与《TRIPS 协定》协调的问题也受到关注。蔡伟和于英川（2001）以中国加入 WTO 为背景研究了中国知识产权法律体系与《TRIPS 协定》的差距，并建议加强知识产权保护、促进科技创新。[①] 刘丹、陈省、王滢（2005）分析了加入 WTO 后中国知识产权保护面临的问题，认为中国的政策和法律法规存在大量的漏洞和违规之处，而其根本原因在于科学技术和经济发展水平的落后，并提出解决这一问题的根本途径在于建立并实施中国的知识产权战略。[②] 张伟君和单晓光（2008）关注了《TRIPS 协定》中防止滥用知识产权的原则，认为中国对于知识产权滥用的规制既要充分利用《TRIPS 协定》给予成员的立法空间，又要符合《TRIPS 协定》的要求。[③] 张乃根（2019）基于对 WTO 相关知识产权的国民待遇、授予的专利权、专利保护期和未披露信息的保护以及贸易体制的管理规则的分析，评估了美国和欧盟诉中国技术转让措施案中争议措施的合规性，并建议中国从 WTO 规则的澄清、涉案措施的研究及其与 WTO 规则的相符性三个方面进行应对。[④]

（三）国际经贸规则调整及对中国国内政策影响

2008 年金融危机以后，随着一些较有影响力的大型贸易与投资协定谈判的推进，出现了较多关于国际经贸规则调整的研究文献。这些文献大多关注国际经贸规则的宏观演进或具体规则调整及对中国的影响，但很少涉及对中国科技创新政策的影响。其中，具体的研究内容主要包括以下三个方面：

一是有关国际经贸规则宏观调整方向的研究。韩立余（2010）认为，现行的国际贸易制度是建立在第二次世界大战后的政治和经济格局之上的，主要反映了英美对战后国际贸易政策的想法与安排，随着参与国家或地区的增多，这一体制需要作出适当的调整。[⑤] 东艳（2014）认为全球贸易治理结构正处于调整时期，国际贸易新规则超越了现有的 WTO 规则，为未来形成“WTO 2.0 版”奠定了基础，同时也对发展中国家的制度规范和改革施加了外部压力。[⑥] 陆燕（2014）指出，随着以 TPP、TTIP、TiSA 为代表的新一轮贸易新规则的制定与谈判的加速推

① 蔡伟，于英川 . WTO 的《与贸易有关的知识产权协议》对我国科技创新的影响与对策［J］. 上海大学学报（自然科学版），2001（s1）：36 – 40.

② 刘丹，陈省，王滢 . 加入 WTO 后我国的知识产权保护［J］. 商业研究，2005（11）：190 – 192.

③ 张伟君，单晓光 . WTO 框架下完善我国知识产权滥用规制制度的若干思考［J］. 法学家，2008（2）：121 – 126.

④ 张乃根 . 试析美欧诉中国技术转让案［J］. 法治研究，2019（1）：126 – 138.

⑤ 韩立余 . 全球金融危机后国际贸易制度的完善与中国的对策［J］. 法学家，2010，1（2）：148 – 157.

⑥ 东艳 . 全球贸易规则的发展趋势与中国的机遇［J］. 国际经济评论，2014（1）：45 – 64.

进，全球贸易规则制定权重新被发达经济体掌控，新兴经济体和发展中国家面临巨大压力和严峻挑战，但国际经济新规则和市场开放重点与中国市场改革的长期总体目标具有一致性。[①] 潘晓明（2015）着重研究了 TPP 对中国产业发展带来的挑战，认为 TPP 所要求的服务贸易全方位开放将对国家金融稳定和信息安全带来风险，对国有企业的限制会削弱中国国有企业的竞争力，环境和劳工标准的引入提高了竞争门槛，投资争端解决机制的引入则对政府的执政和管理水平提出了更高要求。[②] 石静霞（2015）综合分析了国际贸易投资规则的调整动向，认为新一代规则在实体内容上范围扩大、标准提高，反映了发达国家在全球价值链生产上的新需求，中国在全球经贸治理中应当从被动应对的规则执行者逐步成长为主动参与的规则引领者，通过实施自贸区战略、统一内外资法律以及参与多边与双边、区域和诸边谈判等方式实现国内法治与国际规则间的良性互动。[③] 屠新泉等（2016）在美国退出 TPP 后，研究了这一事件对中国的影响，认为 TPP 搁浅是美国对外经济战略和亚太区域战略的重大转折，近期将有助于弱化美国“竞争性自由化”和亚太“再平衡”战略的实施，同时将有助于中国争取未来亚太乃至全球经贸规则的主导权，中国应利用这一机遇在亚太地区推广具有“中国元素、中国智慧和中国经验”的国际贸易新规则。[④] 盛斌和高疆（2018）认为，随着新兴经济体的崛起与壮大，国际经贸格局和环境发生了深刻变化，以发达国家为主导的传统全球经贸规则亟待新的变革，同时也为中国借助 G20、APEC、区域贸易协定、“一带一路”倡议引领全球经济治理改革提供了机会。[⑤] 韩立余（2019）认为，中美贸易战反映了构建国际经贸新规则的需求，而以 CPTPP 和 USMCA 为代表的新一代区域性贸易协定则代表了国际经贸新规则的发展趋势，因此中国应更加积极地参与和推动国际经贸新规则的构建。[⑥]

二是针对具体协定的研究分析。蔡鹏鸿（2013）指出，规则一致、国有企业、电子商务、竞争和供应链、中小企业是 TPP 谈判中的五大横向议题，这些议题已经突破了一般贸易议题内涵，正向社会领域、边界后规则等国内法制法规方

① 陆燕．国际贸易新规则：重构的关键期［J］．国际经济合作，2014（8）：4－8.

② 潘晓明．TPP 高标准国际贸易规则对中国的挑战及应对策略［J］．国际展望，2015（5）：96－111.

③ 石静霞．国际贸易投资规则的再构建及中国的因应［J］．中国社会科学，2015（9）：128－145.

④ 屠新泉，庞超然，刘斌．TPP 搁浅对我国的影响及对策［J］．求索，2016（12）：9－13.

⑤ 盛斌，高疆．中国与全球经济治理：从规则接受者到规则参与者［J］．南开学报（哲学社会科学版），2018（5）：18－27.

⑥ 韩立余．构建国际经贸新规则的总思路［J］．经贸法律评论，2019（4）：1－13.

向转移，并可能成为引领下一代贸易规则的标杆，这对中国现行政治社会体制是一个潜在的威胁。[①] 张宇燕（2016）对 TPP 的具体规则进行了详细解读，并大致分析了其对中国产业发展、市场运行及管理体制的可能影响。[②] 林桂军和任靓（2016）深入分析了 TPP 的特征及其新规则，包括负面清单开放模式、外资全面国民待遇、电子商务和数字化交易规则、知识产权保护、政府采购、国有企业竞争规则、劳工权利和环境等，并从优化劳工和环境标准、扩大开放和促进升级等方面对中国新时期发展提出了建议。[③] 杨立强和余稳策（2018）基于 GTAP 模拟分析了 CPTPP 各缔约方的谈判动机与贸易利得，认为中国应利用国内市场优势推动构建中国主导的国际贸易规则。[④]

三是关于某些具体规则的研究。屠新泉等（2015）针对自由贸易协定、OECD 及 TPP 中的国有企业规则进行了分析，认为国有企业规则的新发展对中国国有企业的影响主要是对国有企业“走出去”造成的障碍。[⑤] 韩立余（2016）研究了 TPP 国有企业规则的特点和影响，认为非商业援助制度将国有企业与《SCM 协定》中的相关规范联系在一起，形成了专门针对国有企业生产和投资的独特制度，对国有企业发展具有约束作用，对设立和维持国有企业的政府来说是一种负担，中国国企改革或者加入 TPP 均需考虑这一影响。[⑥] 吕国民（2016）分析了 TPP 在知识产权规则方面的新发展，认为 TPP 知识产权规则是美国强力推行其知识产权保护战略的重要成果，其中很多内容承继了美式 FTA 的内容，使得国际知识产权保护标准到达了一个新的高度。[⑦] 杨幸幸（2019）则基于 USMCA 与 CPTPP 和 GATS 的比较，分析了美式 FTA 金融服务规则的新趋势。[⑧]

---

① 蔡鹏鸿. TPP 横向议题与下一代贸易规则及其对中国的影响［J］. 世界经济研究，2013（7）：41－45.

② 张宇燕.《跨太平洋伙伴关系协定》文本解读［M］. 北京：中国社会科学出版社，2016.

③ 林桂军，任靓. TPP 协定的特征与新规则［J］. 国际商务（对外经济贸易大学学报），2016（4）：5－15.

④ 杨立强，余稳策. 从 TPP 到 CPTPP：参与各方谈判动机与贸易利得变化分析［J］. 亚太经济，2018（5）：57－64.

⑤ 屠新泉，徐林鹏，杨幸幸. 国有企业相关国际规则的新发展及中国对策［J］. 亚太经济，2015（2）：45－49.

⑥ 韩立余. TPP 国有企业规则及其影响［J］. 国家行政学院学报，2016（1）：83－87.

⑦ 吕国民. TPP 知识产权规则：高标准保护与中国的因应［J］. 暨南学报（哲学社会科学版），2016（9）：18－21.

⑧ 杨幸幸.《美墨加协定》金融服务规则的新发展——以 GATS 与 CPTPP 为比较视角［J］. 经贸法律评论，2019（4）：45－58.

在关于新规则对中国科技创新的影响方面，张换兆等（2016）研究了 TPP 对中国科技创新的影响，认为 TPP 通过贸易转移对中国高技术产品出口造成的负面影响有限，但通过统一标准对中国科技创新造成的影响却值得重视。[①]

第三节 相关概念的澄清

一、科技创新政策

关于“科技创新政策”的内涵与界定，已有大量文献进行分析。Brooks（1964）最早提出的“关于政策的科学”（Science for Policy）和“关于科学的政策”（Policy for Science）的概念[②]，可视为“科技创新政策”概念的雏形。Lundvall 和 Borras（2005）将科学、技术及创新政策归纳为“为实现国家目标，政府能够而且已经施行的关于推进科学、技术知识的生产、扩散和应用的公共政策”。[③] 国内学者如苏竣和黄萃（2012）将科技政策定义为“政府、政党或其他政治团体在特定时期为实现一定的政治、经济、社会、文化等发展目标，弥补市场失灵、促进公共部门和私人部门的技术创新而制定的一系列干预、规制和引导科学技术活动的政治行动或所规定的行为准则”[④]。陈劲（2013）综合现有文献的定义和划分，将科技创新政策区分为科学、技术和创新政策。他认为科学政策主要是对不同的科学研究活动进行合理的资源分配，以保证所投入的资源被有效地利用并为社会福利作出贡献，政策工具主要包括科学预测、科学规划、同行评议、科学活动评价与分析等；技术政策是关注技术和产业发展的政策，政策工具主要包括技术预测、技术预见、技术评价、技术发展蓝图等；创新政策则是一类综合性政策，是经济政策和科学技术政策相互协调的产物，政策工具包括研发政

---

① 张换兆，陈宝明，黄宁．TPP 及其对我国科技创新的影响［J］．高科技与产业化，2016（2）：26－28.

② Brooks H. The Scientific Adviser［M］//Glipin R，Wright C. Scientists and National Policy－Making. New York：Columbia University Press，1964.

③ Lundvall B A，Borras S. Science，Technology and Innovation Policy［M］．Oxford：Oxford University Press，2005.

④ 苏竣，黄萃．中国科技政策要目概览［M］．北京：科学技术文献出版社，2012.

策、技术政策、基础设施政策、地区政策和教育政策等。[①] 苏竣（2014）则在区分科学、技术和创新三个概念的基础上，将公共科技政策定义为以科学技术为对象的综合性公共政策，涉及财政、金融、税收、教育、人才、社会等政策领域。[②]

本书在现有文献定义的基础上，结合研究主题，将科技创新政策简要定义为以促进国家科学技术进步和创新发展为目标的公共政策，既包括专注于科学技术目标的科技规划、科技计划等政策工具，也涵盖以促进科技创新或高新技术产业发展为目的的财税政策、金融政策、贸易政策、产业政策、政府采购以及知识产权政策等。而本书在“科技创新政策与国际经贸规则协调”的主题下，所涉及的科技创新政策均是与经济贸易领域存在一定关联的政策。当然，随着国际经贸规则的不断调整，其所管辖的政策范围从边境措施向边境后措施不断延伸，所关联的科技创新政策的范围也在不断变化中。

二、国际经贸规则

本书中的“国际经贸规则”是指国际经济与贸易规则，既包括 WTO 框架下的多边贸易规则，也包括较重要的诸边、区域及双边经贸协定所确立的规则。从涉及的协定范围来说，包括 WTO 中的 GATT、GATS、《TRIPS 协定》《TRIMs 协定》《SCM 协定》《SPS 协定》《TBT 协定》以及 GPA 等协定，近年较具影响力的 TPP、TTIP、USMCA 等大型区域经贸协定，ACTA、TiSA 等诸边协定，以及美韩 FTA、欧加 CETA 等重要经济体的双边贸易协定等。

需要提及的是，作为本书研究重点之一的 WTO 正在经历前所未有的危机。由于自 2017 年以来美国持续阻挠 WTO 争端解决机构新任大法官的遴选，在任大法官的数量逐渐减少。截至 2019 年 7 月，在任大法官的数量仅剩三名，已经是审理上诉案件的最低人数。在 2019 年底两名大法官退任后，WTO 上诉机构将彻底“停摆”，WTO 的争端解决功能也将受到严重损害。尽管如此，针对 WTO 规则的分析和研究仍然是必要的。首先，即便上诉机构“停摆”，WTO 争端仍然可以进入专家组程序，专家组也依然要基于 WTO 规则作出裁定。其次，其他成员已经在考虑上诉机构“停摆”后的临时替代方案。例如，欧盟和加拿大商定，在上诉机构“停摆”期间，由 WTO 总干事从已离任的大法官中挑选适用于欧加

---

① 陈劲．科学、技术与创新政策［M］．北京：科学出版社，2013.

② 苏竣．公共科技政策导论［M］．北京：科学出版社，2014.

双方的临时仲裁员，解决双方贸易争端的上诉问题。如果上诉机构大法官遴选的问题得不到解决，很可能有更多的 WTO 成员选择这种替代方案，从而在排除美国的范围内保护 WTO 争端解决的权威。最后，WTO 规则仍然是最具威信和影响力的国际贸易规则。目前并没有出现可以替代 WTO 的新的多边贸易规则框架。大量区域、诸边或双边贸易规则的制定也是以 WTO 规则为基础实现的。

此外，同样作为本书研究对象的 TPP 并没有生效。在 2017 年美国退出 TPP 后，该协定另外 11 个成员将 TPP 更名为 CPTPP。CPTPP 已经在 2018 年底生效。与 TPP 相比，除成员总体经贸体量的下降之外，CPTPP 冻结了 TPP 中的 22 项条款，其中有 11 项是关于知识产权的条款。然而，本书仍然以 TPP 而不是 CPTPP 规则作为研究对象。一方面，CPTPP 基本沿用了 TPP 的原有协定结构和承诺范围，保留了 TPP 协议的框架与其中约 95% 的内容①。另一方面，有美国参与达成的 TPP 规则更能反映国际经贸规则调整的方向，其中被 CPTPP 冻结的部分条款也必然会移植到美国对外签署的其他经贸协定中。

三、"协调"的概念

现有文献在述及国内政策与 WTO 规则的关系时，一般采用"合规""一致"或"协调"的概念。例如，张丽英和付文辉（2011）分析了中国清洁能源政策在 WTO 框架下的"合规性"。② 刘佳迪（2011）研究了中国政策性贷款在 WTO 下的"合规性"。③ 叶楠（2013）认为，中国应确保本国产业政策与 WTO 规则保持"一致性"。④ 朱满德和程国强（2015）研究了中国农业支持政策与 WTO 规则的"一致性"。⑤ 贺小勇（2014）则以"协调"的概念分析了中国产业政策与 WTO 规则的关系。⑥

中国作为 WTO 成员，在 WTO 规则管辖的范围内，有义务确保国内政策在

---

① 蔡彤娟，郭小静．TPP 到 CPTPP：中国面临的新挑战与对策［J］．区域与全球发展，2019（2）：5－16.

② 张丽英，付文辉．中国清洁能源政策在 WTO 框架下的合规性研究［C］．WTO 法与中国论丛，2011.

③ 刘佳迪．中国政策性贷款的 WTO 合规性研究［D］．上海：复旦大学博士学位论文，2011.

④ 叶楠．我国部分产业政策与 WTO 规则的一致性研究［J］．长江大学学报（社会科学版），2013（12）：69－71.

⑤ 朱满德，程国强．中国农业的黄箱政策支持水平评估：源于 WTO 规则一致性［J］．改革，2015（5）：58－66.

⑥ 贺小勇．中国产业政策与 WTO 规则协调研究［M］．北京：北京大学出版社，2014.

WTO 规则下的“合规”、与 WTO 规则的“一致”或“协调”。但本书的研究对象超出了 WTO 现行规则的范畴。特别是在国际经贸规则调整的背景下，有些新规则的形成还在谈判过程中，有些规则还可能经过从区域化向多边化扩展的过程。再者，中国是否会加入某些区域性的协定还不得而知。同时，中国作为世界第二大经济体和第一大贸易国，也拥有了在协定谈判中影响规则制定的能力。考虑到“合规”与“一致”两个概念所暗指的规则的“确定性”和“约束力”，在述及尚在形成过程中的新规则时，这两个概念难以准确描述中国国内政策与规则的关系。因此，本书总体上使用“协调”的概念来描述两者的关系。在涉及 WTO 规则的问题时，则同时使用“合规”或“一致”的概念。在描述政策与规则不协调的问题时，则根据语境使用“不协调”“不合规”“不一致”或“冲突”等说法。在描述政策与规则协调的程度时，采用“协调度”一词。

第四节　研究框架

本书共分为八章，具体结构如下：

第一章为导论。提出本书的研究背景和研究意义，在回顾理论基础与相关文献的同时，对“科技创新政策”“国际经贸规则”“协调”等主要概念进行澄清。

第二章为规则研究。总结、梳理和分析可能影响科技创新政策的国际经贸规则。既包括 WTO 现行规则与中国加入 WTO 承诺，也包括多哈回合谈判中涉及的相关议题，以及近年较重要的诸边、区域和双边协定（谈判）中涉及的相关规则，如知识产权规则、跨境数据流动规则、国有企业规则等。

第三章为政策体系演进及其与规则协调的关系研究。在观察中国科技创新战略演进与科技体制改革趋势的基础上，分析这种演进趋势对于整个科技创新政策体系与国际经贸规则的协调所产生的影响。同时还分析了科技创新政策决策主体的变化对协调度的影响。

第四章为具体政策与 WTO 规则协调的研究。先后分析了中国科技规划、科技计划、科技税收、科技金融、创新产品政府采购、知识产权六类科技创新政策与 WTO 规则的协调问题。同时，还基于中国加入 WTO 以来的科技创新政策被诉案件，分析了中国科技创新政策与 WTO 规则协调的重点问题。

第五章为美国对华反补贴中的科技创新政策研究。梳理了美国对华反补贴案中涉及的五类科技创新政策，研究了其中“不利可得事实”“外部基准”及项目补贴率等与科技创新补贴相关的裁定方法。同时还分析了 WTO 对于美国对华反补贴中“公共机构”认定、“外部基准”使用及“专向性”认定等关键问题的裁决。

第六章为国外案例研究。从现有的 WTO 争端解决案件中筛选了五个国外案例进行分析。五个案例均具有较高的代表性，并且分布在不同的政策或规则领域，分别是美国航空研发补贴、英国技术计划、加拿大可再生能源发电产业扶持措施、荷兰扣押过境仿制药、欧共体生物技术产品审批和销售措施。

第七章为新规则对科技创新政策的影响研究。对近年来中国科技创新政策受到的国际关注与争议进行了梳理，重点研究了补贴规则调整、国有企业新规则、知识产权新规则对中国科技创新政策的潜在约束，以及中国数据本地化政策与跨境数据流动规则的协调问题。此外，还从历史经验的视角简要评估了国际经贸规则调整对科技创新政策空间的可能影响。

第八章为结论与建议。简明扼要地总结了本书的核心观点，并基于前文分析，对中国如何调整和完善科技创新政策、参与和影响国际经贸规则调整提出了政策建议。

第二章　影响科技创新政策的国际经贸规则

影响科技创新政策的国际经贸规则大致可以归为三类：第一类是 WTO 现行规则，包括 WTO 基本原则和具体协定的部分条款，以及中国加入 WTO 时作出的相关承诺。第二类是多哈回合谈判中涉及的相关议题。第三类是诸边、区域与双边协定（谈判）中的相关规则。

第一节　WTO 协定及中国加入 WTO 承诺

在现行 WTO[①] 框架下，影响科技创新政策的规则条款主要分布在 WTO 基本原则、《SCM 协定》《政府采购协定》《TRIPS 协定》《TBT 协定》《SPS 协定》以及《中国加入议定书》和《中国加入工作组报告书》[②] 中。

一、WTO 基本原则

最惠国待遇原则、国民待遇原则和透明度原则是 WTO 的基本原则，同时也是各成员国内相关政策（包括科技创新政策）首先应遵守的 WTO 义务。而一旦违反了这些原则，不仅很容易被其他成员发现，相关争端的取证难度和裁决的复杂程度也较低。

最惠国待遇（Most Favored Nation Treatment）是指 WTO 成员在货物贸易、服

---

① 本书对 WTO 协定中各项条款中文译文的引用，主要参考了中国商务部世界贸易组织司于 2010 年印制的《世界贸易组织乌拉圭回合多边贸易谈判结果法律文本》。

② 本书对《中国加入议定书》和《中国加入工作组报告书》各项条款中文译文的引用，主要参考资料为：对外贸易经济合作部世界贸易组织司．中国加入世界贸易组织法律文件［M］．北京：法律出版社，2002.

务贸易和知识产权领域必须平等对待其他成员，给予任一成员的优惠待遇，应立即和无条件地给予所有其他成员。这一原则主要体现在 GATT 第 1 条、GATS 第 2 条和《TRIPS 协定》第 4 条等条款中。第一，GATT 第 1 条规定，在对进口或出口、有关进口或出口或对进口或出口产品的国际支付转移所征收的关税和费用方面，在征收此类关税和费用的方法方面，在有关进口和出口的全部规章手续方面，以及在第 3 条第 2 款和第 4 款所指的所有事项方面，“任何缔约方给予来自或运往任何其他国家任何产品的利益、优惠、特权或豁免应立即无条件地给予来自或运往所有其他缔约方领土上的同类产品”。其中的“第 3 条第 2 款和第 4 款”指的是国内税和国内法规方面的政策措施。也就是说，在货物贸易方面，无论是关税、国内税还是国内法规，必须对所有其他成员一律平等对待。第二，GATS 第 2 条要求，“对于本协定涵盖的任何措施，每一成员对于任何其他成员的服务和服务提供者，应立即和无条件地给予不低于其给予任何其他国家同类服务和服务提供者的待遇”。可见，由于服务贸易的特殊性，GATS 对最惠国待遇的要求不仅涵盖了服务本身，还涵盖了服务提供者。第三，《TRIPS 协定》第 4 条规定，对于知识产权保护，“一成员对任何其他国家国民给予的任何利益、优惠、特权或豁免，应立即无条件地给予所有其他成员的国民”。当然，最惠国待遇也有例外，比如 GATT 第 24 条规定的边境贸易、关税同盟和自由贸易区例外，GATS 第 5 条规定的经济一体化例外，以及《TRIPS 协定》第 4 条规定的司法协助例外等。

国民待遇（National Treatment）是指 WTO 成员在货物贸易、服务贸易和知识产权领域对其他成员提供的待遇不能低于对本国提供的待遇。与最惠国待遇有所区别的是，国民待遇并不刻意强调“平等”的概念。国民待遇定义中“不低于”一词的含义是，其他成员方的产品、服务或服务提供者以及知识产权所有者和持有者，与进口成员方同类产品、服务或服务提供者以及知识产权所有者和持有者享有待遇相比较，前者不低于后者即可，至于进口成员方给予前者更高的待遇，并不违背国民待遇原则。① 国民待遇原则主要体现在 GATT 第 3 条、GATS 第 17 条和《TRIPS 协定》第 3 条的条款中。第一，根据 GATT 第 3 条的规定，一旦进口产品跨越国境，在国内税费和国内法规方面享受的待遇就不能低于同类国产品。由于国民待遇义务的重要性，GATT 第 3.1 条、第 3.2 条和第 3.4 条也是在争端解决案件中经常被援引的条款。第二，由于服务贸易与货物贸易的模式和影

① 曹建明，贺小勇．世界贸易组织（第二版）［M］．北京：法律出版社，2004：67.

响范围存在较大差异，GATS 中的国民待遇原则置于具体承诺的部分。GATS 第 17 条要求“对于列入减让表的部门，在遵守其中所列任何条件和资格的前提下，每一成员在影响服务提供的所有措施方面给予任何其他成员的服务和服务提供者的待遇，不得低于其给予本国同类服务和服务提供者的待遇”。第三，《TRIPS 协定》第 3 条也要求，在知识产权保护方面，“每一成员给予其他成员国民的待遇不得低于给予本国国民的待遇”。当然，国民待遇原则也有例外，例如 GATT 第 3 条和 GATS 第 13 条规定的政府采购例外、《TRIPS 协定》第 3 条规定的有关《巴黎公约》《伯尔尼公约》《罗马公约》《关于集成电路的知识产权条约》的例外等。

透明度（Transparency）是指 WTO 成员应将所制定、实施或修订的贸易及相关政策及时公布并通知 WTO，没有公布的政策不得实施。透明度对于 WTO 对成员相关政策的监督和成员间的相互监督是至关重要的，对于减少政府暗箱操作和增加政策可预见性也十分必要。能否确定各成员方的经济贸易政策充分透明，是决定 WTO 法律体系能否有效运行、能否发挥实际作用的一个关键问题。[①] 透明度原则主要体现在 GATT 第 10 条、GATS 第 3 条、《TRIPS 协定》第 63 条及其他具体协定的相应条款中。第一，GATT 第 10 条要求任何成员必须将所实施的有关关税、国内税费和国内法规的政策措施及缔结的国际贸易协定“迅速公布”，在正式公布之前不能提高进口关税与其他费用或对进口产品提出更高的要求。第二，GATS 第 3 条规定了服务贸易领域的透明度原则，要求“除紧急情况外，每一成员应迅速公布有关或影响本协定运用的所有普遍适用的措施，最迟应在此类措施生效之时”。第三，《TRIPS 协定》第 63 条要求任何成员有效实施的有关知识产权的法律法规等应公开发布，以使各成员政府和权利持有人知晓，并将这些法律法规通知 TRIPS 理事会。

这三项基本原则对科技创新政策的制定和实施所构成的约束是普遍性的。首先，相关科技创新政策的制定和实施必须及时公布并通知 WTO，甚至在公布之前不能正式实施。其次，很多与经济贸易有关的科技创新政策不能向本国产品、服务、服务供应商或知识产权权利人提供更加优惠的待遇，也不能在其他成员的产品、服务、服务供应商或知识产权权利人之间造成不平等待遇。

二、《补贴与反补贴措施协定》

在科技创新政策与 WTO 规则的协调问题中，《补贴与反补贴措施协定》

① 贺小勇 . WTO 法专题研究［M］. 北京：北京大学出版社，2010：29.

(《SCM 协定》) 具有非常重要的地位。一方面是因为补贴的定义相对宽泛，另一方面是因为各国政府都把补贴作为推行国家经济社会政策的重要手段，并也将其广泛应用在科技创新政策中。在本书研究范围内，相关性最强的条款主要集中在《SCM 协定》的前四个部分。

《SCM 协定》第一部分规定了协定的适用范围。首先，给出了补贴的定义。补贴只有在同时满足以下三个条件时才能成立：一是提供了财政资助（Financial Contribution）；二是资助是 WTO 成员领土内的公共机构（Public Body）提供的；三是资助授予了某项利益（Benefit Conferred）。在协定中同时列出了定义为“财政资助”的措施清单，包括资金的直接转移（如赠款、贷款和投股）、潜在的资金或债务的直接转移（贷款担保）、放弃的税收或不征收（如税收抵免）、提供一般基础设施以外的货物或服务以及购买货物，还包括政府向筹资机构付款及授权或指示私营机构提供财政资助，以及其他形式的收入和价格支持。其次，规定了该协定仅适用于“专向性”补贴（Specific Subsidy）。根据协定，有四种类型的专向性补贴，即企业专向性补贴、产业专向性补贴、地区专向性补贴以及禁止性补贴。同时也为确定是否为专向性补贴规定了三项标准：①如果授予机关或其运作所根据的立法将补贴的获得明确限于某些企业，则视为立法专向性补贴。②如果授予机关或其运作所根据的立法制定适用于获得补贴资格和补贴数量的客观标准或条件，则不存在专向性，只要该资格为自动的，并且此类标准和条件得到严格遵守。③认定为事实上专向性的补贴可以考虑的因素包括：有限数量的某些企业使用补贴、某些企业主要使用补贴、给予某些企业不成比例的大量补贴及授予机关在作出给予补贴的决定时行使决定权的方式，以及授予机关管辖范围内经济活动的多样性程度和已经实施补贴计划的持续时间。

《SCM 协定》的第二部分主要涉及“禁止性补贴”（Prohibited Subsidies）。这些补贴是明确的专门用以影响贸易的补贴，包括出口补贴和进口替代补贴。进口补贴是指，视出口实绩为惟一条件或多种其他条件之一而给予的补贴。协定的附录 1 是“出口补贴例示清单”，不仅包括视出口实绩情况而给予的直接补贴，还包括各种有相似效果的做法。进口替代补贴是指，视使用国产货物而非进口货物的情况为惟一条件或多种其他条件之一而给予的补贴。

《SCM 协定》的第三部分涉及“可诉补贴”（Actionable Subsidies），即那些既不被禁止，又不能免于质疑的补贴。这种补贴在理论上都是可能被诉的，也可能被其他成员征收反补贴税，但相关的诉讼或反补贴措施需要满足必要的条件。

协定第 5 条规定，任何成员不得通过使用第 1 条和第 2 条所规定的专向性补贴而对其他成员的利益造成不利影响（Adverse Effects）。其中，协定确定了三种不利影响：①损害另一成员的国内产业；②使其他成员在 GATT1994 项下直接或间接获得的利益丧失或减损；③严重侵害另一成员的利益。简单来看，对损害的分析主要关注的是补贴进口产品在提出诉讼的 WTO 成员市场中的影响（申诉方市场），对利益丧失或减损的分析主要关注的是补贴使得其他成员原本的市场准入机会受到的损失（被诉方市场），而对严重侵害的分析则集中在一成员的出口利益受到补贴影响的情况上（第三方市场或世界市场）。

《SCM 协定》的第四部分涉及"不可诉补贴"（Non - actionable Subsidies），主要包括研发补贴、落后地区补贴和环境保护补贴。但根据《SCM 协定》第 31 条的规定，由于 WTO 成员没有延长不可诉补贴条款的适用期，该条款已经于 1999 年失效。因此，这三类补贴目前均是可诉的。

很多科技创新政策都与《SCM 协定》之间存在关联。一方面，只要是政府直接或间接提供的财政资助，都有可能受到《SCM 协定》的管辖。由于"财政资助"涵盖的范围非常广泛，科技计划、科技金融、科技税收、政府采购等类型的科技创新政策中都可能存在补贴行为。另一方面，由于《SCM 协定》的技术细节相对较为复杂，部分条款没有得到清晰的界定，相关诉讼的复杂程度较高，科技创新补贴实际也存在一定的政策空间。

三、《政府采购协定》

在 WTO 货物和服务贸易规则中，政府采购属于最惠国待遇和国民待遇的例外（GATT 第 1.1 条、第 3.8 条及 GATS 第 13 条）。也就是说，WTO 成员在进行政府采购时可以对本国产品或第三方产品提供更优惠的待遇。而《政府采购协定》（GPA）则在一定范围内和一定程度上消除了这个例外。协定的基本目标有两个：一是通过建立一个有效的关于政府采购的法律、规则、程序和做法方面的权利与义务的法律框架，使各成员通过诸边和双边谈判开放各自的政府采购市场；二是通过建立一套公开、透明和非歧视的政府采购程序，最大限度地扩大政府采购领域的竞争。①

GPA 并不属于 WTO 多边贸易协定，而是经乌拉圭回合谈判达成的一项诸边

① 周忠海．WTO 诸边协定释义［M］．长沙：湖南科学技术出版社，2006：4.

贸易协定，只要求协定签署方遵守。根据 GPA 第 3.1 条，“对于本协定涵盖的有关政府采购的所有法律、法规、程序和做法，每一参加方应立即无条件地对其他参加方的产品、服务或者提供产品或服务的其他参加方的供应商提供不低于给予国内产品、服务和供应商的待遇以及给予任何其他参加方的产品、服务和供应商的待遇”。这就意味着协定参加方之间要互相提供国民待遇和最惠国待遇。因此，非 GPA 参加方仍然可以不受非歧视原则的约束，GPA 参加方则必须根据自身承诺开放政府采购市场，并在此基础上遵守国民待遇和非歧视待遇义务。为了保证基本原则得到实施，GPA 设置了详细的操作规定，特别强调在采购前和采购后提供有关采购的尽可能全面的信息。

当然，GPA 成员并不是无条件全部开放各自的政府采购市场的。首先，GPA 的谈判主要是在互惠和对等开放原则的基础上进行的，各参加方通过相互谈判确定各自政府采购市场的开放程度。其次，各 GPA 参加方都是通过列举的方式来界定其纳入 GPA 管辖的政府采购范围的，列举的内容包括政府采购的实体（即哪些机构的采购属于政府采购）和对象（即对哪些货物、服务和工程的采购属于政府采购），这些内容都包含在各参加方的出价清单中。[①] 只有被列入清单中的实体和对象的采购才受 GPA 的管辖。最后，协定适用的政府采购的范围还受到“最低限额”（即“门槛价”）的限制。只有超过“门槛价”的政府采购合同才受协定的约束。

政府采购是支持本土创新的重要途径之一，对新技术的商品化及新产品初期市场的培育和发展起着至关重要的作用。同时，政府首购和订购还能够降低原始创新风险。[②] 但 GPA 的存在使得政府采购从原来单纯的财政政策属性衍生出了贸易政策属性，进而使这项财政政策中有关科技创新的部分也与国际贸易规则产生了直接联系。最明显的例子就是，GPA 参加方在进行政府采购时通过购买国产品促进科技创新的政策将直接受到协定的限制，而正在谈判加入 GPA 的国家同样要考虑正式加入后造成的政策空间限制。

中国目前虽并不是 GPA 的参加方，但中国加入 GPA 的谈判已经进行了很久。自 2007 年底中国开启加入 GPA 的谈判进程并提交首份出价清单以来，截至 2019 年 7 月，中国已经提交了 6 份出价清单（第 6 份出价清单是在 2014 年 12 月提交

① 屠新泉．我国加入 GPA 谈判的焦点问题分析［J］．中国政府采购，2011（9）：59－61.

② 邓婉君，张换兆．对《政府采购协议》下中国保护本国产业和支持本土创新的建议［J］．中国科技论坛，2012（4）：25－29.

的）。在 2017 年 10 月的 WTO 政府采购委员会谈判会议上，中方表示正在酝酿提交第 6 次改进出价（实际上是总的第 7 次出价）。而新的出价很可能会纳入更多的国有企业采购。从科技创新的角度看，未来中国加入 GPA 时最终确定的出价范围直接决定了通过政府采购支持本国创新产品的空间大小。而加入 GPA 谈判的核心就是确定出价清单。因此，中国加入 GPA 的谈判过程最终决定了这一领域的科技创新政策空间的大小。

此外，GPA 经过十年谈判后在 2011 年底得到修订，达成了新的协定文本，对各参加方的覆盖范围也进一步扩大。新文本对电子采购进行了规范，加强了对透明度的要求，赋予采购方更多的灵活性，并明确了发展中国家可以采取的过渡性措施。[①] 市场准入承诺的价值增幅达到每年 800 亿至 1000 亿美元，成员方每年向国际竞争开放的采购合同总价值达到约 1.7 万亿美元。[②] 这一方面为中国加入 GPA 带来了更大的市场准入机会，另一方面也产生了更大的谈判压力。

四、《与贸易有关的知识产权协定》

《与贸易有关的知识产权协定》（《TRIPS 协定》）是通过乌拉圭回合谈判达成的一揽子协定的一部分，在多边贸易体制中对于与贸易有关的知识产权问题作出了开拓性的约定。该协定的基本目标是为知识产权提供充分和有效的保护，以使权利人能够从其创造发明中获益，并因此而受到鼓励，继续在创造发明方面努力。[③]《TRIPS 协定》以《巴黎公约》《伯尔尼公约》《罗马公约》等保护知识产权的全球性公约为基础，并在许多方面有所突破。

《TRIPS 协定》在第一部分规定了各成员在知识产权保护方面需要遵守的基本原则。其中：第 3 条规定了国民待遇原则，“在遵守《巴黎公约》（1967）、《伯尼尔公约》（1971）、《罗马公约》或《关于集成电路的知识产权条约》中各自规定的例外的前提下，每一成员给予其他成员国民的待遇不得低于给予本国国民的待遇”。第 4 条则规定了最惠国待遇原则，“对于知识产权保护，一成员对任何其他国家国民给予的任何利益、优惠、特权或豁免，应立即无条件地给予所有其他成员的国民”。协定的第二部分则针对知识产权的七个类别（版权、商标、地理

① 屠新泉．新 GPA：政府采购市场国际化的新指针［J］．中国政府采购，2012（2）：13.

② WTO 就修订后的《政府采购协定》举行研讨会［EB/OL］．中华人民共和国商务部网站，http：//gpj. mofcom. gov. cn/article/zuixindt/201509/20150901119271. shtml，2019－10－05.

③ 世界贸易组织秘书处．乌拉圭回合协议导读［M］．北京：法律出版社，2000：285.

标识、工业设计、专利、集成电路布图设计、未公开信息）分别规定了在知识产权的效力、范围和使用上所适用的标准。这些标准是各成员所必须达到的最低标准，对于提供更高的保护水平不构成障碍。从现实实践来看，《TRIPS 协定》的最低要求标准并非总是被明确地界定。虽然《TRIPS 协定》对最低保护时间长度、受保护对象范围、外国居民非歧视待遇和执行措施等问题上有着明确的规定，但是《TRIPS 协定》对更加特定的技术和主观对象并没有给出详细的规则，如与审查专利新颖性和独创性相关的标准或者对侵犯版权的详细界定等。[①] 协定在第三部分则规定了各成员在实施知识产权保护时应遵守的程序和提供的救济措施。

在保护知识产权的同时，《TRIPS 协定》还兼顾知识产权使用者的需要，并希望防止知识产权保护的程序和措施本身对合法贸易造成障碍。协定第 7 条规定，“知识产权的保护和实施应有助于促进技术革新及技术转让和传播，有助于技术知识的创造者和使用者的相互利益，并有助于社会和经济福利及权利与义务的平衡”。第 8.2 条还规定，“只要与本协定的规定相一致，可能需要采取适当措施以防止知识产权权利持有人滥用知识产权或采取不合理地限制贸易或对国际技术转让造成不利影响的做法”。

在加入 WTO 之初，中国知识产权法律体系与《与贸易有关的知识产权协议》还存在一定的差距。[②] 加入 WTO 后，中国不断完善知识产权法律体系，并取得了显著进展。其中包括：2002 年和 2010 年两次修订《专利法》，2010 年修订《著作权法》，2013 年和 2019 年两次修订《商标法》。2008 年国务院发布《国家知识产权战略纲要》，提出要使“知识产权法治环境进一步完善，……知识产权保护状况明显改善”。但中国在知识产权保护的执行方面仍然受到其他发达成员的监督和压力，例如美国在历年发布的《特别 301 报告》中就对中国知识产权保护的执行情况颇多苛责。

此外，《TRIPS 协定》在防止知识产权滥用问题上也存在一定的空间可以利用。TRIPS 协议并没有对什么是知识产权滥用做出明确的界定，也没有对规制知识产权滥用的措施有过多的限制。[③]

---

① 沈国兵. TRIPS 协定下中国知识产权保护的核心难题及基准［J］. 财经研究，2008，34（10）：50－62.

② 蔡伟，于英川. WTO 的《与贸易有关的知识产权协议》对我国科技创新的影响与对策［J］. 上海大学学报（自然科学版），2001（s1）：36－40.

③ 张伟君，单晓光. TRIPS 协议对知识产权滥用的规制探析［J］. 上海对外经贸大学学报，2007（10）：13－19.

五、《技术性贸易壁垒协定》

《技术性贸易壁垒协定》（《TBT 协定》）的主要目的是防止技术法规和标准对国际贸易造成不必要的障碍。根据该协定的前言，协定一方面认识到国际标准对于提高生产效率和便利国际贸易的作用，同时希望保证技术法规和标准及其合格评定程序不会带来不合理的贸易障碍，另一方面认可为保护公共健康和环境安全等采取的技术措施，同时又要防止这些措施的实施造成歧视或变相的贸易限制。

与其他协定类似，《TBT 协定》也在开始的部分强调对最惠国待遇原则和国民待遇原则的适用。协定第 2.1 条规定，"各成员应保证在技术法规方面，给予源自任何成员领土进口的产品不低于其给予本国同类产品或来自任何其他国家同类产品的待遇"。协定附件 3 的 D 项规定，"在标准方面，标准化机构给予源自 WTO 任何其他成员领土产品的待遇不得低于给予本国同类产品和源自任何其他国家同类产品的待遇"。协定第 5.1 条则针对是否符合技术法规或标准的评定程序做出规定，"合格评定程序的制定、采用和实施，应在可比的情况下以不低于给予本国同类产品的供应商或源自任何其他国家同类产品的供应商的条件，使源自其他成员领土内产品的供应商获得准入"。也就是说，第 2.1 条和附件 3 的 D 项规定了在法律层面适用技术法规和标准的最惠国待遇和国民待遇原则，第 5.1 条则规定了在操作层面适用技术法规和标准的最惠国待遇和国民待遇原则。

在技术性贸易措施领域，透明度对于防止不必要的贸易障碍和变相贸易限制更加重要。《TBT 协定》通过第 10 条"关于技术法规、标准和合格评定程序的信息"做出了规定，既要求各成员设立咨询点来回答其他成员的相关询问，又要求对相关措施和程序的变更主动进行通知。据统计，2001 年至 2016 年，中国向 WTO 提交的 TBT 通报超过了 1100 项，仅次于美国提交的数量。[①]

技术法规和标准实质上反映的是一国科学技术的发展水平。目前，国际上颁布与实行的技术法规和技术标准绝大多数出自工业发达国家，实施技术性贸易壁垒措施的国家也主要是工业发达国家。[②] 但同时，技术法规和标准的制定也能反过来对国内高新技术产业提供一定程度的保护。贸易技术措施由于符合保护各国

① 郭力生．中国是履行 TBT 协定透明度规则的模范代表［J］．WTO 经济导刊，2016（12）：53－55.

② 冯远．中国应对外国技术性贸易壁垒的法律和政策措施［J］．财贸经济，2007（8）：76－81.

安全和利益的正当目标，已经成为非关税壁垒中一个频繁使用并具有很大灵活性和自主性的贸易保护措施。①

中国近年来对技术标准的关注程度越来越高，也越发重视技术标准与科技创新之间的密切关联。国务院在2015年发布《深化标准化工作改革方案》，认为当前中国的标准整体水平不高，难以支撑经济转型升级，提出要在2017年前制定一批满足市场和创新需要的团体标准，在2020年前由市场自主制定的团体标准、企业标准更好满足市场竞争、创新发展的需求。2016年国务院发布《"十三五"国家科技创新规划》，提出要"持续推进技术标准战略""健全科技创新、专利保护与标准互动支撑机制""发挥标准在技术创新中的引导作用"。OECD发布的《中国创新政策研究报告》认为，技术标准在中国被视为促进技术发展的一个重要工具，而中国的挑战是，提出的标准制度既要与WTO规则相一致，又不能扭曲国内、国际的竞争进而抑制创新。②

在WTO框架下，中国通过实施技术标准及其他技术法规来促进科技创新的政策必然受到《TBT协定》的约束。其中的关键主要有两点：一是明确"符合规则的技术法规和标准"与"构成变相贸易限制的技术法规和标准"之间的界限。区分的依据不仅包括最惠国待遇、国民待遇及透明度等基本原则，还包括协定中相关技术法规和标准的制定、适用及实施程序等。二是如何利用规则的例外。比如，由于《TBT协定》对合格评定程序、检验、测试等只提出了原则性的要求，没有提出具体的法律法规限制，③ 因此留下了一定的政策弹性。

六、《实施卫生与植物卫生措施协定》

《SPS协定》在很大程度上是按照东京回合和乌拉圭回合中的《TBT协定》制定的④。该协定的目标是防止卫生与植物卫生措施的实施方式"构成在情形相同的成员之间进行任意或不合理的歧视的手段，或构成对国际贸易的变相限制"。

《SPS协定》第2.3条实际上规定了各成员在实施卫生与植物卫生措施时应遵守最惠国待遇和国民待遇原则。第7条则明确提出了透明度要求，要求各成员及时通知卫生与植物卫生措施的变更，并提供有关的信息。《SPS协定》不仅引

---

① 刘丹．浅析中国WAPI标准与TBT协议［J］．上海对外经贸大学学报，2005（1）：25－30.

② 薛澜，柳卸林，穆荣平．OECD中国创新政策研究报告［M］．北京：科学出版社，2011：15.

③ 冯远．中国应对外国技术性贸易壁垒的法律和政策措施［J］．财贸经济，2007（8）：76－81.

④ 世界贸易组织秘书处．乌拉圭回合协议导读［M］．北京：法律出版社，2000：92.

入了 GATT1994 中的“非歧视性”“措施的必要性”等基本要求，而且还建立了“以科学为依据”的新规则，并为 SPS 措施的制定和实施规定了诸如“以国际标准为基础”“风险评估”“等效认定”等具体的规范性要求。① 具体来说，协定第 3 条为各成员实施 SPS 措施提供了两种选择：一是采取“符合国际标准、指南或建议的”措施；二是在“存在科学理由”或符合第 5 条要求的条件下采取保护水平更高的措施。其中，第 5 条针对“风险评估和适当的卫生与植物卫生保护水平的确定”列出了具体规定；第 4 条则规定，如果出口方证明其措施达到了与进口方相同的卫生保护水平，那么即便这些措施不同于进口方自己的措施，进口方也应将其视为“等效措施”予以接受。

与《TBT 协定》带来的约束类似，《SPS 协定》也通过对相应领域的法规和措施的约束影响中国在该领域的科技创新政策，重点体现在农业领域。一方面，中国自身与科技创新相关的农产品 SPS 措施直接受到协定约束，并被其他成员关注。比如，在 WTO 各成员提出的 SPS 特别贸易关注（Specific Trade Concerns，STCs）中，美国就曾特别关注了中国采用现代生物技术生产的农产品食品安全法规。美国与欧盟在 WTO 中关于转基因农产品的争端（DS291、DS292、DS293）则表明，与创新型农产品有关的 SPS 措施很可能对未来农业科技创新的国际竞争产生影响。另一方面，中国的农产品出口时常面临其他成员 SPS 措施的限制。2007 年至 2012 年，中国出口的农食产品每年被主要贸易伙伴（美国、欧盟、日本、加拿大、韩国）扣留/召回均在 1600 批次以上，相关机构对这些国家技术性贸易措施的关注不够导致企业难以得到充分咨询是其原因之一。②

七、《中国加入议定书》与《中国加入工作组报告书》

新成员加入 WTO 时通过加入 WTO 议定书等所单独作出的承诺往往不会与 WTO 普遍义务完全相同，其中还存在“WTO - plus”条款（即超过一般 WTO 义务的条款）。此类条款要求成员方承担比多边贸易协定要求更为严格或者更重的义务，涉及司法审查、透明度、地方政府、外国投资、经济改革等多个方面。③ 因此，除了 WTO 协定基本规则之外，中国在加入 WTO 时所作出的单独承诺也对

---

① 刘芳 . WTO 框架下 SPS 措施的合法性问题研究［M］. 北京：法律出版社，2017：13.

② 师华，徐佳蓉 . WTO《SPS 协定》与我国农产品应对 SPS 措施对策研究［M］. 北京：知识产权出版社，2015：90.

③ 王琢 . WTO 法专题研究：以 WTO 争端解决为视角［M］. 北京：法律出版社，2016：67.

中国科技创新政策的制定和实施构成约束，主要是指《中国加入议定书》与《中国加入工作组报告书》中的相关条款和段落。

例如，《中国加入议定书》第 3 条就在非歧视方面提出了比 WTO 更加具体的要求。第 3 条规定，在“国家和地方各级主管机关以及公有或国有企业在包括运输、能源、基础电信、其他生产设施和要素等领域所供应的货物和服务的价格和可用性”方面，给予外国个人、企业和外商投资企业的待遇不能低于给予其他个人和企业的待遇。

又如，中国在加入 WTO 时单独作出过有关技术转让要求的承诺。《中国加入议定书》第 7 条规定，中国应保证国家和地方各级主管机关对进口许可证、配额、关税配额的分配或对进口、进口权或投资权的任何其他批准方式，不能以任何类型的实绩要求（包括当地含量、补偿、技术转让、出口实绩或在中国进行研究与开发等）为条件。《中国加入工作组报告书》第 48 段指出，“某些工作组成员对中国影响技术转让的法律、法规及措施表示关注，特别是在作出投资决定的过程中。此外，这些成员对将技术转让作为获得包括批准投资在内的利益的条件表示关注。他们认为技术转让的条款和条件，特别是在投资的过程中，应由投资方议定，政府不应干预。例如，政府不应将技术转让作为批准投资的条件”。而第 49 段随后指出，“中国代表确认，中国对其领土内的个人或企业只实施、适用或执行与 WTO《TRIPS 协定》和《TRIMs 协定》不相抵触的，与技术转让、生产工序或其他专有知识有关的法律、法规或措施。他确认，技术转让的条款和条件、生产工序或其他专有知识，特别是在投资的过程中，只需经投资方议定”。

再如，在补贴方面，《中国加入议定书》专门规定，“就实施《SCM 协定》第 1 条第 2 款和第 2 条而言，对国有企业提供的补贴将被视为专向性补贴，特别是在国有企业是此类补贴的主要接受者或国有企业接受此类补贴的数量异常之大的情况下。”

此外，中国虽然没有加入 GPA，但仍然在加入 WTO 时作出了一些相关的承诺。《中国加入工作组报告书》第 339 段规定，“中国代表表示，中国有意成为 GPA 的参加方，在此之前，中央和地方各级所有政府实体，以及专门从事商业活动以外的公共实体，将以透明的方式从事其采购，并按照最惠国待遇的原则，向所有外国供应商提供参与采购的平等机会。此类实体的采购将只受遵守已公布且公众可获得的法律、法规、普遍适用的司法决定、行政决定以及程序的约束”。

第二节　多哈回合谈判相关议题

虽然多哈回合谈判已经在事实上中止了，但 WTO 成员对于多边贸易新规则的大量诉求均在谈判议题中有所反映，同时也影响了拟议中的 WTO 改革。因此，其中有关科技创新政策的议题同样值得关注，包括货物贸易补贴与反补贴规则、服务贸易补贴与反补贴规则、政府采购服务规则以及知识产权规则等。

一、货物贸易补贴与反补贴

虽然《SCM 协定》已经对货物贸易补贴与反补贴规则作出了较为详细具体的规定，但在适用过程中仍然存在不少问题。一方面，某些技术性的规定需要进一步明确和澄清。另一方面，不同的成员希望对其他成员的国内补贴或反补贴措施进行约束。因此，2001 年的多哈会议对关于补贴与反补贴规则的谈判作出了授权。《多哈部长宣言》第 28 段规定，"鉴于成员们的经验和不断增加的对这些文件的适用，我们同意进行谈判，在保留基本原则、概念、协定的有效性与其规定的措施和目标的前提下，同时考虑发展中国家和最不发达国家参加方的需要，进一步澄清《关于实施 GATT1994 第 6 条的协定》和《SCM 协定》的有关规定并增强使用协定的约束性"。

在谈判开始时，由于补贴问题的敏感性，各成员的态度十分谨慎，有关提案的数量也比有关《反倾销协定》的提案数量少得多。[①] 但随着时间的推进，谈判工作组涉及的反倾销问题逐渐减少，与补贴和反补贴措施相关的新的或者更新的问题却大大增加。[②] 这反映出补贴与反补贴问题在国际贸易交往中重要性的提升，也表明不同成员在这一领域的利益边界逐渐明确。根据各成员的提案，该领域的谈判议题已经涉及补贴的定义（如造成亏损的资金提供）、可诉补贴（如管制价格）、出口补贴（如出口信贷的市场基准）、反补贴措施（如可得事实）、发展中国家成员的特殊和差别待遇（如出口竞争力）等。

---

① 孙振宇．WTO 多哈回合谈判中期回顾［M］．北京：人民出版社，2005：205.

② 张磊，王茜．多哈回合谈判的最新进展：2011 年度报告［M］．北京：法律出版社，2013：76.

在谈判立场方面，美国与欧盟均反对就《SCM 协定》的修改进行全面谈判。美国在具体提案上表现最为活跃。美国的提案总体上希望强化补贴纪律，确保并加强自己实施贸易救济的能力。例如，扩大补贴的定义范围，增加禁止性补贴的种类，加强对自然资源和能源定价行为的规制，等等。这些诉求体现在 2019 年美国所提出的 WTO 改革方案中。发展中成员提出的提案较少，大部分来自印度、巴西、中国等新兴经济体，立场大多是基于获得更多的补贴政策空间。例如，印度在 2007 年提交的提案希望扩大允许税费减免所包含的生产资料种类。中国在 2009 年提交的提案要求反补贴调查机构在更充分的补贴证据和产业损害的基础上启动调查，这在中国 2019 年提出的 WTO 改革方案中也有所反映。

尽管很多议题因为成员方的巨大争议而遭到搁置，但仍有部分修改意见获得了较多共识。例如，关于补贴利益和基准的问题已经在两方面基本达成共识：一是补贴利益的确定应基于接受者所获政府财政资助与市场基准的比较；二是允许使用外部基准计算补贴利益。① 这实际上是美国、欧盟和巴西等成员的提案反映到规则谈判工作组主席提出的综合修改文本中的结果。

由于中国科技创新政策在很多方面受到《SCM 协定》的约束，多哈回合中有关《SCM 协定》修订的动向值得更多关注。一方面，目前已得到很多成员支持的提案很可能会反映在未来的条款中。比如前述关于外部基准的条款修订就会对中国促进科技创新的补贴措施造成更大限制。另一方面，由于美国强大的经济实力和丰富的规则经验，其建议基本上代表了发达国家在《SCM 协定》修订过程中的立场，某种程度上也代表了《SCM 协定》未来的发展趋势。② 而美国关于在规则修订中纳入“管制价格”等的提案会进一步限制发展中国家的政策空间。

二、服务贸易补贴与反补贴

除了《服务贸易总协定》（GATS）通过最惠国待遇义务（GATS 第 2 条）、国民待遇义务（GATS 第 17 条）以及“非违法之诉”（GATS 第 23 条）对服务贸易补贴构成部分限制外，乌拉圭回合并没有在服务贸易补贴领域取得具体的谈判成果。但 GATS 授权就服务贸易补贴进行谈判，以制定多边规则，避免贸易扭

---

① 张斌．多哈回合规则谈判中的补贴利益及其计算基准问题评析［J］．上海对外经贸大学学报，2009（7）：17－23.

② 林惠玲，卢蓉蓉．WTO 新一轮谈判中美国在补贴与反补贴规则修改上的立场和建议［J］．国际商务研究，2010，31（2）：63－72.

曲。GATS 第 15 条规定，“各成员应进行谈判，以期制定必要的多边纪律，以避免此类贸易扭曲作用。谈判还应处理反补贴程序适当性的问题。此类谈判应认识到补贴在发展中国家发展计划中的作用，并考虑到各成员特别是发展中国家成员在该领域需要灵活性”。

在 2001 年 WTO 第四次部长级会议启动新一轮多边贸易谈判，并将服务贸易谈判纳入多哈回合一揽子谈判议题后，各方制定了服务贸易谈判的具体时间表。根据《多哈宣言》，所有服务贸易谈判应当在 2005 年 1 月 1 日前结束。而根据 2001 年服务贸易理事会达成的《谈判指导原则和程序》，服务贸易补贴谈判应当“争取”在具体承诺谈判结束前完成。但截至 2019 年 7 月，关于服务贸易补贴的谈判并没有取得显著进展。

各成员关于服务补贴的讨论主要以 2000 年 GATS 规则工作组主席制定的一个问题清单为基础。清单的内容包括补贴的定义、补贴对贸易的扭曲作用和现有 GATS 规则的适用性、补贴对实现国家政策目标和社会发展的作用、发展中成员的特殊待遇等。[①] 总体上看，服务补贴谈判中最核心的争论点在于：制定服务补贴规范的必要性、何谓服务补贴及扭曲贸易的服务补贴、GATS 现有规范是否足以调整服务补贴、反补贴程序的适当性。[②] 其中，关于服务贸易补贴的定义和新规则的管辖范畴是最基础最核心的争论点。但究竟哪些补贴应被纳入 WTO 服务贸易补贴的范畴并受多边纪律的约束，成员很难达成共识。[③] 鉴于货物贸易的补贴规范存在较久，成员试图从《农业协定》和《SCM 协定》中借鉴合适的经验，但由于服务提供的特殊性及其四种方式的区分，边境对于确定服务的进出口并无实际意义。[④]

在谈判方的立场方面，瑞士、波兰、智利、秘鲁、墨西哥、中国香港等成员对于推动谈判较为积极，就服务贸易补贴的定义提出了建议，并希望各成员尽快交换各自的补贴信息。例如，智利 2003 年提出出口计划、有关促进科技服务产业、旅游补助、科学研发与技术移转补助和基础设施计划四种实例，讨论补贴之认定要素、供应模式、受益人和扭曲效果。[⑤] 但由于服务贸易补贴大量涉及教

---

① 孙振宇 . WTO 多哈回合谈判中期回顾［M］. 北京：人民出版社，2005：127.
② 张磊，王茜 . 多哈回合谈判的最新进展［M］. 北京：法律出版社，2012.
③ 孙振宇 . WTO 多哈回合谈判中期回顾［M］. 北京：人民出版社，2005：132.
④ 石静霞 . 新一轮服务贸易谈判若干问题［J］. 法学研究，2006（3）：128 – 142.
⑤ 艾素君 . 论服务贸易补贴的多边规则［J］. 国际商务，2009（4）：88 – 95.

育、医疗等公共政策，美国、欧盟等服务贸易较发达的成员对于谈判的态度反而较为冷淡。中国对于该项谈判的态度也相对谨慎，仅仅提出了一些抽象和原则性的意见。

对于中国来说，服务贸易补贴的重要性正在凸显。一方面，在中国经济结构调整的背景下，实施服务贸易补贴政策有着提高服务部门自主创新能力、缓解对外贸易结构性失衡及促进文化业与服务外包发展等积极效应。① 具体来说，服务补贴政策可以引导技术发展方向，推动产业结构调整与产业升级的进程，同时还在教育和研发方面具有重要的作用。② 另一方面，随着中国经济结构不断优化升级，服务业的重要性也越来越明显。服务业增加值占 GDP 的比重已经从 2006 年的 39. 5% 提升到 2018 年的 52. 2% 。据中国社会科学院预测，这一比重到 2020 年将进一步升至 59% ，到 2030 年将达到 72% 。③ 服务业占比的不断提高意味着公共政策涉入服务领域的广度和深度都会提升，服务贸易补贴的重要性也会不断强化。

从服务贸易补贴现状来看，中国目前还没有形成像美国、欧盟、澳大利亚等国家实行的那样富有成效的服务贸易补贴政策体系。④服务贸易补贴立法涉及部门多、立法内容散乱；服务贸易补贴的形式比较单一，以税收优惠和优惠贷款为主；服务贸易补贴政策临时性强、随意性大、透明度低。⑤ 虽然目前关于服务贸易补贴的多边谈判进展迟缓，但仍然应做两方面准备。一方面要学习其他成员的补贴经验，完善自身服务贸易补贴政策体系，在提高补贴效率的同时促进服务创新，推动产业升级和结构转型。另一方面要密切注意在 WTO 中服务贸易补贴谈判的动向及各方立场的变化，适时提高参与力度，防止对自身不利的服务贸易补贴规则的形成。

三、政府采购服务

与 GATT 类似，GATS 也将政府采购排除在非歧视原则之外。与此同时，GATS 又授权成员就政府采购服务进行谈判。GATS 第 13. 2 条规定，“在

---

①④ 蒙英华，于立新. 服务贸易补贴及中国政策绩效评估［J］. 国际贸易，2013（10）：61 –67.

② 付亦重. 服务补贴的理论渊源及经济效应［J］. 国际经贸探索，2010（7）：73 –76.

③ 夏杰长. 中国服务业发展报告（2016—2017）——迈向服务业强国：约束条件、时序选择与实现路径［M］. 北京：经济管理出版社，2017.

⑤ 金孝柏. 服务贸易补贴与我国外贸发展方式转型［J］. 国际贸易，2011（6）：25 –30.

《WTO 协定》生效之日起 2 年内，应就本协定项下服务的政府采购问题进行多边谈判”。

欧盟在该议题上的态度最为积极，连续提交了多份详细提案，希望推动进入实质性谈判。日本、瑞士、韩国、中国香港、新加坡等 GPA 参加方赞成欧盟的主张，希望建立服务政府采购多边框架协议，特别是将成员对服务采购的市场准入承诺包括进去。[①] 但印度、东盟、墨西哥等发展中成员极力反对欧盟的提案，再加上美国等其他成员对政府采购服务的市场准入谈判并不积极，导致该议题谈判并没有多少进展。

关键的分歧集中在 GATS 第 13 条授权范围的问题上。欧盟认为 GATS 第 13 条授权就 GATS 第 2 条（最惠国待遇）、第 16 条（市场准入）和第 17 条（国民待遇）如何适用于政府采购服务的问题进行谈判。印度等成员则认为，由于 GATS 第 13.1 条已经将这 3 条排除在政府采购服务的适用条款之外，因此第 13.2 条仅授权对其他条款如何适用于政府采购服务的问题进行谈判。

在基础性问题上的分歧是导致谈判没有取得实质性进展的直接原因。而其根本原因则是政府采购服务的敏感性和服务业竞争力的巨大差别。据欧盟统计，政府采购占了一些服务部门 50% 以上的销售额。[②] 但大多数发展中国家不愿意开放其政府采购市场，这或者是因为对国内提供者的支持，或者是因为某些服务部门对国计民生或国家安全等方面的重要意义等。[③]

从目前进展来看，政府采购服务在较长时间内难以形成多边纪律。结合中国在加入 GPA 过程中的出价情况可知，我国在货物和工程出价上总体较为全面，但在服务上则较为谨慎。[④] 未来即便加入 GPA，服务作为采购客体的准入水平也不会太高。因此，更多地通过政府采购服务的方式实施科技创新政策可能是一个合理的方向。

四、知识产权

根据《TRIPS 协定》相关条款和《多哈宣言》的授权，多哈回合谈判中有

---

① 张磊，王茜．多哈回合谈判的最新进展：2011 年度报告［M］．北京：法律出版社，2013：249.

② 孙振宇．WTO 多哈回合谈判中期回顾［M］．北京：人民出版社，2005：142.

③ 石静霞．新一轮服务贸易谈判若干问题［J］．法学研究，2006（3）：128－142.

④ 屠新泉，史丁莎．确定政府采购制度的边界是我国加入 GPA 谈判的关键［J］．中国政府采购，2014（3）：30－31.

关知识产权的议题主要有三个：一是《TRIPS 协定》与公共健康的关系。主要是关于通过强制专利许可帮助一些发展中国家和最不发达国家缓解或解决因某些流行性疾病引发的公共健康危机的问题。二是地理标识的保护。主要是关于建立葡萄酒和烈性酒的多边通知与注册制度，并扩大地理标识保护的适用范围的问题。三是《TRIPS 协定》与《生物多样性公约》及传统知识保护的关系。主要是关于针对涉及生物资源和传统知识的专利申请建立强制信息披露制度的问题。目前，第一个议题已经取得实质性谈判成果。其中，2003 年通过了《执行〈TRIPS 协定与公共健康宣言〉第六条的决定》，2005 年通过了《关于修正 TRIPS 协定的决定》，并在 2017 年 1 月开始实施。后两个议题则因为成员间资源丰富程度和历史传统悠久程度的巨大差异而进展迟缓。

从上述议题可以发现，多哈回合谈判中有关知识产权的内容并不是围绕有利于发达成员利益的知识产权保护水平的提高，而是更多地倾向于发展中和最不发达成员的利益。这与乌拉圭回合结束后的政治环境有很大关系。发展中成员对于谈判结果远不像欧共体和美国那样满意。① 许多发展中成员认为，乌拉圭回合谈判最大的失误之一是制定了《TRIPS 协定》，其大大减损了发展中成员的权益，增加了义务。②

关于地理标识、生物资源和传统知识的知识产权谈判有利于提高中国在全球知识产权领域的地位。借助资源优势，一方面可以通过这类知识产权的保护获得经济利益，另一方面对发达国家的科技创新优势形成牵制。但由于美国等发达成员的消极谈判态度，就这些议题达成多边规则的难度较大。虽然在解决公共健康危机方面取得了修改《TRIPS 协定》的“局部”成果，但从整体上说，全面实现《部长宣言》所规定的各项议题的谈判目标，仍然任重而道远。③ 为此，有学者建议中国借鉴美国在双边协定谈判中推行超 TRIPS 保护水平标准的谈判模式，在未来自由贸易协定谈判中向发达国家提出在地理标志和遗传资源知识产权保护方面的要价，并与有类似资源优势的国家形成谈判联盟。④

① ［美］约翰·H. 巴顿．贸易体制的演进［M］．北京：北京大学出版社，2013.

② 孙振宇．WTO 多哈回合谈判中期回顾［M］．北京：人民出版社，2005：155.

③ 古祖雪．后 TRIPS 时代的国际知识产权制度变革与国际关系的演变——以 WTO 多哈回合谈判为中心［J］．中国社会科学，2007（2）：143－146.

④ 张伟华．多哈回合地理标志和遗传资源的谈判进展及我国的谈判立场［C］．WTO 法与中国论坛暨中国法学会世界贸易组织法研究会 2008 年年会，2008.

第三节　诸边、区域与双边协定

诸边、区域与双边协定是近年来国际经贸规则调整的重要载体。包括 TiSA、ACTA① 等诸边协定，TPP②、TTIP 等大型的区域协定，以及美韩 FTA 等有重要影响力的双边协定。这些协定的谈判大多由发达经济体主导，其所达成的规则也大多以发达经济体的利益需求为导向。在这些协定中，与科技创新政策关系最密切的规则有三项：一是具有显著“TRIPS - plus”（即超过《TRIPS 协定》所规定的义务）特征的知识产权规则，二是跨境数据流动规则，三是为中国“量身定制”的国有企业规则。

一、知识产权规则

美欧等发达成员虽然在乌拉圭回合谈判中成功将知识产权议题与贸易关联起来，并最终达成了《TRIPS 协定》，但《TRIPS 协定》规定的知识产权保护标准仍然不能满足这些科技领先成员的需求。一方面，在多边谈判中，由于大量发展中成员的反对，要想达成更高标准的知识产权协定十分困难。另一方面，《TRIPS 协定》并不阻止成员提供更高水平的知识产权保护。协定第 1.1 条规定，“各成员可以，但并无义务，在其法律中实施比本协定要求更广泛的保护，只要此种保护不违反本协定的规定”。于是，发达经济体往往在区域或双边协定中纳入“TRIPS - plus”条款。

《反假冒贸易协定》（*Anti - Counterfeiting Trade Agreement*，ACTA）和 TPP 由于谈判成员众多而在“TRIPS - plus”义务上的影响力最大。ACTA 最早是由日本在 2005 年的 G8 峰会（“八国集团”峰会）上提出的。从 2008 年初到 2010 年底，美国、欧盟、日本等发达经济体就该协定进行了 11 轮秘密谈判。2011 年和 2012 年美国、加拿大、日本、澳大利亚、欧盟等相继签署了 ACTA，但由于没有在

① 本书对 ACTA 各项条款中文译文的引用，主要参考资料为：朱秋沅．反假冒贸易协定［J］．上海海关学院学报，2011（1）：102 - 110.

② 本书对 TPP 各项条款中文译文的引用，主要参考资料为：韩立余．《跨太平洋伙伴关系协定》全译本导读［M］．北京：北京大学出版社，2018.

欧盟、美国等主要成员得到批准，ACTA 实际上搁浅了。TPP 则因为美国的退出而由日本领导并转变为 CPTPP。即便如此，这两个协定对于国际知识产权规则调整方向的影响仍然不可忽视。例如，2016 年欧盟与加拿大签署的《全面经济贸易协定》（*Comprehensive Economic and Trade Agreement*，CETA）被很多欧盟官员视为未来与欧盟其他大型贸易伙伴达成经济协议的模板，而其中的知识产权章节就纳入了很多 ACTA 条款，甚至被认为是“死而复生的 ACTA”。① 美国虽然出于政治原因退出了 TPP，但不会放弃其中的知识产权、国有企业等有利条款，且必然希望在其他协定谈判中纳入这些条款。2017 年 3 月，作为美国贸易代表候选人的莱特希泽在其任职听证会上称，美国在重启 NAFTA 谈判时必须考虑把 TPP 中的哪些条款并入。② 2017 年 5 月莱特希泽就任后，就重谈《北美自由贸易协定》（NAFTA）致信国会称，“我们的目标是使 NAFTA 现代化，囊括更多的条款以涵盖知识产权、监管规范、国有企业、服务业、卫生与植物检疫措施、劳工、环境及中小企业。”③

ACTA 并不是对《TRIPS 协定》的内容作一般意义上的丰富，而是将重点放在知识产权的执法上。ACTA 文本的绝大部分内容集中在规范知识产权执法的法律框架和实践上。其中最关键的第二章“知识产权执法的法律框架”涵盖了从一般义务到民事执法、边境措施、刑事执法的新标准，甚至将数字环境下的知识产权执法也囊括在内。有文献指出，早期的《巴黎公约》和《伯尔尼公约》主要关注协调国际知识产权保护的实体内容（如权利内容、保护期限等），《TRIPS 协定》进一步实现了实体权利与执法措施并重的格局，而 ACTA 则以完全关注知识产权执法实践为己任，表明国际知识产权保护在未来或许将主要围绕执法问题展开。④ 虽然国际知识产权保护规则的未来趋势难以作出单一论断，但执法问题正是发达经济体在知识产权保护领域对发展中经济体最为苛责之处，因而很可能成为未来规则谈判中的博弈重点。

由于成员间经济发展水平和知识产权保护水平的巨大差异，知识产权内容是

---

① Mathis J. Multilateral Aspects of Advanced Regulatory Cooperation: Considerations for a Canada - EU Comprehensive Trade Agreement (CETA) [J]. Legal Issues of Economic Integration, 2012, 39 (1): 73 - 91.

② 莱特希泽认为重启的 NAFTA 可超越 TPP 条款 [EB/OL]. 上海 WTO 事务咨询中心，http://www.sccwto.org/post/24845? locale = zh - CN，2017 - 04 - 06 [2019 - 10 - 05].

③ 北美自贸协定将重启谈判瞄准过时条款纳入新领域 [EB/OL]. 财新网，http://international.caixin.com/2017 - 05 - 19/101092672.html，2017 - 05 - 19 [2019 - 10 - 05].

④ 袁真富，郑舒姝.《反假冒贸易协定》(ACTA)：制度评价及其国际影响 [J]. 国际贸易问题，2012 (7): 164 - 176.

TPP 谈判过程中最具争议的议题之一。美国曾在谈判中提出至少要以美韩 FTA 和 ACTA 为范本，建立高标准的知识产权保护制度。[①] 从最终文本看，TPP 的知识产权内容大部分以美国提出的建议草案为基础。与重点围绕执法领域的 ACTA 相比，TPP 达成了更加全面的保护升级。TPP 纳入了多项相关的知识产权保护国际协定，对《TRIPS 协定》中未能明确和强调的一些知识产权保护与执法问题出台新的规范，吸纳了包括未能生效的 ACTA 的部分执法规则内容，以及美式 FTA，如美韩 FTA、美国国内法的部分知识产权保护规则。[②] 例如，TPP 要求成员必须加入《专利合作条约》（PCT）、《世界知识产权组织版权公约》（WCT）、《世界知识产权组织表演和录音制品条约》（WPPT）等近十项国际协定，要求对商业秘密盗窃行为进行惩罚，将国有企业纳入商业秘密规则约束下，规定知识产权保护条款在数字环境下同样适用，设立额外条款延长生物制剂和药品的知识产权保护期，并大幅提升了执法力度。

二、跨境数据流动规则

在近年较有影响力的贸易和投资协定（谈判）中，跨境数据流动规则逐渐成为一项重要的条款。2012 年达成的美韩 FTA 第一次在自由贸易协定的电子商务章节纳入了跨境数据流动规则，第 15.8 条规定“成员方应努力避免对跨境电子信息流动施加或维持不必要阻碍”。[③] 在 2015 年达成的 TPP 中，电子商务章节第 9 条规定，“如果该活动涵盖个人或企业的商业行为的话，各缔约方应该允许信息通过电子方式跨境传输，其中包括个人信息”。在 2012 年发起的 TiSA 谈判的已知文本中，美国、日本、哥伦比亚等国提出的方案主张在个人数据关系到服务贸易的情况下禁止缔约方阻碍跨境数据流动。[④] 而在 2013 年启动的 TTIP 谈判中，跨境数据流动问题一直是美欧之间的主要分歧之一。在 2019 年由 76 个 WTO 成员启动的电子商务谈判中，跨境数据流动也是存在重大分歧的一项关键议题。

---

① 张惠彬. 后 TRIPS 时代国际知识产权保护新趋势——以《反假冒贸易协定》为考察中心 [J]. 国际商务（对外经济贸易大学学报），2013（6）：118－125.

② 余楠. 国际法与国际关系视野下《跨太平洋伙伴关系协定》（TPP）知识产权谈判 [M]. 北京：法律出版社，2016：121.

③ 韩静雅. 跨境数据流动国际规制的焦点问题分析 [J]. 河北法学，2016，34（10）：170－178.

④ Ahmed U，Chander A. Information Goes Global：Protecting Privacy，Security，and the New Economy in a World of Cross－Border Data Flows，E15Initiative [R]. Geneva：International Centre for Trade and Sustainable Development（ICTSD）and World Economic Forum，2015：4.

虽然美国是将跨境数据流动规则纳入前述协定的主要推动方，但在跨境数据流动规则方面发展最为成熟的却是欧盟。而欧盟对于跨境数据流动的主张与美国存在很大差别。美国主张数据自由流动，消除任何不必要的数据壁垒。欧盟却强调隐私规制，希望在确保足够隐私保护水平的前提下促进跨境数据流动。欧洲议会和欧盟理事会早在1995年就通过了《关于涉及个人数据处理的个人保护以及此类数据自由流动的第95/46/EC号指令》（*Directive on the Protection of Individuals with Regard to the Processing of Personal Data and on the Free Movement of Such Data*）（以下简称《指令》），以强制约束力为成员国确立了数据保护的统一标准，在强调区域内数据自由流动的同时，对向区域外的数据转移作出严格规制。其中第25条规定“只有在第三国确保提供适当保护水平时，才能将个人数据向第三国转移”。2016年，欧洲议会和欧盟理事会通过了《统一数据保护条例》（*General Data Protection Regulation*）（以下简称《条例》）。《条例》在2018年正式实施并彻底取代《指令》。与《指令》相比，《条例》规定了更加严格和具体的数据保护标准，同时试图将管辖范围扩大到部分设立于欧盟境外的主体，并在向第三国或国际组织转移个人数据方面增加了更多可实现个人数据跨境转移的条件或情形。①

在新兴信息技术产业蓬勃发展的环境中，跨境数据流动规则对于大数据、云计算等产业的国际竞争有至关重要的影响。中国近年来强调“网络主权”和“网络安全”，在一些重大立法和部门规章中提出要限制跨境数据流动。这在客观上相当于以非关税壁垒的形式限制数据服务的进口，从而保护本国的信息技术及相关产业。但该政策与美国主推的数据自由流动明显相悖，也不同于欧盟采取的隐私规制模式。

三、国有企业规则

近年来中国国有企业的国际影响力快速增长，国际化水平显著提升，但遭受的国际争议也越来越多。发达国家时常对中国国有企业接受的所谓政府支持或补贴进行指责。在这些国际舆论压力之外，发达经济体所主导的国际协定谈判也更加关注国有企业议题。这些协定中国有企业规则的设立不但可能对未来中国国有企业的发展和国际化进程造成重大影响，而且会对中国科技创新政策的实施中国

① 高富平．个人数据保护和利用国际规则：源流与趋势［M］．北京：法律出版社，2016：135.

有企业的作用构成约束。

从科技创新政策的角度考虑，国有企业规则中可能带来影响的条款主要有三方面：一是宽泛和严格的国有企业的定义，二是非歧视性待遇，三是非商业支持。TPP 就在这三方面作出了较为明确的规定。

在国有企业定义方面，TPP 国有企业和指定垄断章节对国有企业作出了严格的定义。TPP 规定，国有企业是指政府直接拥有超过 50% 的股份资本，或通过所有者权益、实际超过 50% 投票权和表决权而拥有对企业的实际控制权，或拥有对董事会（或其他同等管理机构）多数主要成员的任命权的企业。从协定内容和适用范围上看，TPP 的国有企业章节显然比美韩 FTA、美新 FTA 的更为严格。①

在非歧视性待遇方面，TPP 明确提出了对国有企业和外国企业实行无差别待遇，并与私营企业进行公平竞争。例如，除提供公共服务以外，国有企业的行为应当以商业考量为基本准则。国有企业购买或销售商品和服务，或国有企业通过对外投资进入其他 TPP 成员国市场时，其享受的优惠不应高于 TPP 任何一成员国的私营企业。国有企业也不能直接或间接从政府获得财政补贴或其他方面的支持。

在非商业支持方面，TPP 要求确保各成员国的国有企业实施的商业采购和销售都是出于商业性考虑，除非同任何要求国有企业提供公共服务的授权不一致。TPP 同时还规定了判定一国对其国有企业的非商业支持是否对其他成员国的私营企业产生不良影响的标准。

总体来看，国有企业的非歧视性待遇条款将对政府通过给予国有企业优惠待遇实施的科技创新政策构成限制，非商业支持条款将对政府通过国有企业实施的科技创新政策构成限制，而更为宽泛和严格的国有企业定义则让这两类措施的受限范围和受限程度进一步增加。

① 张宇燕．《跨太平洋伙伴关系协定》文本解读［M］．北京：中国社会科学出版社，2016：264.

第三章　中国科技创新政策体系演进及其与国际经贸规则的协调

中国科技创新政策体系与国际经贸规则的协调并不是静态的，而是随着时间的推移呈现出显著的变化趋势。中国科技创新战略的演进与科技体制的历次变革，以及科技创新政策决策主体的扩展，都对这种协调产生了客观影响。

第一节　科技创新政策体系与国际经贸规则的协调：理念与原则

在本书所探讨的国际经贸规则范围内，WTO 既是大多数现行规则的直接来源，也是新规则未来最可能借以发挥约束力的平台。一方面，大部分影响科技创新政策的国际经贸规则，要么是 WTO 现行规则，要么是 WTO 框架下正在谈判制定的新规则。另一方面，在 WTO 之外，以诸边、区域或双边协定形式展开的规则调整，也往往以规则多边化为最终目标。例如，曾以美国为主导推动的 TPP 和 TiSA 谈判，最终的目标也是在小范围达成成熟的规则后回归 WTO，完成多边化扩散。

因此，如果在宏观层面分析中国科技创新政策体系与国际经贸规则的协调，判断依据可以简化为两个因素的契合程度。一个是 WTO 建立的思想基础和运行的基本原则，另一个是中国科技创新政策体系建立和运行的理念与原则。两者的契合程度越高，则具体科技创新政策与规则的协调度越高。两者的契合程度越低，则具体科技政策与规则的协调度越低。当然，在现实情况中，科技创新政策与经济活动相结合的程度等因素也会对政策与规则的协调造成客观影响。

从基本思想来看，市场经济理论和新自由主义对 WTO 产生了最基础的影响。

一方面，WTO 及其前身关税与贸易总协定（General Agreement on Tariffs and Trade，GATT）是建立在市场经济理论基础之上的。在 GATT 形成时，其 23 个原始缔约方都是实行市场经济的，没有计划经济或非市场经济的国家参加 GATT。① 从 GATT 的产生就可以看出，设计这套机制的初衷是实现贸易自由化。② 而经济自由化原则作为原则性规定贯穿于 GATT 谈判过程中，经济自由化理念和对经济活动进行管制的客观现实这两者间的关系比较在更早的《国际贸易组织宪章》以及现在的 WTO 贸易政策中都有所反映。③ WTO 规则实质上就是市场经济运行的通常规则在世界范围内的认同、运用和推广。④ 另一方面，20 世纪七八十年代兴起的新自由主义对多边贸易体制从 GATT 到 WTO 的跃迁也产生了深刻影响。新自由主义否定国家对经济的干预和国有化，反对对经济自由的限制和否定，提倡经济全球化，即让自由竞争、市场原则主导国际经济。⑤ 诺姆·乔姆斯基在《新自由主义和全球秩序》一书中指出，新自由主义强调以市场为导向，是一个包含一系列有关全球秩序的理论和思想体系，其基本原则简单地说就是贸易自由化、价格市场化和私有化。⑥ 而 WTO 的建立正是新自由主义思潮向全球扩散进而深刻影响到国际贸易体制的结果。新自由主义经济理论作为一种“由通过市场机制而实现的自由贸易和资源自由流动的全球政策体制”，需要在多边贸易体制中建立以自我为中心的长期合作，为各国之间的国际贸易提供稳定和可预测的规则体系。⑦ 也正是新自由主义成为西方国家主导思潮，并深度影响到其国际经济政策的时候，经济全球化才真正进入快车道。⑧

中国也是以建立市场经济为目标而加入 WTO 的。《中国加入工作组报告书》第 4 段提到，“中国代表表示，中国为恢复其 GATT 缔约方地位和加入《WTO 协定》所作的一贯努力符合其通过经济改革建立社会主义市场经济的目标及其对外开放的基本国策”。第 6 段进一步指出，“自 1979 年以来，中国以建立和完善社

---

① 吕晓杰．入世十年：法治中国［M］．北京：人民出版社，2011：9.

② 贺小勇．中国产业政策与 WTO 规则协调研究［M］．北京：北京大学出版社，2014：30.

③ ［美］约翰·H. 巴顿．贸易体制的演进［M］．北京：北京大学出版社，2013：43.

④ 程信和．WTO 规则与中国市场经济法制——比较经济法研究的当务之急［J］．中山大学学报（社会科学版），2000，40（4）：28－34.

⑤ 李琮．世界经济学大辞典［M］．北京：经济科学出版社，2000：836.

⑥ ［美］诺姆·乔姆斯基．新自由主义和全球秩序［M］．南京：江苏人民出版社，2000.

⑦ 胡焕武．新自由主义经济理论视阈下 WTO 法的价值生态危机［J］．湖北社会科学，2012（4）：69－71.

⑧ 何力．新自由主义与国际经济法［J］．政法论丛，2009（4）：3－8.

会主义市场经济为目标，逐步改革经济体制”。此外，中国以“关税减让”而不是“进口承诺”的方式加入 WTO，也与自身建立市场经济的总体目标是一致的[①]。

从运作基础来看，非歧视原则（包括最惠国待遇原则和国民待遇原则）、透明度原则、自由贸易原则和公平竞争原则构成了 WTO 的基本原则。除自由贸易原则外，其他几项原则对于中国科技创新政策体系与国际经贸规则的协调度均有直接的对照作用。第一，非歧视原则主要对照政策体系对规制对象的作用方式。如果科技创新政策以更加普惠的方式实施，其与国际经贸规则的协调度往往较高。第二，透明度原则主要对照政策体系本身的运作方式。透明度原则要求成员的各项贸易措施，包括有关法律、法规及司法判决和行政裁定等保持透明，其目的是保证贸易环境的稳定性和可预见性。[②] 具体到科技创新政策体系层面，如果政策法规的制定和实施过程更加公开和透明，其与国际经贸规则的协调度也会提高。第三，公平竞争原则主要对照政策体系的运作结果。非歧视原则与透明度原则在 WTO 货物贸易、服务贸易和知识产权三大领域的条款中都有直接的体现，公平竞争原则则是以理念的形式渗透在各项协定中。如果政策体系为不同类型的市场主体提供了更加公平的竞争环境，其与国际经贸规则的协调度也会更高。

第二节 科技创新战略的演进及其与国际经贸规则的协调

科技创新战略虽然并不直接存在与国际经贸规则冲突的问题，但其对于科技创新政策与国际经贸规则的协调具有不可忽视的影响。战略往往是宏大的、方向性的，而面对具体的对象就需要具体的政策，科技创新政策往往就是各类创新战略在某一领域的落实。[③] 改革开放以来，中国科技创新战略的演进大致可以分为四个阶段：经济建设战略阶段（1978—1994 年）、科教兴国战略阶段（1995—

① 吕晓杰．入世十年：法治中国［M］．北京：人民出版社，2011：10.

② 石广生．中国加入世界贸易组织知识读本［M］．北京：人民出版社，2002：20.

③ 李哲．从“大胆吸收”到“创新驱动”——中国科技政策的演化［M］．北京：科学技术文献出版社，2017：3.

2005年)、自主创新战略阶段（2006—2011 年）和创新驱动发展战略阶段(2012年以后)。在不同的战略阶段，中国科技创新政策与国际经贸规则的协调度具有显著的差异。

一、经济建设战略阶段的协调问题："萌芽期"

经济建设战略阶段的起止时间大致是从1978年至1994年。1978年邓小平在全国科学大会上阐述了"四个现代化的关键是科学技术的现代化""科学技术是生产力""知识分子是工人阶级的一部分"等重要观点。1982年中共十二大将科学与农业、能源、交通、教育一同列为"今后二十年内经济发展的战略重点"。这是在中国共产党历史上第一次把科学技术列为国家经济发展的战略重点。[①] 在同年举行的全国科学技术奖励大会上，《经济振兴的一个战略问题》明确了"经济建设要依靠科学技术，科学技术工作要面向经济建设"的战略指导方针（即"依靠、面向"方针)。由此，科学技术发展与经济建设相结合的重要性被提高到战略高度予以考虑。[②] 1992年发布的《国家中长期科学技术发展纲领》进一步明确，要"动员和吸引大部分科技力量投身于国民经济建设主战场"。

金世斌（2015)[③] 将1978—1994年这一时期界定为中国科技政策的经济建设战略阶段，本书为方便论述亦沿用这一划分方式。但实际上，这一阶段的政府文件中并没有提出明确的科技创新战略，也没有将科技创新单独提升到国家发展战略的层次。在改革开放的时代背景下，科技政策的发展主要是作为经济体制改革的配套同步推进的，要解决的目标问题有两个：一是重新确立科学技术对于经济社会发展的关键支撑作用，二是解决科学技术与经济脱节的问题。

由于这一时期中国还没有加入GATT，所以在实践中基本不存在科技创新政策与国际规则冲突的问题。但中国在1986年就正式向GATT提出了恢复缔约国地位的申请，进而开启了"复关"进程。因而本书仍然尝试对这一战略阶段下科技创新政策与国际经贸规则协调的问题作假设性的探讨。

理论上说，经济建设战略阶段恰恰是中国科技创新政策体系与国际经贸规则冲突的问题开始萌芽的时期。这一阶段科技战略的两大目标为以后的冲突埋下了

① 万钢．中国科技改革开放30年［M］．北京：科学出版社，2008：40.

② 高建明．新中国科技政策的演进及特色［J］．长沙理工大学学报（社会科学版)，2014，29(2)：21－26.

③ 金世斌．新中国科技政策的演进路径与趋势展望［J］．中国科技论坛，2015（10)：117－118.

隐患。第一，为了解决科技与经济脱节的问题，科技政策本身开始向经济活动渗透。而科技政策对经济活动产生影响是造成经济或贸易“扭曲”的前提。WTO上诉机构也多次指出，一项措施，离市场越远，被认定违反WTO规则的可能性就越小。[①] 例如，1978年国家科委颁布的《关于科学技术研究成果的管理办法》将“技术成果”与“科学技术成果”区分开，就意味着与经济生产相对应的技术政策开始分化出来[②]。从这一阶段开始成立的高新技术产业开发区等科技类特区，也是政策驱动科技与经济结合的典型代表。第二，为了重新确立科学技术在经济社会发展中的关键地位，国家增加财政科技投入是最简单有效的做法。科技攻关计划等国家调动财政资金直接支持的科技计划在这一阶段大量诞生。20世纪80年代这一阶段的主要特点之一，就是在计划经济体制下推出多项科学技术计划，政府是推进技术进步的主要力量。[③] 虽然此时中国已经实际进入经济体制改革的时期，但以计划形式实施的科技投入却刚刚进入科技政策领域。这一方面是由于此前中国的经济实力难以支撑大规模的财政科技投入，另一方面是由于某些历史原因导致的科技人力资源的薄弱。而计划性质的国家财政投入与以自由市场为理论基础的GATT规则存在着潜在的矛盾。

二、科教兴国战略阶段的协调问题：“潜伏期”

科教兴国战略阶段的起止时间大致是从1995年到2005年。1995年中共中央、国务院发布《关于加速科学技术进步的决定》（以下简称《决定》），提出实施科教兴国的战略。《决定》指出，“科学技术的迅猛发展将给人类的生产、生活方式带来革命性的变化”“科学技术实力已经成为决定国家综合国力强弱和国际地位高低的重要因素”，但“科学技术是第一生产力的思想尚未得到全面落实”，同时“存在许多阻碍科技与经济结合的不利因素”。因此，实施科教兴国战略是党的工作重点向以经济建设为中心转移的“进一步演化和向更高阶段的发展”。而科技工作的指导方针也从原来的“依靠、面向”演进为“依靠、面向、攀高峰”（经济建设必须依靠科学技术，科学技术工作必须面向经济发展，努力攀登科学技术高峰）。《决定》同时认为，当时经济发展面临的紧迫任务是要

① 韩立余．世贸规则与产业保护［M］．北京：北京大学出版社，2014：355.

② 李哲．从“大胆吸收”到“创新驱动”——中国科技政策的演化［M］．北京：科学技术文献出版社，2017：57.

③ 陈劲．科学、技术与创新政策［M］．北京：科学出版社，2013：399.

"依靠科技进步加速国民经济增长从外延型向效益型的战略转变"。因此，科教兴国战略的具体任务就是"增强国家的科技实力及向现实生产力转化的能力""把经济建设转移到依靠科技进步和提高劳动者素质的轨道上来"。

这是首次将科学技术发展提升到国家发展战略的高度。科教兴国战略并不是前一阶段指导方针的简单延续，而是建立在对科技发展规律、国际发展环境和中国发展现实的更客观、更清晰判断的基础上的。正因为如此，对于整个科技创新政策体系的构建和完善来说，科教兴国战略的提出也就具备了更加确切的指导意义。1995 年之后，实施科教兴国战略、加强国家创新体系的建设，成为中国科技政策的主要走向。①

科教兴国战略阶段恰好跨越了中国加入 WTO 前后，其起止时间分别与 WTO 成立的时间和中国加入 WTO 过渡期结束的时间接近。这一阶段中国所遭受的国际经贸摩擦较少，涉及科技创新政策的经贸摩擦更少。但在理论上，这一阶段却是与国际经贸规则不协调的科技创新政策大量出台的时期。第一，虽然 1995 年《关于加速科学技术进步的决定》提出要建立"适应社会主义市场经济体制和科技自身发展规律的科技体制"，但其根本目标是实现"科技与经济结合的新机制"，而不是在科技体制中更多地体现市场的作用。这一时期的科技政策，反而表现出资源向重大项目集中的趋势②。第二，为了进一步促进科技与经济的有机结合，科技创新政策开始延伸到产业政策层面。1995 年《关于加速科学技术进步的决定》就提出了开展技术创新工作，"围绕基础产业、支柱产业开展科技攻关"。1999 年发布《关于加强技术创新、发展高科技、实现产业化的决定》，同年还批准设立了科技型中小企业技术创新基金。第三，1992 年之后制度变迁的内容开始较多地关注经济体制、政治体制、科技体制和教育体制的改革之间的协同和配套问题，国家体改委、财政部、国家经贸委、国家科委、国家教委、国家国有资产管理局等部门联合发布的科技政策明显增多。③ 多部门联合出台的科技政策更容易延伸到经济活动层面，从而增加了产生所谓经济贸易"扭曲"效果的可能性。例如，2002 年国家经贸委、财政部、科技部、税务总局联合发布了《国家产业技术政策》（国经贸技术〔2002〕444 号），其中有关财税、金融扶持的表述就存在较大的"专向性补贴"嫌疑。而在 2009 年工信部、科技部、财政

① 刘立．改革开放以来中国科技政策的四个里程碑［J］．中国科技论坛，2008（10）：3－5.
② 陈劲．科学、技术与创新政策［M］．北京：科学出版社，2013：105.
③ 李正风．中国科技政策 60 年的回顾与反思［J］．民主与科学，2009（5）：20－23.

部、税务总局联合发布的《国家产业技术政策》（工信部联科〔2009〕232号）中，这类表述则没有出现。又如，2002年外经贸部、财政部联合发布了《出口产品研究开发资金管理办法》（外经贸计财发〔2002〕527号），仅从名称就可以判定其存在重大的禁止性补贴嫌疑。

虽然在科教兴国战略阶段产生了一些可能与国际经贸规则不协调的科技政策，但在实际中却没有出现较多摩擦。其原因可能有三个：第一，为了适应加入WTO进程，中国在加入WTO前后开展了大量的法律法规清理工作。仅从2000年7月至2002年12月底，国务院有关部门制定、修改、废止部门规章和其他政策措施1000多件，废止地方性法规、地方政府规章3370件、修改1126件，停止执行省级政府及其部门和较大的市政府及其部门的其他政策措施约18.8万件。[①] 与WTO规则不协调的科技政策自然也在清理之列，因而科技部也对相关规章和政策性文件进行了清理，废止、修订了部分不符合WTO规则以及不适应科技工作发展或过期的规章和政策性文件。[②] 同时，地方科技部门也展开了清理工作。例如，2002年北京市科委发布《北京市科学技术委员会政策性措施文件废止目录》（京科政发〔2002〕137号），废止了40项不符合行政制度改革的要求、与WTO规则相冲突以及在执行中已经失效的政策性措施文件。第二，这一阶段中国还处于加入WTO“过渡期”，其他成员对中国的态度相对比较宽容。从WTO争端解决的总体情况也可以看出，中国从2007年以后才开始进入密集的被诉时期。第三，这一阶段中国在高技术领域的产业竞争力较弱，没有引起其他成员的重视。在没有产业竞争威胁的情况下，即便实施了某些违规政策，其他成员也没有动力去耗费资源发起诉讼。例如，2015年美国就中国国产支线飞机税收优惠政策提起的DS501案，涉案政策实际上是在2000年、2002年和2006年制定实施的，而美国却是在中国ARJ21飞机交付市场和C919飞机总装下线之后才提起诉讼的。

三、自主创新战略阶段的协调问题：“爆发期”

自主创新战略阶段大致是从2006年到2011年。2006年1月，胡锦涛在全国科技大会上作了题为“坚持走中国特色自主创新道路，为建设创新型国家而努力

① 确保国内立法符合世贸组织规则，中国法规清理工作10年未曾间断［N］．法制日报，2011-09-27.

② 科技部．中国科技法律法规与政策选编［M］．北京：法律出版社，2003.

奋斗”的讲话，明确提出了提高自主创新能力、建设创新型国家的重大战略任务。同月发布的《关于实施科技规划纲要增强自主创新能力的决定》进一步指出，建设创新型国家，核心就是“把增强自主创新能力作为发展科学技术的战略基点”“把增强自主创新能力作为调整产业结构、转变增长方式的中心环节”“把增强自主创新能力作为国家战略”。随后发布的《国家中长期科学和技术发展规划纲要（2006—2020 年）》（以下简称《钢要》）是进入 21 世纪以后中国的第一个中长期科技规划纲要，确立了此后 15 年科技工作的指导方针，即“自主创新、重点跨越、支撑发展、引领未来”。2007 年中共十七大报告也明确指出，提高自主创新能力、建设创新型国家是“国家发展战略的核心”，要“把增强自主创新能力贯彻到现代化建设各个方面”。

自主创新战略的提出和制定有三方面背景：一是中国全面建设小康社会的进程在发展方式、经济结构、收入分配、国家安全等领域面临一系列严峻挑战。二是中国与发达国家在经济、科技等方面长期存在巨大差距，而在经济、科技全球化的新形势下，技术创新已经取代自然资源成为决定国家竞争力的决定性因素[①]。2007 年，中国研究与试验发展（R&D）投入占 GDP 的比重仅为 1.49%，不仅低于一般发达国家 2% 以上的水平，也低于世界平均水平 1.6%。[②] 当时中国对外技术依存度高达 50%，仅有万分之三的企业拥有自主知识产权核心技术。[③]《纲要》提出的目标是到 2020 年对外技术依存度降低到 30% 以下。三是进入 21 世纪以后科学技术正在孕育着新的突破，同时也带来了重要的机遇和挑战。在这种背景下，中国“比以往任何时候都更加需要紧紧依靠科技进步和创新，带动生产力质的飞跃，推动经济社会的全面、协调、可持续发展”。

在自主创新战略阶段，中国科技创新政策与国际经贸规则不协调的问题频繁出现。不仅在 WTO 争端解决机制中频繁涉案，在国际双边对话平台中，以及美国等发达国家单边实施的反补贴调查中也频繁出现。据本书统计，2001 年至 2005 年中国在 WTO 中与科技创新政策有关的被诉案件只有 1 起，但 2006 年至 2011 年就达到 5 起。从 2011 年起，《国家自主创新产品认定管理办法（试行）》以及地方制定的一些自主创新产品认定管理办法等文件都停止执行。

---

① 尚勇．增强自主创新能力建设创新型国家［J］．中国软科学，2005（7）：1-3.

② 李哲．从“大胆吸收”到“创新驱动”——中国科技政策的演化［M］．北京：科学技术文献出版社，2017：150.

③ 万钢．中国科技改革开放 30 年［M］．北京：科学出版社，2008：64.

这除了受前一阶段制定的政策延迟被诉等客观因素的影响外，还有三个重要的原因。第一，自主创新战略的实施加快了国家创新体系的建设，科技创新政策体系在这一阶段迅速丰富和完善。2006 年《关于实施科技规划纲要增强自主创新能力的决定》提出，“加强经济政策和科技政策的相互协调，形成激励自主创新的政策体系”。《纲要》在总体部署上指出要“深化体制改革，完善政策措施”“推进国家创新体系建设”。围绕《纲要》的实施，国务院发布了《实施〈国家中长期科技发展规划纲要〉配套政策》（以下简称《配套政策》），国务院各相关部门则围绕《配套政策》制定了大量的实施细则。在政策制定的主体上，仅《配套政策》的研究与制定就有科技部、发改委、财政部、中国人民银行等 23 个部门参与，《配套政策》的实施细则的制定也有 16 个部门参与，全国各省、自治区、直辖市围绕落实《配套政策》出台的地方政策有 170 多项。① 在政策涉及的领域上，科研投入、税收、金融、贸易、政府采购、知识产权、人才、教育等均被涵盖。这些跨部门、多领域的科技创新政策开始大面积向经济活动渗透，与国际经贸规则不适应的问题也逐步凸显。第二，自主创新的概念在国外存在一些误解，甚至引起了“技术民族主义”的质疑。“自主创新”被部分国外媒体理解为独立创新、在封闭的系统里创新。② 国外有人认为，中国提倡自主创新是要闭关自守，拒绝国际合作。③ 2006 年，美国全美亚洲研究所发表的报告《标准就是力量？中国国家标准化战略制定中的技术、机构和政治》就认为，源自自主创新政策的技术标准战略在许多方面具有所谓的“技术民族主义”的特征。④ 第三，中国在众多高技术产业领域竞争力的提升引起了发达国家的担忧。中国在高铁、新能源等领域的竞争压力使得发达国家开始将高技术产业的支持政策列为关注重点。据兰德公司调查，2005 年时，中国并不是风力发电产业的主要参与者，但在中国通过《可再生能源法》为该产业提供补贴和政府支持并将风力涡轮机产业列为战略性产业之后，2012 年中国的风电装机容量就达到了 15.9 千兆瓦，取代美国位居世界第一⑤。

---

① 万钢．中国科技改革开放 30 年［M］．北京：科学出版社，2008：151 - 153.

② 成思危．自主创新与对外开放并不矛盾［N］．科技日报，2010 - 07 - 20.

③ 邢继俊，赵刚．自主创新与国际合作并行不悖［J］．中国科技财富，2010（11）：12 - 13.

④ 李哲．加入 WTO 十年来我国科技创新政策与 WTO 规则的协调及展望［J］．中国科技论坛，2012（12）：5 - 10.

⑤ Crane K，Luoto J E，Harold S W，et al. The Effectiveness of China's Industrial Policies in Commercial Aviation Manufacturing［R］．RAND Corporation，2014.

四、创新驱动发展战略阶段的协调问题："转型期"

创新驱动发展战略阶段大致是从2012年开始的。2012年，党的十八大报告作出了实施创新驱动发展战略的重大部署，提出要"以全球视野谋划和推动创新""加快建设国家创新体系"。2014年，习近平总书记在主持召开中央财经领导小组第七次会议时强调，实施创新驱动发展战略，就是要"推动以科技创新为核心的全面创新""增强科技进步对经济增长的贡献度，形成新的增长动力源泉"。2015年发布的《关于深化体制机制改革加快实施创新驱动发展战略的若干意见》指出，加快实施创新驱动发展战略要"强化科技同经济对接、创新成果同产业对接、创新项目同现实生产力对接、研发人员创新劳动同其利益收入对接"。2016年发布的《国家创新驱动发展战略纲要》提出了2020年进入创新型国家行列、2030年跻身创新型国家前列、2050年建成世界科技创新强国的"三步走"战略目标，同时明确指出，"创新驱动就是创新成为引领发展的第一动力"。

创新驱动发展战略是在新形势下中国以全球视野谋划制定的新发展战略。首先，中国在全球的经济地位迅速提升，逐渐开始以崛起中大国的视角审视国际竞争形势和未来发展前景。2010年，中国GDP首次超过日本位居全球第二。2013年，中国贸易总额首次超过美国位居全球第一。但中国的发展还面临重大科技瓶颈，关键领域核心技术受制于人的格局没有从根本上改变①，很多产业仍处于全球价值链的中低端，发达国家在科学前沿和高技术领域仍然占据明显领先优势②。其次，随着中国经济发展逐渐进入新常态，通过创新驱动加快转变经济发展方式的需求越发紧迫。创新驱动成为加快转变经济发展方式、破解经济发展深层次矛盾和问题的必然选择，是更好引领我国经济发展新常态、保持我国经济持续健康发展的必然选择。③最后，全球新一轮科技革命和产业变革加速演进，创新驱动成为谋求新的国际竞争力的大势所趋。新一轮科技革命正在重塑世界竞争格局、改变国家力量对比，创新驱动成为许多国家谋求竞争优势的核心战略。④

---

①③　习近平：为建设世界科技强国而奋斗［EB/OL］. 新华网，http：//news. xinhuanet. com/politics/2016 －05/31/c_ 1118965169. htm，2016 －05 －31［2019 －10 －05］.

②　中共中央　国务院印发国家创新驱动发展战略纲要［EB/OL］. http：//www. most. gov. cn/yw/201605/t20160520_ 125675. htm，2016 －05 －19［2019 －10 －05］.

④　科技部. 国家创新驱动发展战略纲要［EB/OL］. http：//www. most. gov. cn/yw/201605/t20160520_125675. htm，2019 －10 －05.

而为了掌握新一轮全球科技竞争的战略主动，国家对战略科技支撑的需求比以往任何时期都更加迫切①。

在创新驱动发展战略阶段，中国科技创新政策与国际经贸规则的协调问题呈现出三个方面的特征。一是协调问题保持了前一阶段的频发态势。按同等时间跨度计算，2012 年至 2017 年，中国在 WTO 中与科技创新政策有关的被诉案件由前一阶段的 5 起增加到 6 起。二是对政策的约束逐渐出现在高技术领域和战略性的产业领域。2015 年美国在 WTO 提起的 DS501 案就是中国在航空工业领域的首个被诉案件。2017 年 8 月美国对中国发起的“301 调查”重点关注的则是所谓的“强制技术转让”问题。三是现行规则之外的“软约束”增多。一方面，发达国家越来越多地借助双边平台或单边措施对中国科技创新政策进行限制。另一方面，发达国家主导推动的国际经贸规则调整也有进一步挤压中国科技创新政策实施空间的倾向。

造成这种“转型期”特征的原因可能有两个：第一，中国科技投入的持续大幅增长，以及科技创新不断取得重大战略性突破，对发达国家构成了较大的竞争压力。中国国家财政科技拨款从 2006 年的 1688.5 亿元增加到 2012 年的 5600.1 亿元，年均增速达到 22%，2018 年进一步提高到 9518.2 亿元。中国在基础研究和战略高技术方面持续突破，取得了载人航天和探月工程、载人深潜、超级计算、量子反常霍尔效应、量子通信、诱导多功能干细胞等大批创新成果。在高铁、移动支付、人工智能等领域已经超过或将要超过发达国家。根据中国科学技术发展战略研究院历年《国家创新指数报告》的测算，中国创新指数已经从 2006 年的第 25 位提升到 2016 年的第 17 位，接近世界创新国家“第一方阵”的水平。第二，由于既有规则越来越难以限制中国科技创新竞争力的提升，发达国家就有更大的意愿推动规则调整以纳入更多限制性规则。知识产权、政府采购、跨境数据流动甚至环境标准等规则的调整都反映出这种倾向。

同时应当看到的是，中国科技创新政策与国际经贸规则的协调度是显著提升的。中国的科技创新政策更多地引入了市场的作用，更加注重宏观政策引导和制度环境建设，与 WTO 的思想基础和具体原则更加接近。例如，2015 年发布的《关于深化体制机制改革加快实施创新驱动发展战略的若干意见》提出，加快实

---

① 习近平：为建设世界科技强国而奋斗［EB/OL］. 新华网，http：//news. xinhuanet. com/politics/2016－05/31/c_ 1118965169. htm，2016－05－31［2019－10－05］.

施创新驱动发展战略，就是要“使市场在资源配置中起决定性作用和更好发挥政府作用”，同时强调“发挥市场竞争激励创新的根本性作用，营造公平、开放、透明的市场环境”“发挥市场对技术研发方向、路线选择和各类创新资源配置的导向作用”“强化普惠性政策支持”。这显然与 WTO 注重的自由市场理念和非歧视、透明度等具体原则是一致的。

第三节　科技体制改革及其与国际经贸规则的协调

改革开放以来，中国科技体制改革的进程一直在持续推进。总体上说，科技体制改革始终围绕促进科技与经济的紧密结合，充分发挥科学技术第一生产力作用的总体目标展开。[①] 但不同时期内科技体制改革的方向和重点不同，对科技创新政策与国际经贸规则的协调也产生了不同的影响。

在时间阶段的划分上，科技体制改革基本与科技创新战略的演进保持同步。然而，科技体制改革与经济体制改革还存在一些相互影响和制约的关系。因此，本书在借鉴现有文献对科技体制改革阶段划分方式的基础上，对科技体制改革阶段进行了大致的划分，以反映不同阶段科技体制改革对于科技创新政策与国际经贸规则协调的影响。

一、第一阶段：1985—1991 年

1985 年中共中央颁布《关于科学技术体制改革的决定》，国务院在 1986 年发布《关于进一步推进科技体制改革的若干规定》，1987 年又颁布《关于深化科技体制改革若干问题的决定》。这次改革是随着城乡经济体制改革的进行而相应展开的，同时也是改革开放以后中国首次针对科技体制开启系统性的重大改革。由于此时 WTO 还没有建立，中国也没有加入 GATT，基本不存在事实上的协调问题，但这一时期的改革仍然对此后的协调问题产生了一些影响。

这一阶段的改革重点涵盖科研机构拨款、开拓技术市场、调整科技系统组织结构、农业技术开发、技术引进、科技人员管理等多个方面。总体来看，科技体

① 万钢. 中国科技改革开放 30 年［M］. 北京：科学出版社，2008：81.

制中市场和竞争性的因素增加，包括科研机构行政管理体制上的简政放权、在科技项目管理上引入市场调节、技术成果的市场定价等。而对协调问题产生重要影响的有两点。

一是促进技术成果的商品化。不管技术成果的资金来源、形成方式如何，只要技术成果不流入市场，就不会与国际经贸规则产生冲突。但为了解决科技与经济“两张皮”的问题，却有必要通过开拓技术市场发挥科技对经济的带动作用。而在技术成果商品化的过程中，如果技术市场中存在国家干预，反而容易与国际经贸规则产生冲突。例如，《关于科学技术体制改革的决定》提出要“运用关税和行政手段有限度地保护国内的技术市场”，如果以 WTO 规则来衡量，实际上就会造成贸易扭曲。

二是技术引进与开发。《关于科学技术体制改革的决定》提出，“技术引进要尽可能实行技贸结合、工贸结合”，鼓励“消化、吸收引进的先进技术，提高开发生产技术的起点，进而发展新的创造”。中国在自身科技基础薄弱的情况下，对国外技术的消化、吸收、再创新是发挥后发优势、尽快缩小与发达国家技术差距的有效方式。但以国际经贸规则来看，却存在知识产权保护的问题。尤其是近年来，技术引进政策引发了一些国际压力。在改革开放初期，技术引进并不是大问题。但在中国科技创新能力开始对发达国家构成竞争压力时，技术引进的方式就引起了高度关注。美国 2017 年发起的“301 调查”，主要就是针对中国技术引进中可能存在的“强制技术转让”的质疑。

二、第二阶段：1992—2005 年

1992 年中共十四大以后，科技体制改革作为经济体制改革的配套工程，进入了全面推进、配套实施的新阶段。1993 年中共中央发布《关于建立社会主义市场经济体制若干问题的决定》指出，“科技体制改革的目标，是建立适应社会主义市场经济发展，符合科技自身发展规律，科技与经济密切结合的新型体制”。1994 年国家科委和国家体改委联合制定的《适应社会主义市场经济发展，深化科技体制改革实施要点》（以下简称《实施要点》）指出，建立这种新型体制，“要求科技资源配置在国家宏观调控下以市场调节为基础进行”。1996 年国务院发布的《关于“九五”期间深化科学技术体制改革的决定》则提出，要在“九五”期间初步建立这种新型体制。此后直到 2005 年，科技体制改革以“创新、产业化”为指针，以改革科研院所的管理体制和运行机制为重点，对科研院所的

布局结构进行了系统调整。①

如前文所述，科教兴国战略阶段是科技创新政策与国际经贸规则协调问题的"潜伏期"。在同一时期，科技体制改革整体仍然沿着更加注重市场调节作用的方向进行。然而，随着科技体制改革作为经济体制改革配套工程的推进，科技政策涉及的经济因素迅速增多，某些改革取向客观上也为未来的协调问题留下了隐患。

一是科技体制与外贸体制的联系加深。1994 年《实施要点》的提出，进一步深化科技体制和外贸体制的配套改革，推动出口产品结构升级。通过科技发展推动外贸结构转变，本身并不违反国际经贸规则，但如果以此为目标制定扶持政策，则很容易导致国际经贸规则所反对的"贸易扭曲"。例如，《实施要点》提出对科技企业生产出口商品所需的原材料、零部件和技术设备免交进口关税，就存在构成禁止性补贴的风险。

二是发展高新技术产业。发展高技术和推动高新技术产业化是这一阶段科技体制改革的重点之一。但围绕这一重点出台的一些政策却存在与国际经贸规则冲突的风险。1995 年中共中央、国务院《关于加速科学技术进步的决定》要求国家产业政策和发展规划要把发展高技术产业摆到优先位置，在财税、信贷和采购等政策上给予重点扶持，1996 年《关于"九五"期间深化科学技术体制改革的决定》在资金保障方面提出的政策性银行支持高技术产业专项贷款、政府优先采购自主知识产权高技术产品等政策，均存在构成专向性补贴的风险。1999 年中共中央、国务院《关于加强技术创新、发展高科技、实现产业化的决定》中关于财税扶持、金融扶持和科研机构转制企业专项政策扶持等政策，同样存在这些问题。

三、第三阶段：2006—2014 年

这一阶段的科技体制改革是作为实施中长期科技规划纲要的配套同步推进的。2006 年《关于实施科技规划纲要，增强自主创新能力的决定》提出要继续推进科技体制改革，"充分发挥政府的主导作用，充分发挥市场在科技资源配置中的基础性作用"。《国家中长期科学和技术发展规划纲要（2006—2020 年）》（以下简称《规划纲要》）提出的科技体制改革的重点任务包括支持鼓励企业成为技术创新主体、科研机构改革、科技管理体制改革三个方面。

① 万钢．中国科技改革开放 30 年［M］．北京：科学出版社，2008：99.

虽然这一阶段围绕《规划纲要》出台了大量配套政策，但科技体制本身的改革领域较为集中。科研机构改革和科技管理体制改革与经济活动关系较远，也较不容易产生与国际经贸规则冲突的问题。但鼓励企业成为技术创新主体的部分，提出要支持企业承担国家研究开发任务，则使国家研发项目与产业产生了更直接的联系，因而项目本身的组织方式未来可能成为补贴规则约束的对象。

四、第四阶段：2015 年以来

从 2015 年开始，中国新一轮的科技体制改革全面启动。2015 年，《关于深化体制机制改革，加快实施创新驱动发展战略的若干意见》（以下简称《若干意见》）提出以科技创新为核心的全面创新，“统筹推进科技体制改革和经济社会领域改革”，随后发布的《深化科技体制改革实施方案》（以下简称《实施方案》）对深化科技体制改革做出了全面具体的部署。

新一轮科技体制改革强调“打通科技创新与经济社会发展通道”，鼓励科技创新与经济的进一步融合，同时也强调减少与国际经贸规则冲突的问题。首先，在改革原则上更加注重市场的作用。《若干意见》指出“让市场成为优化配置创新资源的主要手段”，《实施方案》在基本原则部分强调“充分发挥市场作用”，并在改进市场准入、推动要素价格改革等方面做出部署。其次，在改革思路上更加强调环境建设。《若干意见》要求营造激励创新的公平竞争环境，《实施方案》也要求营造激励创新的良好生态。再次，在改革举措上注意与国际规则的衔接。例如，《若干意见》和《实施方案》均提出“建立健全符合国际规则的支持采购创新产品和服务的政策体系”，《实施方案》还专门要求“纠正地方政府不当补贴或利用行政权力限制、排除竞争的行为”。最后，开始强调开放创新的理念。《若干意见》和《实施方案》指出要推动形成深度融合的开放创新局面，鼓励创新要素跨境流动，以“更加开阔的胸怀”吸纳全球创新资源。与关注自身技术保护和开始反移民的部分发达国家相比，中国在这些方面已经走在了国际规则的前面。

第四节 科技创新政策的决策主体对协调度的影响

随着科技创新在国家发展战略中的地位越来越重要和突出，科技创新政策的决策主体也越来越多。一方面是国务院下属的各部门。除科技部外，发改委、工信部、财政部、商务部、知识产权局等都在制定和实施科技创新政策方面发挥着直接或间接的作用。由于部门职责和权力分配的不同，有时其他部门甚至比科技部门能发挥更加重要的影响。另一方面则是各层级的地方政府。地方政府对于科技创新政策的影响力也很大。2001 年地方财政科技拨款占国家财政科技拨款的 36.8%，到 2018 年这一比例已经提高到 60.7%（见表 3－1）。而省级以下的科技资助甚至可能会超过省级资助。[①] 此外，与中央政府层面类似，地方政府中的科技厅（局）也不是唯一的科技创新政策决策主体。

表 3－1　2007—2018 年财政科技拨款数额

年份	国家财政科技拨款（亿元）	地方财政科技拨款（亿元）	地方占比（%）
2007	2135.7	1091.6	51.1
2008	2611.0	1323.8	50.7
2009	3276.8	1623.5	49.5
2010	4196.7	2144.2	51.1
2011	4797.0	2453.7	51.2
2012	5600.1	2986.5	53.3
2013	6184.9	3456.4	55.9
2014	6454.5	3555.4	55.1
2015	7005.8	3993.7	57.0
2016	7760.7	4491.4	57.9
2017	8383.6	4962.1	59.2
2018	9518.2	5779.7	60.7

资料来源：《中国科技统计年鉴 2018》及《2018 年全国科技经费投入统计公报》。

在缺乏指导和协调的情况下，决策主体的增多容易对科技创新政策与国际经贸规则的协调造成一些负面影响。首先，大量的决策主体本来就容易使得科技创新政策向各部门的管辖领域扩展。WTO 及发达国家单边贸易救济的过往案例也显示，不少被诉的科技创新政策并不是由科技部门制定的。其次，由于职责分工的不同，各决策主体的政策目标并不一致，在有关政策与规则协调问题上的考量

① 薛澜，柳卸林，穆荣平．OECD 中国创新政策研究报告［M］．北京：科学出版社，2011：49.

也存在差别。例如，科技部门更多地考虑政策对促进国内科技创新能力的作用效率，而贸易及财政部门则会为政策承担更多的外交压力，当政策与规则冲突的问题出现时，后者往往主张优先解决冲突的问题。最后，地方政府在政策制定方面缺乏指导和协调，更容易出现政策与规则冲突的问题。例如，在美国对华反补贴调查中出现的大量涉案政策实际上都是地方政府制定的。

近年来，随着中国政府行政管理能力的提升和政策制定程序的完善，决策主体增多造成的协调问题得到了缓解。首先，政策制定程序的完善本身就是落实了中国在 WTO 下关于政策透明度的承诺。其次，科技部门与其他部门建立的部际合作机制增强了部门间的协调能力，既提高了政策效率，又降低了政策与规则冲突的风险。再次，科技创新政策出台前的征求意见程序进一步减少了冲突的风险。在征求意见阶段可以通过合规性审查机制将可能引发国外误解或诉讼风险的表述删除。最后，科技部门与地方政府建立的省部会商机制也强化了两个层面决策主体的协调。

第四章　中国科技创新政策与WTO规则的协调

科技规划、科技计划、科技税收、科技金融、创新产品政府采购与知识产权保护是科技创新政策的主要类型。由于政策目标、政策主体、政策对象及管辖规则的差异，中国这几类科技创新政策与WTO规则的协调问题分别表现出了不同的特征。从加入WTO之后的被诉案件来看，中国科技创新政策与WTO规则协调的问题主要集中在补贴、国民待遇和知识产权领域。

第一节　科技规划与WTO规则的协调

科技规划是一种战略性的全局部署方案，体现了国家在科技发展战略、目标、整体布局、科技资源配置等方面的意志。[①] 科技规划不仅是科技创新政策的关键组成部分，同时还被视为科技创新政策的顶层设计，对于其他科技创新政策的制定和实施具有重要的指引作用。

科技规划在与WTO规则协调的问题上同时存在两个方面的特征：一方面，由于科技规划仅仅是宏观指导性的文件，往往不涉及具体的政策细则，因而一般不会直接产生与WTO规则冲突的问题。另一方面，“规划”一词本身就带有计划属性，具有政府引导、指令或者干预的内涵，因此也为相关配套政策与WTO规则的冲突埋下了隐患。

总体来看，中国科技规划与WTO规则冲突的问题并不多。但如果将其他规划类文件中有关支持科技创新和高新技术产业的内容也考虑在内，相关的风险也

① 苏竣．公共科技政策导论［M］．北京：科学出版社，2014：126.

不能忽视。这些风险大致分为以下三类：

第一，规划类文件的某些内容可能引发外界质疑和国际压力。首先，规划制定中可能会涉及一些量化目标的设定。其中有些目标，如果涉及区分国内外产品、设定市场份额以及出口预期，则容易受到质疑。虽然这些目标一般是根据前期发展趋势大致测算得出的，但在外界看来，实现这些目标往往需要政府的干预，因此存在对其他产业和外国企业造成损害的可能。其次，规划中的某些概念和表述有时会引起“技术民族主义”的质疑。例如，国际上对中国“自主创新”的提法一直颇有微词。一方面会对中国营商环境的声誉带来负面效应，进而可能会影响到外国高技术企业的投资意愿。另一方面会增加相关配套政策的受关注度，进而引发潜在的争端。

第二，规划本身在 WTO 争端中有可能成为不利证据。这类问题有三个方面的特征：一是规划本身一般并不是据以作出不利裁决的核心证据。规划的内容大多是指导性、方向性的，还没有深入到执行的层面，具体的实施需要依据配套政策或实施细则的规定。因此，在争端中，申诉方一般会将标明政策细则的文件内容（如实施方法、优惠程度、项目名称等）列为核心证据。在政策细则被质疑时，作为“上游”文件的规划往往会被作为不利证据同时列出。二是成为不利证据的往往是专项规划或者一般规划中有关扶持某些产业或促进出口的内容。例如，在 2008 年美国诉中国出口补贴案（DS387）中，《国家“十一五”规划纲要》中诸如“实施品牌战略”“提高自主品牌乘用车市场占有率”“支持自主性高技术产品、机电产品和高附加值劳动密集型产品出口”等的表述就被美国提交作为中国实施出口补贴的证据。在 2012 年美国诉中国汽车出口补贴案（DS450）中，国务院办公厅 2009 年印发的《汽车产业调整和振兴规划》和武汉市 2011 年发布的《武汉汽车及汽车零部件现状和发展规划（2006—2010 年）》都被列为不利证据。在 2012 年墨西哥诉中国纺织品服装补贴案（DS451）中，工信部制定的《纺织工业“十一五”发展纲要》《纺织工业“十二五”发展规划》《化纤工业“十二五”发展规划》也被列为不利证据，特别是《纺织工业“十二五”发展规划》中的“充分发挥财税政策作用，在高端装备制造、新材料等战略性新兴产业专项规划中将纺织机械、新型纤维材料及高性能产业用纺织品作为重点予以支持”等表述使得中国在争端中更加被动。在 2017 年美国诉中国原铝补贴案（DS519）中，美国将国务院办公厅发布的《有色金属产业调整和振兴规划》列为中国为原铝生产和出口提供补贴的证据之一，而该规划中“新增中央投资中安排专项资金，以贷款贴息形式支持有色金属产业技术研发和技术改造”“加大对有色金属骨干企业的融资支持力度”“在发行股票、企业债券、公司债以及银行贷款等方面给予支持”等表述也的确表明中国政府计划将有色金属产业作为重点产业给予政策扶持。三是规划文件涉入的争端大部分都是补贴争端。2001 年至 2018 年，中国在 WTO 中涉及科技创新规划或其他规划中科技创新或高技术产业内容的被诉案件共有 6 个，其中有 5 个是补贴案件（见表 4 –1）。与此同时，这些规划也大量涉入美国对华反补贴案件中。其原因在于，在补贴诉讼中，需要首先证明补贴具有专向性，即《SCM 协定》第 2. 1 条规定的“对授予机关管辖范围内的企业或产业或一组企业或产业的专向性补贴”。而中国在规划文件中习惯采用的列出一组产业并声明给予“重点支持”的表述使得构成专向性补贴的可能性大大增加。《SCM 协定》第 3. 1 条规定，“在法律或事实上视出口实绩为惟一条件或多种其他条件之一而给予的补贴”属于禁止性补贴，而规划文件中有关支持某些产品出口的表述则会被视为政府将出口实绩作为补贴条件的间接证据。例如，在 2012 年墨西哥诉中国纺织品服装补贴案（DS451）中，《广东省国民经济和社会发展“十二五”规划纲要》就提出要“支持”一批自主知识产权、自主品牌和自主核心技术企业“扩大出口”。

表 4 –1　2001 ~2018 年中国科技创新规划及相关规划的被诉案件

时间	案件名称	编号
2008 年	美国诉中国出口补贴案	DS387
2012 年	美国诉中国汽车出口补贴案	DS450
2012 年	墨西哥诉中国纺织品服装补贴案	DS451
2015 年	美国诉中国示范基地与公共服务平台项目补贴案	DS489
2017 年	美国诉中国原铝补贴案	DS519
2018 年	欧盟诉中国技术转让案	DS549

资料来源：根据中国商务部及 WTO 网站相关资料整理。

第三，专门围绕科技规划制定的配套政策成为不利证据。由于配套政策文件已经不是宽泛的指导性表述，而是具体到操作层面，这类文件一旦涉案，往往会成为更加不利的核心证据。在 2012 年美国诉中国汽车出口补贴案（DS450）中，国务院发布的《实施〈国家中长期科学和技术发展规划纲要（2006—2020 年）〉

若干配套政策》就被列为中国为汽车及零部件出口提供补贴的第四项证据。涉案的具体内容可能有两项，一是要求“政策性金融机构对高新技术产品出口项目等提供贷款，给予重点支持”，二是要求“商业银行对有效益、有还贷能力的自主创新产品出口所需的流动资金贷款要根据信贷原则优先安排、重点支持”。依据《SCM 协定》第 1 条的规定，政策性银行或受政府指导而履行相关职能的商业银行属于“公共机构”，提供贷款属于“资金的直接转移”，而“优先安排、重点支持”很可能意味着提供优于市场的条件进而“授予一项利益”，综合三项要素构成“补贴”。再依据《SCM 协定》第 3.1 条（a）项的规定，专门对出口项目提供补贴属于禁止性补贴。在 2012 年墨西哥诉中国纺织品服装补贴案（DS451）中，该配套政策再次涉案。在 2008 年美国诉中国出口补贴案（DS387）中，《实施〈贵阳市“十一五”科学与技术发展规划（2006—2010 年）〉的若干配套政策》也在证据之列。其中有关“激励创新品牌”的政策提出，对企业实施创国家名牌计划并给予资金扶持，例如，对新获得中国世界名牌产品的企业一次性奖励 300 万元。而名牌产品本身的认定是以产品的出口额、出口额增占率以及国际市场占有率等指标来进行评价的。因此，该政策同样属于《SCM 协定》第 3.1 条规定的禁止性补贴，同时也属于《SCM 协定》附件 1“出口补贴例示清单”（a）条列举的“政府视出口实绩对一公司或一产业提供的直接补贴”。该案发生后，贵阳市政府在 2009 年 3 月专门发布通知，停止执行该条款。

第二节 科技计划与 WTO 规则的协调

作为公共科技政策工具之一，科技计划是以解决经济、社会发展及科学技术自身发展的重大科学问题为导向，由政府组织进行科学研究和技术开发活动的基本形式和政策单元。[①]“二战”结束以来，世界主要经济体均组织实施了不同形式的科技计划以加快科技发展。如美国的国家自然科学基金、ATP 计划，欧共体/欧盟的框架计划、“地平线 2020”计划等。

自 1982 年设立科技攻关计划以来，中国逐步出台了众多的国家级科技计划，

① 苏竣．公共科技政策导论［M］．北京：科学出版社，2014：146.

形成了全面的国家科技计划体系。“十二五”时期的国家科技计划就有国家科技重大专项、“863”、“973”、科技支撑计划、政策引导类计划（星火、火炬等）、国际科技合作计划、创新人才推进计划、重大科技创新基地建设以及国家自然科学基金、国家重点实验室建设计划等。2014 年《关于深化中央财政科技计划（专项、基金等）管理改革的方案》发布以后，国家科技计划重新整合成五大类，形成了全新的国家科技计划体系。

虽然设立科技计划是世界各国的普遍做法，中国的科技计划也没有在 WTO 中被诉的先例，但科技计划与 WTO 规则协调的问题仍然十分重要。事实上，WTO 其他成员之间已经有涉及科技计划的争端，而中国科技计划也在一些美国对华反补贴案中涉案。

一、科技计划与补贴

在与 WTO 规则的协调方面，科技计划有可能涉及的问题主要是补贴问题。首先，科技计划的经费绝大部分都来自政府财政拨款，属于《SCM 协定》第 1.1 条（a）（1）（i）项所规定的“赠款”形式的“资金的直接转移”，构成“由政府提供的财政资助”。其次，科技计划大部分都是无偿投入，并不是在市场条件下的交易行为，因而构成《SCM 协定》第 1.1 条（b）项下的“授予一项利益”。所以，科技计划本身就属于《SCM 协定》所规定的“补贴”。此外，科技计划作为一种研发补贴，虽然属于《SCM 协定》第 8 条所规定的“不可诉补贴”，但该条款已经在 1999 年失效了，因而仍然属于可诉补贴的范围。

并不是所有的补贴都受《SCM 协定》有关规定的约束。根据《SCM 协定》第 1.2 条的规定，只有专向性补贴才受其管辖。专向性补贴分两种：一种是《SCM 协定》第 3 条规定的禁止性补贴（出口补贴或进口替代补贴）；另一种是《SCM 协定》第 2.1 条、第 2.2 条规定的专向性补贴。由于科技计划一般并不是以出口实绩或使用国产货物为条件授予的，因而不属于禁止性补贴的范畴。而根据第 2.1 条的规定，如果科技计划的承担在法律上或事实上明确限于某些企业或产业，就属于专向性补贴。此外，《中国加入议定书》第 10.2 条规定，“对国有企业提供的补贴将被视为专向性补贴，特别是在国有企业是此类补贴的主要接受者或国有企业接受此类补贴的数量异常之大的情况下”。因此，如果国有企业是某项科技计划的主要承担者，也将直接构成专向性补贴。

在 WTO 补贴争端中，申诉方除了要证明补贴具有专向性以外，还要证明涉案补贴对自身利益造成了《SCM 协定》第 5 条规定的“不利影响”，包括损害国内产业、在 GATT1994 项下利益的丧失或减损、严重侵害自身利益等。因此，如果科技计划涉案，申诉方就需要证明，由于被诉方实施科技计划而对自身利益产生了“不利影响”。

综合以上分析，如果中国科技计划在 WTO 中被诉，那么申诉方需要重点证明两点：一是该计划属于专向性补贴；二是该计划的实施对自身利益造成了不利影响。

对于科技计划来说，认定专向性的关键在于计划的组织和实施方式，承担单位的范围，特别是资金的分配去向。更具体地说，项目的设计、遴选与评审环节都会对专向性的认定造成影响，而科技计划的指南、实际申请者和最终承担者的资料也会成为专向性认定中的证据。如果科技计划指南本身的方向就局限于一个或几个企业或产业，或者虽然名义上面向很多企业或产业开放，却在实际中仅由有限的几个企业或产业承担，在争端中都很可能会被认为有专向性特征。科技计划项目的遴选与评审方式也很重要，透明度越高、竞争性越强，被判定为专向性的可能性就越小。此外，计划资金的分配去向最为关键，同一个计划资金池内涵盖的产业和企业越多，专向性的嫌疑就越低。

而关于“不利影响”的证明则影响到不同类型科技计划的涉案可能性。“不利影响”主要涉及对产品、产业的损害或损害威胁。因此，与产业端越接近的科技计划涉案的可能性就越高。而致力于基础研究的科技计划涉案的可能性就很低。事实上，“专向性”的认定也会产生同样的效果，因为越是致力于基础研究的科技计划，其承担单位就离产业越远，间接涵盖的产业领域也越广泛。

从 2015 年改革以前的中国科技计划类型来看，“863 计划”、科技支撑计划、星火计划、火炬计划、科技型中小企业创新基金等以应用研究或成果商品化为目标的计划项目，较容易受到关注。国家科技重大专项中也有不少直接以产业名称命名的计划项目，同样存在着受关注的可能。而国家重点实验室、国家工程技术研究中心、“973”计划、国家自然科学基金等以基础研究或科技共享平台建设为目标的计划则较不容易受到关注。

截至 2019 年 7 月，中国在 WTO 中还没有科技计划被诉。其原因可能有两个：一是中国科技计划所投入的资金数额普遍较小，其他成员的诉讼动力不足。二是一些较大的科技计划所支持的产业还在发育中，还无法证明对外国同类产业构成较严重的竞争威胁。但是科技计划与 WTO 规则协调的问题仍然需要重视。

事实上，在美国对华反补贴案中，已经有不少中央及地方层面的科技计划项目涉案。美国在2011年向WTO反映中国补贴的申诉书里就将“863”计划列入其中[①]。在2018年美国对华301调查中，美方特别关注了中国“863”计划对科大讯飞公司的支持。在WTO对中国的贸易政策审议中，美国也曾多次质询中国大飞机专项的信息。未来，随着中国科技计划支持的高科技产业竞争力的逐渐增强，其他国家对这些科技计划的关注度也会提高，这些计划遭遇WTO争端的可能性也将随之增加。

二、欧盟框架计划的专向性裁定及其启示

如果科技计划涉入补贴争端，那么其是否具有专向性就是影响争端结果的最关键因素。虽然《SCM协定》专门对专向性的定义和判定方法作出了规定，但从现实情况看，这些规定仍然不够明确和清晰。因此，WTO相关争端的裁决结果就具有重要的“先例”意义。本小节重点关注了美国诉欧盟空客补贴案（DS316）[②] 中关于欧盟通过框架计划（Framework Programmes）对空客实施的研究与技术发展资助（R&TD）是否具有专向性的裁决情况。框架计划是欧盟成员国共同参与的中期重大科技计划，它是欧盟投资最多、内容最丰富、市场目的最明确的全欧洲性科研与技术开发计划。[③] 因而该计划的专向性裁决对于中国科技计划的合规性问题具有较好的启示作用。

（一）专家组的裁决

专家组从一开始就专注于对美方提出的关于该项资助属于《SCM协定》第2.1条（a）项下的专向性补贴的申诉进行评估。据专家组裁决，第2.1条（a）项下专向性的认定需要证明“存在确切的限制，该限制明确且无歧义地将补贴的获得限定于‘某些企业’（Certain Enterprises），并且因而使该补贴不能‘被整个

---

① 史丹，白旻．美欧“双反”情形下中国光伏产业的危机与出路［J］．国际贸易，2012（12）：15－20.

② 本书对DS316案专家组分析的引用主要参考了该案的专家组报告：WTO. European Communities and Certain Member States – Measures Affecting Trade in Large Civil Aircraft，WT/DS316/R［R］. Report of the Panel，2010；本书对DS316案上诉机构分析的引用主要参考了该案的上诉机构报告：WTO. European Communities and Certain Member States – Measures Affecting Trade in Large Civil Aircraft，WT/DS316/AB/R［R］. Report of the Appellate Body，2011.

③ 黄家镇．《欧盟研究、技术开发及示范活动第七框架计划》及其系列文件［M］．北京：中国出版集团世界图书出版公司，2014：3.

经济充分而广泛地获得'"。专家组分析了设立的框架计划以及为执行的目的而采取的每个“具体计划”（Specific Programmes）的欧盟决议。专家组发现，这些欧盟决议构成了关于在框架计划下实施 R&TD 资助的“法律文件”（Legal Regime）。专家组注意到，设立每个框架计划的欧盟决议制定了总体指南，但并没有规定在框架计划下授权的资金如何被个人申请者获得。更准确地说，专家组发现，关于资金分配的详细规则和方法是在有关“具体计划”的那些欧盟决议中设定的。因此，虽然每一个欧盟框架计划的总体目标都是“欧盟在整体上的先进 R&TD 活动”，专家组仍然认为，“这些法律文件对这些目标造成了影响，至少是在部分上造成了影响，而这些影响是通过将一些专用数目的资金分配给部门专向性的研究领域，这些研究领域是按照一些专项的工作计划来执行的”。

关于争议的资助，专家组指出，在每个相关的欧盟框架计划下都提供了分配给“航空类”（Aeronautics）或“航空航天类”（Aeronautics and Space）研究的一定数目的资金。专家组还指出，进行这种分配的效果“相当于从表面上用于资助整体经济部门的研究活动的预算中拨出一部分资金，专门用于资助航空部门的企业或产业的研发活动”。专家组同时补充，“欧盟委员会据以操作的法律文件，明确地将框架计划下可获得的补贴资金的一个专门比例，限定授予在航空领域进行研发的企业或产业”。因而专家组认为，这就创造了“一个专注于‘航空类’或‘航空航天类’的封闭的补贴体系”。

专家组最终得出的结论是，证据表明“大量补贴资金在每个框架计划下被划拨出来，专门用于‘某些企业’的研究活动”。因此，专家组认为，在每个框架计划下授予空客的 R&TD 补贴属于《SCM 协定》第 2.1 条（a）项的专向性补贴。

（二）上诉机构对于《SCM 协定》第 2.1 条下“专向性”的解释

上诉机构首先提及了本案之前的某些与《SCM 协定》第 2.1 条的解释相关的争端，特别是中国诉美国反倾销反补贴措施案（DS379）。在 DS379 案的裁决中，上诉机构指出，第 2.1 条的帽段将关键判定（Central Inquiry）框定为确定一项补贴是否属于对授予机关管辖范围内的“某些企业”的专向性补贴，其中“某些企业”是指已知并且能够列明的一个企业或产业或一组企业或产业。该案中上诉机构进一步指出，帽段中“原则”（Principles）一词的使用——而不是用比如“规则”（Rules）等词——表明要在同一个分析框架中考虑从（a）项到（c）项的内容，来辨别每项原则并赋予恰当的权重。因此，第 2.1 条中的任何一项都不能单独据以判定某项补贴是否属于专向性补贴。

上诉机构还注意到，第 2.1 条还列举了判断授予机关的运作或运作所依据的立法是否具有歧视性的指示性事项。（a）项明确了补贴属于专向性补贴的情况，在这些情况中补贴的获取受到限制，而这些限制有利于某些企业。（b）项则指出了补贴应被视为非专向性补贴的情况，在这些情况中规定了防止选择性资助的标准或条件。与此同时，（a）项和（b）项明确了在专向性分析中的某些通用因素。比如，两项条款中都有的“授予机关或其运作所依据的立法”就被认为是很关键的因素，因为它将有关评估申请资格限制的分析置于影响这些限制的特定的法律文件或政府运作上。这个因素也表明，应将分析重点放在某些企业是否有资格获得补贴上，而不是它们是否获得补贴上。

上诉机构进一步指出，第 2.1 条（c）项规定，“如尽管因为适用（a）项和（b）项规定的原则而表现为非专向性补贴”，如果有理由相信补贴在事实上属于专向性补贴，则可以考虑其他因素。第 2.1 条（c）项提及的“表现为非专向性”也对下述观点构成了支持，即授予机关或其运作所依据的立法可能不会明确满足（a）项或（b）项的申请资格要求，但却产生事实上的专向性。既然（a）项或（b）项中的“表现为非专向性”仍可能在第 2.1 条（c）项下属于事实上的专向性，这就加强了下述观点，即第 2.1 条中的原则应当作为一个整体来解释。

上诉机构在 DS379 案中得出结论认为，对第 2.1 条下专向性的恰当理解必须考虑到该条所规定的各项原则对一项补贴的各种法律和事实因素的同时适用。虽然在一些情况中，部分证据可以在 2.1 条某一项下显示出明确无误的专向性或非专向性，但当其他项也有正当理由适用于争议措施时，就不能仅以 2.1 条的某一项为依据来判定专向性。

（三）上诉机构对于专家组相关裁决的分析

欧盟在上诉中提出，由于第 2.1 条（a）项中的“补贴”指的是一整个补贴项目，专家组应当将每一个框架计划作为一个整体来判断补贴专向性的存在。欧盟继而认为，欧盟框架计划作为一个整体建立了“一个基础广泛的资金分配制度，确保了很多部门和企业能够公平获得资金”，因而不能以资金分配给航空相关研究为理由作出专向性判定。欧盟解释称，“虽然这样分配的资金的确不能被除航空外的 R&TD 项目获得，但其他的框架计划预算（也是大部分预算）同样也不能被与航空相关的 R&TD 项目获得”。

美国不同意欧盟的观点，因为对空客的支持是在欧盟框架计划之下的具体项目中实施的，对于专向性的分析就必须在该层面进行。美国认为，在这个层面，“补贴项目的政府实施方式，而不是其限定资金的实质内容，决定了补贴是否具有专向性”。美国进一步认为，欧盟所述事实并不能支持欧盟的观点，即“框架计划是非专向性的，因为所有部门的企业，包括航空部门，都面临着只能获得具体部门的资金而无法获得其他部门资金的同样的情况”。

上诉机构认为，欧盟关于框架计划的特性描述并不能得到专家组调查结果的支持。正如专家组指出的，每一个框架计划都既将资金分配到具有部门专向性的（Sector－Specific）研究领域，比如“航空”与“航空航天”领域，也分配到“具有一般水平特征，潜在地跨越很多商业部门”的研究领域。因此，每一个欧盟框架计划都“既在水平层面也在具体部门层面”投放资金到经济活动中。上诉机构认为，根据这些，并没有发现支持欧盟前述论点的证据，即涉及航空相关 R&TD 的实体无法在欧盟框架计划中获得其他预算资金。因此，上诉机构也并不认为欧盟框架计划保证了资金的“公平获取”。

而且，上诉机构认为，如果将补贴资金的获取限定于某一经济部门的实体中，也不能因为不同类别的实体能够获得该计划下其他资金的事实就可以改变第 2.1 条（a）项下的结果。当然，如果将同一项补贴的获取限定于一些企业或产业，调查机构或专家组就应该判断有资格的接受者能不能被共同定义为“某些企业”。如果某个补贴计划下某项资金的获取被明确限定于可以被认为是“某些企业”的一组企业或产业，那么，不管该计划下的其他资金是如何分配的，就已经初步构成了第 2.1 条（a）项意义上的专向性特征。欧盟并没有质疑专家组关于有资格获得 R&TD 资助的航空部门实体可以构成“某些企业”的结论。上诉机构也认为，在现有证据的基础上，专家组已经恰当地得出关于有资格获得分配给航空领域研究的资金的实体构成“某些企业”的结论。因此，上诉机构认为，没有理由否定专家组的结论，即现有证据“表明在相关的框架计划下有大量补贴资金被明确拨出用于‘某些企业’的研发活动”。

当然，在第 2.1 条（a）项意义下初步判定的专向性特征还需要在第 2.1 条（b）项下进行进一步分析。正如上诉机构在 DS379 案中指出的，“如果有其他的证据显示，涉案补贴可以基于第 2.1 条（b）项意义下的客观标准或条件获得的话，在第 2.1 条（a）项下的初步判定的专向性特征就可能需要进一步考虑”。但在本案中，上诉机构指出，任何一方都没有向专家组进一步提出有关第 2.1 条

（b）项适用于欧盟框架计划的观点。

上诉机构并不认为需要重新审查在第 2.1 条（b）项意义下的客观标准或条件的问题。本案中的争议资金是根据一个至少由四个层面的批准文件所构成的法律机制授予的。正如专家组已经解释的，对于每一个欧盟框架计划，都有一个欧盟决议来为整个计划规定总体指南，同时又有不同的欧盟决议来设立制定每一个欧盟框架计划的"具体计划"。此外，专家组还指出，分配给航空研发的资金也是根据具体的"工作计划"（Work Programmes）来执行的，而且某些工作计划是通过基于具体项目特点的"计划征集"（Calls for Proposals）的方式来管理的。在口头听证中，各参与方确认，专家组记录并不包含任何有关为航空研发资金的获得设定标准和条件的文件。由于缺乏反映关于航空研发领域 R&TD 资助的客观标准或条件的争论或证据，上诉机构认为，第 2.1 条（b）项对争议措施的适用并不能改变关于专向性的分析。同时，上诉机构认为，由于前述分析没有产生"表面的非专向性"（Appearance of Non - specificity），因此没有必要在第 2.1 条（c）项下进行进一步分析。

据此，上诉机构认为，专家组在该案中适用第 2.1 条（a）项下的原则来判定航空部门 R&TD 补贴的专向性问题并没有错误。因此，上诉机构维持了专家组的结论，即每一个欧盟框架计划下授予空客的 R&TD 补贴属于《SCM 协定》第 2.1 条（a）项意义下的专向性补贴。

（四）本项裁定的启示

本案的裁决对于中国科技计划与 WTO 规则的协调问题具有较高的借鉴价值。对于科技计划来说，重点是如何在促进研发的同时避免被认定为专向性补贴。

第一，确保科技计划不具有专向性的关键是计划资金能够被较大范围的产业获得。因此，越是水平性、综合性的科技计划越不容易被认定为专向性，越靠近基础研究或共性技术研发的科技计划的专向性嫌疑也越小。

第二，在争端解决中，《SCM 协定》第 2.1 条的规定是需要综合考虑的，尤其是（a）项和（b）项的内容。因此，如果科技计划的立项和资金分配有客观的标准或条件，应当及时提交，以作为对己方有利的证据。

第三，综合性的科技计划最好确保资金池的完整，而不要事先将资金按产业进行划分，否则划分之后的资金池会因为排他性的产业支持而被判定为专向性补贴。

第四，中国现行的一些科技计划存在被诉的风险。中国国家科技计划在2014

年改革之后，形成了由五大类科技计划构成的管理体系。这五类科技计划由于功能定位和组织方式不同，会面临不同程度的违规风险。国家自然科学基金主要资助基础研究和前沿探索，既缺少被诉的动因，也缺少“不利影响”的条件，不存在违规风险。基地和人才专项主要为科技基础条件平台和人才建设提供支持，距离产业端较远，领域宽泛，也不存在违规风险。技术创新引导专项（基金）强调运用市场机制引导创新活动，而且并不局限于特定产业，违规风险较低，即便被诉也能在专向性问题上实施抗辩。重点研发计划和科技重大专项由于部分项目资助金额较高，项目实施的结果可能针对某些特定的产业甚至产品，容易产生较高的专向性风险。例如，中国核高基重大专项目标定位为“攻克一批关键技术、研发一批战略核心产品”，集成电路装备专项和数控机床专项确定了相关装备和材料的国内市场份额目标，大飞机专项的支持目标也集中在航空制造产业的具体产品上，均可能成为被判定为“专向性”的依据。

三、科技计划管理改革对科技计划与 WTO 规则协调的影响

自 1985 年国务院发布《关于科学技术拨款管理的暂行规定》以来，中国科技计划管理体系经过了陆续的调整和完善。而科技计划管理改革同样也会影响到科技计划与 WTO 规则的协调。总体上看，在科技计划项目管理方面，中国由原来的效率优先原则转向了兼顾公平与效率的原则；同时近年来科技计划管理一直强调透明度和公开性[①]。随着改革的不断深入，科技计划与 WTO 规则的协调度也在不断提升。

从 2001 年出台《关于国家科研计划实施课题制管理规定》开始，国家科技计划开始实施课题制，并推行项目招投标和中介评估制度。按照公平竞争、择优支持的原则来实施的课题项目招投标制度强化了竞争机制的作用，在提高科技资金使用效率的同时，也降低了补贴专向性的风险。

2006 年发布的《关于国家科技计划管理改革的若干意见》在更多方面促进了协调度的提升。一是提高了国家科技计划管理的公开性和透明度。在项目评审、立项、验收等环节推动了信息公开。二是进一步强化了竞争性。规范了项目的申报评审程序，加大了竞争性项目的招投标力度。三是更多地发挥了市场的作用。在科技计划及项目管理中引入第三方独立评估的制度，并注重发挥中介服务

① 薛澜，柳卸林，穆荣平. OECD 中国创新政策研究报告［M］. 北京：科学出版社，2011：365.

机构在计划项目管理中的作用。这些改革措施在争端实践中都是专家组和上诉机构考量的因素，有助于补贴专向性风险的降低。

2014 年出台的《关于深化中央财政科技计划（专项、基金等）管理改革的方案》实际上也提升了科技计划与 WTO 规则的协调度。首先，这次改革将之前的各类科技计划整合成了五类科技计划，大幅减少了科技计划的数量。这提升了科技计划对整个经济部门的水平性支撑，在整体上降低了补贴专向性的风险。其次，政府各部门不再直接管理具体项目，而是交由专业机构来管理，并开始推进专业机构的市场化和社会化。在项目遴选和资金分配中政府力量的减少是降低专向性嫌疑的又一有利因素。最后，此次改革进一步明晰了政府与市场的关系，提出“政府重点支持市场不能有效配置资源的基础前沿、社会公益、重大共性关键技术研究等公共科技活动”。这将有助于进一步推动国家科技计划的资助领域向前端研发移动，减少与产业端的直接联系，进而降低专向性风险。

当然，在改革之后形成的五类科技计划中，国家科技重大专项、国家重点研发计划和技术创新引导专项中还存在与产业化有关的目标，其与 WTO 规则的协调度还存在进一步提升的空间，也是未来防范被诉的重点领域。

第三节　科技税收政策与 WTO 规则的协调

本书将支持科技创新及高新技术产业发展的税收政策均归入科技税收政策的范围。这类政策对科技研发或高新技术产业发展的促进作用大多是通过税收优惠的方式实现的。科技税收政策具有一定的普适性，往往由法律法规和行政规章来颁布，适用范围广。[①] 在中国开征的 24 个税种中，涉及科技税收优惠的有 13 个税种[②]，例如关税、营业税、增值税、消费税、企业所得税、个人所得税等（见表 4－2）。正因为如此，科技税收政策受到的外部关注也较多。如果存在与 WTO 规则冲突的问题，更容易被其他成员发现。而科技税收政策也是在 WTO 现行规则下较容易产生合规问题的领域。

---

① 苏竣．公共科技政策导论［M］．北京：科学出版社，2014：178.

② 万钢．中国科技改革开放 30 年［M］．北京：科学出版社，2008：706.

表 4 –2　近年中国主要科技税收政策文件

税种	文件编号	政策名称
企业所得税	中华人民共和国主席令第 63 号	《企业所得税法》第 25、28、30、31、32 条
进口关税、增值税	财关税〔2010〕28 号	《关于科技重大专项进口税收政策的通知》
增值税	财税〔2011〕100 号	《关于软件产品增值税政策的通知》
企业所得税	财税〔2015〕119 号	《关于完善研究开发费用税前加计扣除政策的通知》
企业所得税、个人所得税	财税〔2015〕116 号	《关于将国家自主创新示范区有关税收试点政策推广到全国范围实施的通知》
企业所得税	国科发火〔2016〕32 号	关于修订印发《高新技术企业认定管理办法》的通知
增值税	财税〔2016〕36 号	《关于全面推开营业税改征增值税试点的通知》
进口关税、增值税、消费税	财关税〔2016〕70 号	《关于“十三五”期间支持科技创新进口税收政策的通知》
营业税、增值税、房产税、城镇土地使用税	财税〔2016〕98 号	《关于国家大学科技园税收政策的通知》
增值税	财税〔2016〕121 号	《关于继续执行研发机构采购设备增值税政策的通知》
企业所得税	财税〔2017〕34 号	《关于提高科技型中小企业研究开发费用税前加计扣除比例的通知》
企业所得税、个人所得税	财税〔2017〕38 号	《关于创业投资企业和天使投资个人有关税收试点政策的通知》
个人所得税	财税〔2018〕58 号	《关于科技人员取得职务科技成果转化现金奖励有关个人所得税政策的通知》
企业所得税	财税〔2018〕64 号	《关于企业委托境外研究开发费用税前加计扣除有关政策问题的通知》
企业所得税	财税〔2018〕99 号	《关于提高研究开发费用税前加计扣除比例的通知》
增值税、房产税、城镇土地使用税	财税〔2018〕120 号	《关于科技企业孵化器　大学科技园和众创空间税收政策的通知》

资料来源：根据科技部、财政部、税务总局网站相关资料整理。

科技税收政策与 WTO 规则协调的问题主要有两类：一类是非歧视待遇问题，另一类是补贴问题。

一、科技税收政策与非歧视待遇

对科技税收政策产生约束的非歧视待遇义务具体是指最惠国待遇义务和国民

待遇义务。

在遵守最惠国待遇方面，既包括促进科技创新的关税政策，也包括国内税政策。GATT 第 1 条规定了货物贸易中的最惠国待遇义务，第 1.1 条则明确这种义务涵盖“有关进口和出口的全部规章手续方面，以及在第 3 条第 2 款和第 4 款所指的所有事项方面”，即是将关税和国内税全部纳入最惠国待遇义务的约束范围。GATS 第 2 条规定了服务贸易中的最惠国待遇义务，第 2.1 条明确这种义务适用于“本协定涵盖的任何措施”，包括给予服务本身和服务提供者的待遇，而科技税收政策属于第 1.3 条所指的“中央、地区或地方政府和主管机关所采取的措施”。

科技税收政策较不容易产生违反最惠国待遇的情况。科技创新政策制定的动机是提升本国的科技创新能力，没有必要在其他国家的同类产品或服务之间故意制造不平等待遇。中国经常制定通过降低关键零部件或原材料的进口关税或增值税来促进某些研发活动或产业发展的政策。例如，2009 年《关于研发机构采购设备税收政策的通知》（财税〔2009〕115 号）对外资研发中心进口科技开发用品免征进口税，2010 年《关于科技重大专项进口税收政策的通知》（财关税〔2010〕28 号）对承担国家民口重大专项的单位进口国内不能生产的关键设备、零部件和原材料免征进口关税和进口环节增值税。这类政策的文本本身并没有对进口产品的来源地作出区分，因而不会违反最惠国待遇义务。但有时某些政策的执行却在事实上造成了对不同国家产品的区别待遇。例如，在 2004 年美国诉中国集成电路增值税优惠案中就出现了与最惠国待遇有关的诉讼主张。

在国民待遇方面，科技税收政策既要受 GATT 第 3 条“国内税和国内法规的国民待遇”义务的约束，也要受 GATS 第 17 条“国民待遇”义务的约束。GATT 第 3.1 条要求，国内税和其他国内费用不得以为国内生产提供保护的目的对进口产品或国产品适用。第 3.2 条进一步明确规定，任何 WTO 成员对从其他成员进口的产品，不能征收超过同类国内产品的国内税或其他国内费用。GATS 第 17.1 条要求，在影响服务提供的所有措施方面不能给予外国服务或服务提供者低于本国的待遇。因此，在实施科技税收政策时，对外国产品征收的国内税费不能超过本国同类产品，对外国服务和服务提供者征收的国内税费也不能超过本国同类服务和服务提供者。

由于违反国民待遇的科技税收政策会直接影响产品或服务的竞争条件，WTO 成员对此的关注度较高。例如，2008 年中国出台《高新技术企业认定管理办法》（国科发火〔2008〕172 号）之后受到美国的持续关注，并在中美创新对话、中美商贸联合委员会等平台中反复磋商。核心问题就是该管理办法的认证范围是否平等涵盖外资企业，即是否存在歧视性待遇的问题。2016 年修订印发的《高新技术企业认定管理办法》（国科发火〔2016〕32 号）将 2008 年管理办法中知识产权“5 年以上独占许可”的要求删除，在一定程度上打消了外界关于歧视性待遇的质疑，同时也更有利于鼓励企业积极进行知识产权布局。

在实践中，国民待遇也是中国科技税收政策较容易与国际规则冲突的领域。例如，在 2004 年美国诉中国集成电路案（DS309）和 2015 年美国诉中国国产飞机税收优惠案（DS501）中，涉案争议措施均是科技税收政策。DS309 案中对国产集成电路产品实施增值税退税，DS501 案中对部分国产支线飞机免征增值税，但却没有为进口的同类产品提供同样的税收优惠政策，美方的核心诉点即是认为这些政策违反了国民待遇原则。

目前，中央和地方政府在制定科技税收政策时仍然要注意避免违反国民待遇原则。例如，如果对境内研发机构采购国产设备提供增值税优惠，就可能被认为对国产设备提供的税收待遇优于对进口设备提供的待遇，进而在同类产品之间造成了不平等的竞争条件。如果面临诉讼，专家组和上诉机构可能会作出对中方不利的裁决。

二、科技税收政策与补贴

补贴是科技税收政策与 WTO 规则协调问题的另外一个重要领域。根据《SCM 协定》第 1.1 条的规定，“放弃或未征收在其他情况下应征收的政府税收（如税收抵免之类的财政鼓励）”并“因此而授予一项利益”就将构成补贴。因此，《SCM 协定》中有关可诉补贴、禁止性补贴的规定都对科技税收政策构成约束。此外，GATT 第 3 条第 8 款（b）项设定了国民待遇义务的例外，规定“本条的规定不阻止仅给予国内生产者的补贴的支付，包括自以与本条规定相一致的方式实施的国内税费所得收入中产生的对国内生产者的支付和政府购买国产品所实行的补贴”。因此，如果以同样的条件对国内产品和进口产品征税，再从相应税收收入中向国内产品提供补贴，就可以不受国民待遇义务的约束。但在此种情况下，却仍然要受《SCM 协定》的约束。

在中国目前的科技税收政策中，高新技术企业税收优惠、产业性税收政策优惠以及研发加计扣除和技术转让税收优惠存在一定程度的专向性补贴风险。此外还有某些科技税收政策存在构成禁止性补贴的风险。

一是高新技术企业税收优惠政策。根据《企业所得税法》第二十八条的规定，国家需要重点扶持的高新技术企业，减按 15% 的税率征收企业所得税。而高新技术企业的认定则是在《国家重点支持的高新技术领域》内，按照《高新技术企业认定管理办法》进行认定。由于《SCM 协定》关于专向性补贴的条款并没有对“一组企业或产业”的标准作出规定，因而在一些国家的反补贴调查甚至 WTO 争端解决中，高新技术企业税收优惠都被视为专向性补贴。在 2012 年墨西哥诉中国纺织品服装补贴案（DS451）中就涉及高新技术企业税收优惠提供的补贴。在 2011 年美国对华晶体硅光伏电池反补贴案中，美国商务部则认定，所得税减征构成一项政府提供的财政资助，对“高新技术企业”这一指定具有特定性的特征，因而在法律上构成了专向性。在 2015 年美国对华无涂层纸反补贴案中，高新技术企业税收优惠政策再次涉案。

二是专门针对某些高新技术产业制定的税收优惠政策。《企业所得税法》第二十五条规定，国家对重点扶持和鼓励发展的产业和项目，给予企业所得税优惠。但这类专门针对某一类高新技术产业出台的税收优惠政策则会构成更明显的专向性补贴。例如，2011 年出台的某项政策规定，增值税一般纳税人销售其自行开发生产的软件产品，按 17% 税率征收增值税后，对其增值税实际税负超过 3% 的部分实行即征即退政策。近年来，随着人工智能、大数据、云计算等新兴信息技术产业的兴起，很多国家都针对这类产业陆续出台一些税收优惠政策，包括高新技术企业税收优惠和研发费用加计扣除等，其中某些政策也存在构成专向性补贴的风险。

三是研发加计扣除和技术转让税收优惠政策。《企业所得税法》第二十七条规定，符合条件的技术转让所得，可以免征、减征企业所得税。第三十条规定，企业开发新技术、新产品、新工艺发生的研究开发费用，可以在计算应纳税所得额时加计扣除。在一些国家的单边贸易救济措施中，这类政策也被视为专向性补贴。在 2011 年美国对华晶体硅光伏电池反补贴案中，美国商务部就认为，研发项目费用扣除构成一项财政资助，使企业获得一项利益，并且构成了法律上的专向性。

此外，某些科技税收政策还存在构成禁止性补贴的风险。例如，有关对内资研发机构和外资研发中心采购国产设备全额退还增值税的规定，就存在构成进口替代补贴的风险。至于某些支持高新技术产品出口的出口退税政策，根据《SCM 协定》的规定，如果出口退税的数额超过了已征的间接税额，则会构成出口补贴。

三、美国诉中国支线飞机税收优惠案

2015 年 12 月，美国在 WTO 向中国提出磋商请求，就中国对部分国产飞机的税收优惠政策正式启动争端解决程序（DS501 案）。涉案的争议措施主要是，中国对空载重量在 25 吨以下的进口飞机征收 17% 的增值税，但对 ARJ21、运十二等同规格的国产支线飞机却予以免征。美方认为，争议措施违反了 WTO 的国民待遇原则和透明度原则，以及中国在加入 WTO 时作出的承诺。截至 2017 年 7 月，WTO 秘书处并没有公布该案的新进展。但美国贸易代表办公室在 2016 年 10 月宣布，中国取消了这些免税政策。据此推断，该案在双方磋商后已结束，将不再进入专家组阶段。DS501 案是中国加入 WTO 以来在飞机制造领域的首个被诉案件。从案件事实看，如果进入专家组阶段甚至上诉阶段，中方胜诉的可能性也很小。

DS501 案的诉点主要有两个：一是争议措施是否违反 GATT1994 第 3.2 条和第 3.4 条，即“国内税和国内法规的国民待遇”；二是争议措施是否违反 GATT 第 10.1 条，以及“中国加入议定书”第 2 条（C）节第 1 款、第 2 款和“中国工作组报告书”第 334 段，即“透明度原则”。由于透明度问题较容易证明和裁定，该案的核心诉点就是国民待遇问题。其中，具体的分析如下所述：

第一，争议措施违反 GATT 第 3.2 条的可能性很大。GATT 第 3.2 条主要规定了国内税、费方面的国民待遇。根据加拿大、欧盟、美国诉日本酒类税收案（DS8、DS10、DS11）的上诉机构裁决报告，GATT 第 3.2 条的目的是要避免国内税收方面的保护主义。中国对进口飞机征收的国内税（17% 增值税）显然超过了国产飞机（0% 增值税）。如果专家组和上诉机构认定涉案的国产飞机与某些进口飞机属于“同类产品”（Like Products），就很容易裁定争议措施违反 GATT 第 3.2 条第 1 句话①。如果专家组和上诉机构认为国产飞机与进口飞机不属于“同类产品”，但只要两者在国内市场上存在“直接竞争性或替代性”（Directly Competitive or Substitutable），则会裁定争议措施违反 GATT 第 3.2 条第 2 句话②。而涉案的国产飞机如 ARJ21，与美国产的湾流 G450、G550 飞机，以及加拿大产的庞巴迪 CRJ900 飞机③，即便不属于“同类产品”，也必定存在竞争关系。因此，专家组和上诉机构很可能裁定争议措施违反 GATT 第 3.2 条。

第二，争议措施是否违反 GATT 第 3.4 条取决于进一步的证据。GATT 第 3.4

---

① 任何缔约方领土的产品进口至任何其他缔约方领土时，不得对其直接或间接征收超过对同类国产品直接或间接征收的任何种类的国内税或其他费用。

② 缔约方不得以违反第 1 款所列原则的方式，对进口产品或国产品实施国内税和其他国内费用。

③ 加拿大在 2015 年 12 月加入磋商。

条[①]规定了在国内法律、法规和规定方面的国民待遇。由于在美国请求磋商的公开文件中没有包含更加详细的材料，难以判断争议措施是否违反 GATT 第 3.4 条。如果美方提出证据证实，中国增值税征收环节的行政程序导致进口飞机享受的待遇低于国产飞机，那么专家组和上诉机构也很可能裁定争议措施违反 GATT 第 3.4 条。

第三，中国很难援引 GATT 第 3.8 条（b）项进行抗辩。根据 GATT 第 3.8 条（b）项[②]，国民待遇原则不适用于政府对国内生产者的补贴。也就是说，如果证明中国的免税政策属于第 3.8 条（b）项规定的补贴，就可以豁免第 3.2 条和第 3.4 条的义务。然而，参考美国诉加拿大期刊进口限制案（DS31）的上诉机构裁决，以及欧盟、日本、美国诉印尼汽车案（DS54、DS55、DS59、DS64）的专家组裁决，第 3.8 条（b）项实际上将减税或免税的政策与补贴区分开了。也就是说，国民待遇义务的豁免只能针对国内外产品同样征税之后再给予国内生产者的支付。因此，中国的免税政策基本不可能算作第 3.8 条（b）项规定的补贴。此外，即便参考 2004 年美国诉中国集成电路增值税案（DS309）的磋商情况，当时中国对国产集成电路实施增值税“即征即退”政策，中方工作组都认为，专家组和上诉机构裁定争议措施违反国民待遇的可能性很大[③]。

第四节　科技金融政策与 WTO 规则的协调

科技金融是指促进科技开发、成果转化和高科技产业发展的一系列金融工具、金融制度、金融政策与金融服务的系统性、创新性安排。[④] 科技金融政策具体包括创业投资政策、科技信贷与担保、科技保险、科技资本市场以及某些财政

① 任何缔约方领土的产品进口至任何其他缔约方领土时，在有关影响其国内销售、标价出售、购买、运输、分销或使用的所有法律、法规和规定方面，所享受的待遇不得低于同类国产品所享受的待遇。

② 本条的规定不阻止仅给予国内生产者的补贴的支付，包括自以与本条规定相一致的方式实施的国内税费所得收入中产生的对国内生产者的支付和购买国产品所实行的补贴。

③ 李成钢．世贸组织规则博弈：中国参与 WTO 争端解决的十年法律实践［M］．北京：商务印书馆，2011：281.

④ 阙方平．中国科技金融创新与政策研究［M］．北京：中国金融出版社，2016：23.

补贴政策等。

改革开放初期，由于中国金融市场本身发展相对缓慢，中国科技金融政策也没有在科技创新政策体系中占据较大的比重。1985 年《关于科技技术体制改革的决定》提出设立创业投资、开展科学技术信贷业务之后，科技金融政策逐步发展起来。2006 年《规划纲要》的出台，使得科技金融政策的重要性迅速提升。截至 2010 年底，在国家层面出台的近百项《规划纲要》配套政策中，涉及科技金融工作的政策多达 20 余项；各省市出台的 600 多个政策文件中，也有近 1/3 属于科技金融范畴。① 近年来，科技金融政策更加丰富和完善。2011 年出台的《关于促进科技和金融结合加快实施自主创新战略的若干意见》，针对不同类型科技金融政策的发展提出了详细的要求。2012 年《关于深化科技体制改革加快国家创新体系建设的意见》进一步强调，要促进科技和金融结合，创新金融服务科技的方式和途径。

虽然科技金融政策的实施主体并不是政府，但在中国目前的经济构成中，科技金融政策的制定和实施还带有一定程度的政府因素，因而仍然要受到 WTO 规则的约束。具体到不同类型的科技金融政策来看，也存在不同程度的合规问题。

一、科技金融政策与补贴

科技金融政策主要受补贴规则的约束。首先，根据《SCM 协定》第 1.1 条的定义，存在由政府或公共机构提供的财政资助并因此而授予一项利益就构成补贴，而“涉及资金的直接转移（如赠款、贷款和投股）、潜在的资金或债务的直接转移（如贷款担保）的政府做法”以及“政府提供除一般基础设施外的货物或服务，或购买货物”均属于财政资助。其次，根据中国诉美国反倾销反补贴措施案（DS379）的上诉机构裁决，如果某实体根据政府授权或代表政府行使相关职能，该实体就可以在行使该职能上被认定为“公共机构”。再次，在 DS379 案中，上诉机构认为，美国商务部在相关反补贴调查中关于中国国有商业银行属于“公共机构”的认定是有充足依据的。最后，虽然在确定补贴利益的测算方面，《SCM 协定》第 14 条没有明确规定使用外部基准的问题，但加拿大诉美国软木案（DS257）中专家组和上诉机构的裁决认可了一定条件下使用外部基准的合法性，而 DS379 案的裁决进一步确认了在原材料价格和贷款利率上使用外部基准的

① 张晓原，王元，赵明鹏. 中国科技金融发展报告 2012 [M]. 北京：经济管理出版社，2013：4.

可行性。此外，在 DS379 案中关于政策性贷款专向性的裁决上，专家组对《SCM协定》第 2.1 条专向性的含义做出了非常宽泛的解释，上诉机构进一步认为，“针对财政资助的明确限制必然限制了利益授予，因为只有获得财政资助的企业或产业才有资格享受相应的利益”①。

因此，无论是政府自身提供的某些科技类财政补贴，还是政策性银行或国有商业银行等实体在政府指导下以优惠形式提供的科技类金融服务，都属于《SCM协定》定义的补贴范畴。在科技金融政策实施的过程中，即便以国内市场条件提供原材料、信贷或其他融资服务，也可能被依据外部基准认定为存在利益授予。而中国在很多科技金融政策文件中习惯使用的“金融支持”等表述很容易成为证明补贴存在的证据，在文件中将重点支持的某类产业或企业列出的做法则会成为证明补贴专向性的证据。

然而，由于科技金融政策的直接执行者主要是银行等市场主体，在政策实施上存在较大的便利性。同时，科技金融政策较为分散灵活，证据搜集难度大，诉讼难度较大，诉讼收益反而较低。截至 2019 年 7 月，中国在 WTO 中还没有科技金融政策被诉的案件。

因此，目前美欧等经济体主要在单边贸易救济中对中国科技金融政策进行调查。例如，美国反补贴调查中反复涉案的某些高新技术产业发展基金、技术改造项目贷款补助等。欧盟也在 2012 年的双反调查中试图提起针对华为、中兴获得政策性银行高额信贷的问题。未来随着科技金融政策在整个科技创新体系中的重要性不断提升，对产业竞争力的促进作用不断强化，在更高层次摩擦中涉案的可能性也将增加。

二、不同类型科技金融政策与 WTO 规则的协调

由于不同类型的科技金融政策在实施主体、实施方式及实施对象上存在差别，在与 WTO 规则协调的问题上也存在差异。从近年中国实施的科技金融政策看（见表 4-3），除了创业风险投资和资本市场支持科技创新的政策由于具备高度市场化的特征而不容易产生合规问题之外，其他几类科技金融政策均存在不同程度的被诉风险。

---

① 孙昭．寸土必争的世贸争端［M］．北京：知识产权出版社，2015：31.

表4-3　近年中国主要科技金融政策文件

政策类型	文件编号	政策名称
综合类	银监发〔2006〕94号	《关于商业银行改善和加强对高新技术企业金融服务的指导意见》
综合类	银监发〔2006〕95号	《支持国家重大科技项目政策性金融政策实施细则》
综合类	国科发财〔2010〕720号	《关于印发促进科技和金融结合试点实施方案的通知》
综合类	国科办财〔2011〕22号	《关于印发地方促进科技和金融结合试点方案提纲的通知》
综合类	国科发财〔2011〕540号	《关于促进科技和金融结合加快实施自主创新战略的若干意见》
综合类	国科发财〔2012〕739号	《关于进一步鼓励和引导民间资本进入科技创新领域的意见》
综合类	银发〔2014〕9号	《关于大力推进体制机制创新扎实做好科技金融服务的意见》
综合类	国科发高〔2015〕3号	《关于进一步推动科技型中小企业创新发展的若干意见》
财政补贴	国科发资〔2015〕417号	《国家科技成果转化引导基金贷款风险补偿管理暂行办法》
财政补贴	财建〔2012〕1111号	《战略性新兴产业发展专项资金管理暂行办法》
财政补贴	财教〔2016〕81号	《中央引导地方科技发展专项资金管理办法》
财政补贴	财教〔2011〕289号	《国家科技成果转化引导基金管理暂行办法》
科技信贷与担保	开行发〔2007〕225号	《关于对创新型试点企业进行重点融资支持的通知》
科技信贷与担保	银监发〔2009〕37号	《关于进一步加大对科技型中小企业信贷支持的指导意见》
科技信贷与担保	国科发财〔2009〕620号	《关于科技部与中国银行加强合作促进高新技术产业发展的通知》
科技信贷与担保	银监发〔2009〕64号	《关于选聘科技专家参与科技型中小企业项目评审的指导意见》
科技信贷与担保	财企〔2010〕199号	《关于加强知识产权质押融资与评估管理支持中小企业发展的通知》
科技信贷与担保	银监发〔2016〕14号	《关于支持银行业金融机构加大创新力度开展科创企业投贷联动试点的指导意见》
科技保险	财金〔2006〕118号	《关于进一步支持出口信用保险为高新技术企业提供服务的通知》
科技保险	保监发〔2006〕129号	《关于加强和改善对高新技术企业保险服务有关问题的通知》
科技保险	国科发财字〔2007〕254号	《关于进一步发挥信用保险作用支持高新技术企业发展有关问题的通知》

续表

政策类型	文件编号	政策名称
科技保险	国科办财字〔2007〕24 号	《关于开展科技保险创新试点工作的通知》
科技保险	保监发〔2010〕31 号	《关于进一步做好科技保险有关工作的通知》

资料来源：根据科技部、发改委、财政部等网站相关资料整理。

一是财政补贴。包括某些产业发展基金、科技服务基金、为高新技术产业和企业提供的贷款贴息资金，以及低价提供土地和原材料等。例如，2007 年设立的关于促进电子信息产业发展的基金、2011 年设立的关于促进科技成果转化的基金、2011 年设立的关于促进战略性新兴产业发展的资金，2015 提出对科技成果转化贷款实施风险补偿的政策，2015 年要求将技术改造项目纳入贷款贴息优惠政策范围，2016 年某项政策提出的鼓励地方采用后补助、以奖代补、贷款贴息、发放创新券等方式设立地方科技创新项目示范资金，以及一些地方政府提出的贷款贴息资金，为培育高新技术企业设立的补助资金，对企业自主技术研发成果、产业平台建设等提供的资金支持和办公场所补贴，对智能机器人核心技术研发、成果转化产业化及标准制定和专利申请提供的资金支持、融资补贴、担保贴息等。

财政补贴政策的被诉风险相对较高。首先，这些政策的资金直接来源于中央或地方财政，属于政府提供的财政资助，极容易被认定为补贴。其次，相关政策文件一般均以扶持某些产业或企业为目标，也较容易被认定为补贴专向性的证据。此外，这类政策数量较多，尤其是各级地方政府出台的这类政策缺乏协调，往往为了抢占某些新兴产业发展的资源而竞相出台同类政策。因此，一旦某一产业对其他国家的同类产业构成较大的竞争威胁，这些财政补贴政策很容易成为诉讼目标，在其他国家的反补贴调查甚至 WTO 补贴诉讼中涉案。

二是科技信贷与担保。例如，一些政策性银行对试点高技术企业给予重点贷款支持，政府支持银行发放科技型中小企业贷款，以及以政府给予利息补贴的方式鼓励银行为集成电路企业提供担保融资、信用贷款、知识产权质押贷款、股权质押贷款等信贷创新融资支持的政策。

部分科技信贷与担保政策也存在一定程度的被诉风险。首先，相关政策文件的出台实际上已经表明政府在鼓励政策性银行或商业银行为企业提供融资服务中的指导作用，使得这些政策实施主体在提供相应融资服务上构成《SCM 协定》定义的“公共机构”。其次，如果在反补贴调查或补贴诉讼中使用外部基准，这些科技信贷与担保则可能被证明是以优于市场条件提供的，从而构成“授予一项利益”。当然，这类政策毕竟不是直接由政府通过财政资金实施的，涉案的风险相对较低，并且涉案之后的影响也相对较小（例如裁征相对较低的反补贴税）。

三是科技保险。例如，在对某些高技术产品出口提供的信用保险业务方面，政府支持相关金融机构在限额审批和保险费率上给予优惠，以及在财政科技经费中列支科技保险费和财政资金对自主创新产品实施保费补贴的政策。

科技保险政策由于数量相对较少，被诉的可能性更低一些。但如果涉案，相关政策文件也同样会成为专向性补贴的证据。此外，某些针对高新技术产品出口提供的优惠性保险政策还存在构成出口补贴的风险。而某些针对自主创新产品提供的优惠性保险政策，不仅存在涉入补贴争端的风险，还存在违反国民待遇义务的风险。

第五节　创新产品政府采购与 WTO 规则的协调

世界各国都把政府采购作为促进科技创新的一项重要政策工具。充分利用巨额的政府采购资金，可以有效地引导具备自主创新资质的企业的发展，极大地促进生产力的提高，并可能孕育出具有完全自主知识产权的本土的大型企业。①

《政府采购协定》（GPA）是对政府采购促进科技创新的政策起到主要约束作用的 WTO 规则。但除此之外，还有其他一些 WTO 规则也能产生部分约束力。中国加入 GPA 的谈判进程目前仍未完成。无论在加入 GPA 之前或之后，都应在充分了解相关规则的基础上发挥政府采购对科技创新的激励和引导作用。

一、促进科技创新的政府采购与 WTO 规则

目前中国还没有加入 GPA，因此通过政府采购促进科技创新的政策并不需要受 GPA 的约束。但这并不意味着这类政策不受任何 WTO 规则的约束。事实上，WTO 中的一些其他规则以及中国加入 WTO 承诺也会对其起到一定的约束作用。

第一，中国通过政府采购促进科技创新的政策需要遵守最惠国待遇原则。虽

① 刘建民，马理，吴金光．促进科技自主创新发展的政府采购机制设计［J］．财政研究，2010（11）：43－45.

然GATT第1条和GATS第13条实质上豁免了政府采购在提供最惠国待遇上的义务，但中国加入WTO时却主动承诺在政府采购领域遵守最惠国待遇原则。《中国加入工作组报告书》第339段指出，“中国代表表示，中国有意成为GPA的参加方，在此之前，中央和地方各级所有政府实体，以及专门从事商业活动以外的公共实体，将以透明的方式从事其采购，并按照最惠国待遇的原则，向所有外国供应商提供参与采购的平等机会”。因此，如果某一项政府采购向某一外国供应商开放，则必须以平等的方式向所有WTO成员供应商开放。

第二，政府（包括国有企业）采购供商业销售为目的的货物或服务需要遵守国民待遇和最惠国待遇原则。GATT第1条、第3条和GATS第13条在豁免政府采购的国民待遇与最惠国待遇义务时，具体的规定是有条件的。GATT第3.8条（a）项规定，“本条的规定不得适用于政府机构购买供政府使用、不以商业转售为目的或不以用以生产供商业销售为目的的产品采购的法律、法规或规定”。GATS第13条则规定，“第2条、第16条和第17条不得适用于管理政府机构为政府目的而购买服务的法律法规或要求，此种购买不是为了进行商业转售或为供商业销售而在提供服务的过程中使用”。由此可见，这两项规定已经将供商业销售为目的的政府采购排除在例外之外。而中国在加入WTO时对这一点又进行了重点强调。《中国加入WTO工作组报告书》第44段指出，“与国有和国家投资企业进口用于货物组装，而此类货物随后出口，或可供商业销售或使用，或用于非政府目的物资和机器有关的任何措施，这些货物不会被视为与政府采购有关的措施”。第47段指出，“中国代表确认，在不损害中国在GPA中未来谈判权利的前提下，所有有关国有和国家投资企业用于商业销售的货物和服务的采购、用于商业销售或用于非政府目的的货物的生产或服务的法律、法规及措施，将不被视为与政府采购有关的法律、法规及措施。因此，此类购买或销售需遵守GATS第2条、第16条、第17条和GATT1994第3条”。因此，在政府采购供商业销售为目的的货物或服务时，中国仍然需要遵守非歧视待遇原则，在加入WTO承诺的前提下为外国商品或服务提供平等的市场准入。另外，虽然中国在加入GPA的谈判中刚刚开始将国有企业列入出价清单，但根据中国加入WTO承诺，国有企业购买供销售为目的的货物或服务本来就需要遵守非歧视待遇原则。

第三，政府采购货物需要接受补贴规则约束。GATT第3.8条（b）项规定，“本条的规定不阻止仅给予国内生产者的补贴的支付，包括……政府购买国产品所实行的补贴”。也就是说，政府通过购买国产货物实施的补贴不受国民待遇原则约束。但这并不意味着这些措施不受补贴规则约束。根据《SCM 协定》第 1.1 条的规定，政府购买货物并“因此而授予一项利益”属于补贴。在认定是否“授予一项利益”上则要依据《SCM 协定》第 14 条（d）项的规定，“政府提供货物或服务或购买货物不得视为授予利益，除非提供所得低于适当的报酬，或购买所付高于适当的报酬”。因此，如果政府采购货物所付的价格高于市场基准，就将构成补贴。而根据 WTO 补贴诉讼中有关“外部基准”的裁决，政府采购即便以中国国内市场价格达成交易，也有可能在某些情况下被依据外部基准视为存在补贴。总之，如果政府采购某项货物同时被认定存在“补贴”“专向性”和“不利影响”三项因素，该项采购仍然会构成违规补贴。

总体来看，在加入 GPA 之前，中国通过政府采购促进科技创新所具备的政策空间可能有三项：一是政府（包括国有企业）采购非商业销售目的的货物和服务可以不遵守国民待遇。二是政府采购货物可以提供补贴，但要受补贴规则约束。三是某些类型的政府采购服务可以提供补贴，而且不受补贴规则约束。

二、自主创新产品政府采购与 WTO 规则的协调

中国自主创新产品政府采购政策是中国加入 WTO 以来在政府采购促进科技创新上引发较大争议的一项政策。该政策最终受多方面因素的影响而中止。但其在 WTO 规则下的合规问题并没有在国内经过细致的研究探讨。本书在此针对该政策与 WTO 规则的协调进行分析，以便为未来政府采购促进科技创新相关政策的制定和实施提供参考。

《国家中长期科学和技术发展规划纲要（2006—2020 年）》开始提出实施促进自主创新的政府采购，并建立政府采购自主创新产品协调机制。《实施〈国家中长期科学和技术发展规划纲要（2006—2020 年）〉若干配套政策》进一步要求建立财政性资金采购自主创新产品制度。此后，财政部相继出台《关于实施促进自主创新政策采购政策的若干意见》《自主创新产品政府采购预算管理办法》《自主创新产品政府采购评审办法》《自主创新产品政府采购合同管理办法》《自主创新产品政府首购和订购管理办法》等文件。2009 年科技部、发改委、财政部联合下发的《关于开展 2009 年国家自主创新产品认定工作的通知》开始实施后，立即遭到美欧等大量在华商业团体和外国政府的抗议。综合考量经贸与政治、外交多重因素后，2011 年财政部发出通知，主动停止执行《财政部关于印发〈自主创新产品政府采购预算管理办法〉的通知》《财政部关于印发〈自主创

新产品政府采购评审办法〉的通知》《财政部关于印发〈自主创新产品政府采购合同管理办法〉的通知》三个文件。此后国务院办公厅也发布《关于深入开展创新政策与提供政府采购优惠挂钩相关文件清理工作的通知》（国办发明电〔2011〕41号），要求各地和各部门停止执行规范性文件中关于创新政策与提供政府采购优惠挂钩的措施。2016年底国务院办公厅又发布《关于进一步开展创新政策与提供政府采购优惠挂钩相关文件清理工作的通知》（国办函〔2016〕92号），要求再开展一次清理工作。

中国以非GPA参加方的身份，在通过政府采购自主创新产品措施上自然不需要受GPA规定的管辖。但整个自主创新产品政府采购政策的发布与实施还受到WTO其他协定及规则的约束，不能完全排除某些政策措施可能存在的违规风险。

一是很可能违反了透明度原则。首先，根据GATT第10.1条的规定，“任何缔约方实施的关于下列内容的普遍适用的法律、法规、司法判决和行政裁定应迅速公布，使各国政府和贸易商能够知晓：……有关进出口产品或其支付转账，或影响其销售、分销……的要求、限制或禁止”。判断中国自主创新产品政府采购政策的实施是否违反该条款的关键因素有两个。第一，该政策是否属于GATT第10.1条所规定的法律法规；第二，该政策是否迅速公布了。虽然该政策是直接关于政府采购的规定，但对照GATT第3条和GATT第10条的具体内容来看，GATT第3条专门在第8款将政府采购作为例外列出，而GATT第10条并未列出这样的例外。据此推断，政府采购的有关规定仍然属于GATT第10.1条的管辖范围。而这些政策（特别是不少地方政府制定的自主创新产品政府采购政策）在实施前没有及时提供翻译版本的政策文本，其中部分政策的公布日期和实施日期甚至是同一天，因而很可能没有达到“迅速”公布以便让其他国家的政府和贸易商知晓的要求。其次，《中国加入工作组报告书》第339段指出，“中国代表表示，……将以透明的方式从事其采购”。在具体的透明度规定上，第334段指出，“中国代表确认，中国将使WTO成员获得译成一种或多种WTO正式语文的所有有关或影响货物贸易、服务贸易、TRIPS或外汇管制的法律、法规及其他措施，并将尽最大可能在实施或执行前，但无论如何不迟于实施或执行后90天使WTO成员可获得这些法律、法规及其他措施”。《中国加入议定书》第一部分第2条（C）1款和第2条（C）2款也直接作出了类似的规定。基于政策制定和实施的时间、方式等事实，中国自主创新产品政府采购政策也没有达到《中国加入议定书》和《中国加入工作组报告书》中的这几条更加明确的要求。

二是有可能违反恰当的行政管理义务。GATT 第 10.3 条（a）项规定，“每一缔约方应以统一、公正和合理的方式管理本条第 1 款所述的所有法律、法规、判决和裁定”。《中国加入议定书》第一部分第 2 条（A）2 款规定，“中国应以统一、公正和合理的方式适用和实施中央政府有关或影响货物贸易、服务贸易、与贸易有关的知识产权或外汇管制的所有法律、法规及其他措施，以及地方各级政府发布或适用的地方性法规、规章及其他措施”。中国自主创新产品政府采购政策在实施中需要经过产品认定和采购预算的编制、执行及监督检查等行政管理环节，有可能在上述条款的管辖范围内。而在这些具体的行政管理措施环节可能存在一些有关相对随意的认定标准等不利证据，导致这些措施存在达不到“统一、公正和合理”要求的嫌疑。

三是有可能构成专向性补贴。一方面，自主创新产品政府采购政策并不构成进口替代补贴。虽然在相关文件中屡屡出现“替代进口”的表述，例如，《国家自主创新产品申报说明》中就要求产品“已经进入市场销售环节，具有潜在的经济效益和较大的市场前景或能替代进口”，但这些政策并不符合《SCM 协定》第 3.1 条“视使用国产货物而非进口货物的情况为条件而给予补贴”的情况。因为这些政策并不是鼓励企业放弃使用进口产品而改用国产品，而仅仅是鼓励企业增加自主创新国产品的生产，不存在企业投入环节的“替代”。另一方面，自主创新产品政府采购政策有可能构成专向性补贴。前文已经分析过，无论按外部基准或以本国市场条件为基准，政府购买货物有可能构成补贴。由于自主创新产品的认定局限于一些高新技术领域，因而可能进一步构成专向性补贴。如果其他国家再提出这些补贴使得本国某些同类产品受到“不利影响”的证据，针对该项产品的政府采购就将构成违规补贴。

四是其他 WTO 成员或可提起“非违法之诉”。根据 GATT 第 23.1 条的规定，如果一缔约方认为，由于“另一缔约方实施任何措施，无论该措施是否与本协定的规定产生抵触”，导致“它在本协定项下直接或间接获得的利益正在丧失或减损，或本协定任何目标的实现正在受到阻碍”，则该缔约方可向其认为有关的另一缔约方提出书面交涉或建议，任何被接洽的缔约方应积极考虑对其提出的交涉或建议。中国实施的自主创新产品政府采购政策属于第 23.1 条下的“任何措施”的范围。因此，关键问题是这些政策是否造成其他缔约方“在本协定项下直接或间接获得的利益正在丧失或减损”。而《中国加入工作组报告书》第 339 段和第

341 段确实表明中国有尽快加入 GPA 的意愿，并对在此之前的政府采购政策作出了一些超过 WTO 一般规定的承诺。因而，其他缔约方可能有理由认为中国在加入 GPA 之前不会在政府采购中引入新的歧视性措施。而中国新实施的自主创新产品政府采购政策却降低了这部分市场准入，可能造成其“利益的丧失或减损”。当然，由于“非违法之诉”案件在 WTO 中仍较为稀少，专家组和上诉机构对此的裁决也会极其谨慎，诉讼的结果很难预料。即使裁决结果对中方不利，中国也未必因此取消相关政策，只需要与受影响的成员磋商达成双方满意的调整结果即可（比如针对受影响的成员给予利益补偿）。

五是其他 WTO 成员还可能依据《TRIPS 协定》提起诉讼。其他 WTO 成员有可能根据《TRIPS 协定》第 3 条和第 27 条的规定提起诉讼（具体分析见本章第六节）。但这项争议较复杂，如果进入争端解决程序，最终判定结果也很难预测。

三、加入 GPA 对自主创新政策空间的影响

自 2007 年至今，中国加入 GPA 谈判的进程已经持续了 12 年之久。从 12 年来 6 次出价的时间间隔和清单内容来看，中国加入 GPA 的进程逐渐加快。2014 年底中国已经向 WTO 提交了加入 GPA 的第 6 份出价清单，达到了与其他参加方大体相当的出价水平，并首次列入了国有企业等实体。

GPA 文本中涵盖了政府采购的基本原则以及合同估价、技术规格、招标程序、质疑程序等技术性规定。一旦加入 GPA，中国通过政府采购促进自主创新的政策措施将受到直接约束。其一，这些政策必须符合透明度、国民待遇和非歧视等核心原则。尤其是国民待遇原则将使得中国不能在政府采购中给予国内产品、服务和提供商更高的待遇。大范围优先采购自主创新产品的政策将直接被裁定违规，并且几乎没有抗辩空间。其二，在政府采购中将主要使用公开招标的方式，只有在小部分情况下才能实施邀请招标或限制性招标。其三，和 WTO 主要约束政府的政策不同，GPA 直接管辖政府的采购行为，而不仅仅是政府所制定的政府采购法律、规章。[①] 因此，在进行创新采购方面，只要是列入出价清单的政府采购实体，都会成为 GPA 其他参加方的监督对象。

加入 GPA 后，通过政府采购支持自主创新就需要在清单以外（包括采购实体、采购客体及门槛价）的范围进行，或者利用 GPA 中的例外（如与国家安全

① 屠新泉．我国加入 GPA 谈判的焦点问题分析［J］．中国政府采购，2011（9）：59－61.

和公共利益相关）来实施。例如，出价清单以外的政府采购实体不承担市场开放的义务，对次中央实体的采购可以严格按照互惠原则通过双边谈判确定彼此开放的领域和门槛价。① GPA 在国家安全和公共道德、生命健康等领域也保留了例外。总之，为了增强未来中国通过政府采购促进自主创新的灵活性，一方面要在加入 GPA 谈判中尽量预留更有价值的空间，另一方面要在加入 GPA 后充分利用规则的空间和例外。

第六节　知识产权政策与 WTO 规则的协调

知识产权政策是促进科技创新的另一项重要公共政策工具。在乌拉圭回合谈判以前，国际知识产权保护主要受世界知识产权组织（WIPO）及其所管理的国际条约约束。WTO 的成立和《TRIPS 协定》的达成第一次将知识产权保护纳入多边贸易体制的管辖范围，并且通过争端解决机制赋予了其中的知识产权规则以更具强制性的约束力。

虽然中国在加入 WTO 之前专门对知识产权保护的相关法律作了调整，但在加入 WTO 后，知识产权领域的政策法规和执行措施仍然是其他成员重点关注的对象，美国还在 2007 年直接针对中国影响知识产权保护的法律与执法措施提起诉讼。

近年来中国虽然不断完善知识产权保护政策体系，包括修订法律法规、提高执法强度等，但美欧等发达经济体仍然认为中国知识产权保护和执法体制长期存在的问题并没有得到解决，一方面持续通过双边渠道施压，促使中国加大改革力度，另一方面以诸边形式推动知识产权规则的调整，达成了比《TRIPS 协定》更高标准的规则。而中国目前的知识产权保护政策与知识产权新规则之间显然存在更大的差距。

一、知识产权保护政策与 TRIPS 规则的协调

《TRIPS 协定》中既有对成员国内知识产权保护法律的规定，也有对知识产权

① 邓婉君，张换兆．对《政府采购协议》下中国保护本国产业和支持本土创新的建议［J］．中国科技论坛，2012（4）：25－29.

保护实施程序甚至执行效果的规定。中国在加入 WTO 之前为了达到《TRIPS 协定》的要求而对国内知识产权法律（《专利法》《著作权法》《商标法》）作了修改，但这并不意味着中国知识产权法实体领域的规定完全达到了 TRIPS 的要求①。此外，中国知识产权保护的实施程序和执法问题也一直是美国等发达成员关注的重点。

2007 年美国诉中国影响知识产权保护与执法措施案（DS362）代表性地反映了中国知识产权保护政策与《TRIPS 协定》协调的问题。这也是 WTO 成立之后第一次涉及知识产权保护实施的案件。此前涉及知识产权的纠纷都是针对被申诉方的知识产权法律，本次申诉固然也涉及法规，但其中主要是关于知识产权实施的规定。②

DS362 案中的主要诉点有三项：一是关于禁止出版、传播作品的著作权保护问题。中国《著作权法》第 4.1 条规定，“依法禁止出版、传播的作品不受本法保护”。美方认为这一规定违反了《TRIPS 协定》第 9.1 条、第 41 条、第 61 条以及国民待遇原则。《TRIPS 协定》第 9.1 条要求各成员遵守《伯尔尼公约》（1971）的相关规定，包括作者享有翻译权、复制权、公开表演权、广播权、改编权等。《TRIPS 协定》第 41 条规定了知识产权实施中的一般义务，第 41.1 条要求各成员保证其国内法中包括“关于本部分规定的实施程序”，以便“对任何侵犯本协定所涵盖知识产权的行为采取有效行动”。二是关于海关处置侵权货物的方式问题。美方认为，中国《知识产权海关保护条例》及其实施办法中海关处置侵权货物的方式违反了《TRIPS 协定》第 59 条。美方认为，中国海关处置没收侵权货物的顺序（首先转交社会公益机构，其次清除所有权特征后拍卖，最后予以销毁）容易导致侵权货物再次流入商业渠道。而《TRIPS 协定》第 59 条规定，“主管机关有权依照第 46 条所列原则责令销毁或处理侵权货物。对于假冒商标货物，主管机关不得允许侵权货物在未作改变的状态下再出口或对其适用不同的海关程序”。三是关于知识产权侵权的刑事处罚门槛的问题。中国《刑法》要求对侵犯商标权、著作权的违反行为达到“情节严重”“销售金额数额较大”“违法所得数额较大”“违法所得数额巨大”或者“有其他严重情节”的才能追究侵权人的刑事责任。而最高人民法院、最高人民检察院通过相关解释性规定进一步量化了定罪量刑门槛。例如，将违法所得数额在三万元以上定为“违法所得数额较大”，将复制品数量合计在五百张（份）以上定为“有其他严重情节”。

---

① 张平．WTO/TRIPS 知识产权争端成案及对策［M］．北京：法律出版社，2016：14.

② 朱榄叶．世界贸易组织国际贸易纠纷案例评析（2007—2009）［M］．北京：法律出版社，2010：314.

美方认为，这种量刑门槛使得低于门槛的侵权行为不能受到刑事处罚，不符合《TRIPS 协定》第 61 条和第 41. 1 条的规定。《TRIPS 协定》第 61 条规定，“各成员应规定至少将适用于具有商业规模的蓄意假冒商标或盗版案件的刑事程序和处罚。可使用的救济应包括足以起到威慑作用的监禁和/或罚金……”。

第一，关于禁止出版、传播作品的著作权保护问题。专家组认为，中国《著作权法》第 4. 1 条使得在其拒绝著作权保护的情况下，司法机关不能享有针对侵权行为的执法权力，因而不符合《TRIPS 协定》第 41. 1 条的规定。因此，对于不能通过审查的作品，中国也应给予同样的著作权保护。

第二，关于海关处置侵权货物的方式问题。专家组认为，对于仅涉及侵犯商标的货物，中国海关的措施是在“例外情况”以外的情形下，仅仅除标但能允许货物进入商业渠道，从而违反了《TRIPS 协定》第 59 条纳入的第 46 条第 4 句所列的原则。① 即“对于冒牌货，除例外情况外，仅除去非法加贴的商标并不足以允许该货物放行进入商业渠道”。

第三，关于知识产权侵权的刑事处罚门槛的问题。专家组认为，判断该措施是否违规的关键在于中国所规定的刑事处罚门槛之下的侵权行为是否达到了《TRIPS 协定》第 61 条所述的“商业规模”。而“商业规模”是一个相对概念，需要依某些产品或特定市场的规模与范围而定。但由于美方提出的仅仅是绝对的数字，没有在相对比重等方面提出足够的证据，因而无法证明中方的措施违反《TRIPS 协定》。

案件裁决完成后，诉讼双方通过磋商达成一致。中国在 2010 年 2 月修改了《著作权法》，删除了原第 4 条第 1 款；2010 年 3 月修改了《知识产权海关保护条例》，在第 27 条第 3 款增加了“但对进口假冒商标货物，除特殊情况外，不能仅清除货物上的商标标识即允许其进入商业渠道”的规定。

总体来看，DS362 案中美国虽然没有在关键的诉点上获得专家组的支持，但中国也受此影响而对知识产权保护制度作出了修正。在著作权保护和刑事门槛等诉点上的分歧则较有代表性地反映出两方在知识产权保护意识和执法程序方面的差别。未来仍然不能排除美国针对中国知识产权保护问题再次在 WTO 提起诉讼的可能。

---

① 李成钢．世贸组织规则博弈：中国参与 WTO 争端解决的十年法律实践［M］．北京：商务印书馆，2011：329.

二、自主创新产品政府采购与TRIPS规则的协调

在中国自主创新产品政府采购政策中，政府采购的市场准入将知识产权归属作为首要前提。《国家自主创新产品申报说明（2009年度）》规定，产品具有自主知识产权是指，在中国拥有知识产权所有权，或者依法通过受让取得的中国企业、事业单位或公民在中国拥有知识产权的所有权或使用权，产品具有自主品牌则要求产品销售使用的商标初始注册地应为中国境内。因此，该政策可能与《TRIPS协定》的相关规则存在联系。假设该政策付诸实施，不排除其他成员依据《TRIPS协定》提起诉讼的可能。主要涉及《TRIPS协定》第3条和第27条的规定。

《TRIPS协定》第3条要求各成员在知识产权保护方面给予其他成员国民的待遇不低于给予本国国民的待遇。这虽然是在知识产权“保护”方面的约束，但根据该条款的注释，“保护”一词包括“影响知识产权的效力、取得、范围、维持和实施的事项”。在中国自主创新产品政府采购政策的影响下，拥有外国知识产权的产品无法进入中国政府采购市场，并且会受到向中国境内或中国企业转移知识产权的激励。该政策是否属于“影响知识产权实施的事项”则是决定其是否违反《TRIPS协定》第3条的关键。

《TRIPS协定》第27条规定，“对于专利的获得和专利权的享受不因发明地点、技术领域、产品是进口的还是当地生产的而受到歧视”。中国自主创新产品政府采购政策区分了知识产权的发明地点，并且在一开始进行自主创新产品认定时是按照技术领域进行认定，也相当于区分了技术领域。因此，该政策是否影响到“专利权的享受”是决定其是否违反《TRIPS协定》第27条的关键。

由于《TRIPS协定》并不涵盖市场准入的问题，因此第3条也没有像GATT或GATS那样将政府采购列为国民待遇的例外。而第3条和第27条也没有对“影响知识产权实施的事项”和“专利权的享受”在有关政府采购的问题上作出进一步解释。因此，假设中国自主创新产品政府采购政策涉入诉讼，裁决结果将主要取决于专家组和上诉机构关于《TRIPS协定》相关条款的解释。但考虑到GATT已经对货物的非歧视问题作出约束等因素，本书认为，专家组和上诉机构更可能对《TRIPS协定》条款的适用范围作出限制性解释。特别是，如果认定“影响知识产权实施的事项”和“专利权的享受”涵盖政府采购问题，则很可能损害GATT第3.8条与GATS第17条等有关政府采购国民待遇例外条款的效力。

三、中国知识产权政策与 TPP 知识产权规则的协调

作为在美国主导下达成的曾经最具影响力的贸易协定，TPP 在很多方面既反映了美国对国际经贸新规则的诉求，也在很大程度上代表了一些规则的发展方向。其中的知识产权章节同样代表了国际经贸领域知识产权规则的最新发展方向。由于 TPP 规则在很多方面超过了《TRIPS 协定》的要求，中国目前的知识产权政策还难以达到 TPP 规定的标准。

首先是在知识产权保护的法律方面。TPP 在很多领域要求缔约方提供更大保护范围、更高保护水平或更长保护期限。在商标领域，TPP 突破了《TRIPS 协定》关于注册商标应为“视觉上可感知”的要求，将声音和气味的可感知也纳入保护范围。要求缔约国应对以盈利为目的的、导致对现有商标产生混淆的恶意抢注域名行为采取恰当的救济措施。[①] 在著作权领域，TPP 将保护期限从《TRIPS 协定》规定的 50 年延长到 70 年，并对侵权行为的救济措施作出了明确的规定，包括相应的民事和刑事处罚机制等。在专利领域，TPP 扩大了专利的保护范围，将“已知产品的新用途、使用已知产品的新方法、已知产品的新工艺”均纳入保护范围。在未披露信息和商业秘密方面，TPP 提供了更高强度和更具针对性的保护。TPP 将生物制剂和药品的保护期限延长到 8 年。TPP 还是第一个要求将商业秘密盗窃行为（包括网络窃密）进行惩罚的 FTA。[②] 同时，TPP 还将国有企业纳入商业秘密保护的条款中。

其次是在知识产权保护执法方面。TPP 比 TRIPS 规定了更为严格的刑事执法、民事执法和边境执法内容。[③] TPP 将很多知识产权执法要求适用于数字贸易环境，并要求缔约方提供相应的民事和刑事救济措施。此外，TPP 还要求缔约方政府部门必须使用正版电脑软件等。

中国目前的知识产权政策大体是以《TRIPS 协定》为基本标准的，短期内难以达到前述 TPP 中所提出的“TRIPS－plus”内容的要求。更重要的是，TPP 中的知识产权条款主要是将发达国家知识产权权利人的利益放在首要地位，而且专门针对发展中国家的知识产权保护现状制定了部分条款。例如，TPP 关于生物制剂和药品的保护规定将强化美国大型制药企业的垄断能力，并进一步延缓仿制药

---

① 庄媛媛，卢冠锋 . TPP 与 TRIPS 知识产权规则比较研究［J］. 亚太经济，2016（3）：82－85.

② 张宇燕 .《跨太平洋伙伴关系协定》文本解读［M］. 北京：中国社会科学出版社，2016：207.

③ 庄媛媛，卢冠锋 . TPP 与 TRIPS 知识产权规则比较研究［J］. 亚太经济，2016（3）：82－85.

的研制生产时间。TPP 中有关数字环境下知识产权保护的内容将对中国电子商务和数字贸易等的平台发展带来限制。TPP 中有关商业秘密盗窃的规定及国有企业受其约束的要求则是为中国“量身定制”的内容。

第七节　从被诉案件看中国科技创新政策与 WTO 规则的协调

据本书统计，自 2001 年加入 WTO 以来，中国科技创新政策的被诉案件已有 12 起，并在近年显示出更加频繁被诉的趋势。从被诉案件以及规则相关程度分析，补贴、国民待遇和知识产权是中国科技创新政策与 WTO 规则协调的重点问题。而中国科技创新政策被诉存在两个系统性的影响因素：一是科技与经济结合的因素；二是国际产业竞争的因素。这些因素的长期化和显性化，意味着中国科技创新政策将面临更高的被诉风险。

一、加入 WTO 以来中国科技创新政策被诉案件及其特征

（一）“科技创新政策被诉案件”的分类

综合考虑现有文献对“科技创新政策”的定义，同时基于实用的角度，本书将“科技创新政策被诉案件”归为四类：

第一类是涉案政策为高技术产业或战略性新兴产业扶持政策的案件（标记为“H”）。

第二类是涉案政策由科技管理部门（科技部、科技厅、科技局等）发布的案件（标记为“G”）。

第三类是涉案政策的标题中含有“科学”“技术”“科技”“创新”等关键字段的案件（标记为“C”）。

第四类是涉及知识产权问题的案件（标记为“I”）。

这四类案件可能存在重合，但据此筛选的政策基本符合现有文献对“科技创新政策”的界定。

（二）加入 WTO 以来中国科技创新政策被诉案件梳理

经本书梳理，自 2001 年中国加入 WTO 至 2018 年底，中国科技创新政策被

诉案件共有 14 起（见表 4 - 4）。其中 DS387 案、DS388 案、DS390 案虽然分别由不同的成员发起，但案由和磋商请求均完全一致，本书将其合并为同一起案件。据此，中国科技创新政策被诉案件实际为 12 起，占中国全部被诉案件（合并后为 32 起）的比例超过 1/3。其中 C 类案件 7 起，G 类案件 5 起，H 类案件 3 起，I 类案件 3 起。从案件结果看，2 起经专家组裁决并支持了申诉方的多数观点，8 起经磋商解决，2 起正在进行中。而根据 WTO 争端解决的一般规律，经磋商解决的案件大部分是由被诉方主动作出政策调整。案件简述如下：

DS309 案的涉案产业（集成电路产业）属于高技术产业①，该案属于本书所界定的 H 类被诉案件。该案的争议措施是中国对国产集成电路产品和从部分国家进口的集成电路产品实施的增值税退税政策。申诉方认为，这些措施使得国产集成电路产品获得了比进口集成电路产品更低的国内税，并对从部分成员进口的产品（以及服务和服务提供者）提供了比其他成员的产品（以及服务和服务提供者）更优惠的待遇，因而违反了货物贸易国民待遇（GATT1994 第 3. 2 条、第 3. 4 条）、货物贸易最惠国待遇（GATT1994 第 1 条）和服务贸易国民待遇（GATS 第 17 条）。该案最终经磋商解决，中国修改了有关规定，取消了相关的增值税退税政策。

DS362 案主要涉及中国知识产权保护与执法政策，属于本书所界定的 I 类被诉案件。该案的争议措施是中国对蓄意假冒商标和盗版案件的刑事处罚规定、中国海关对侵权货物的处置方式以及中国对某些作品的著作权保护。申诉方认为，中国对蓄意假冒商标和盗版案件所规定的刑事处罚门槛过低，不符合《TRIPS 协定》第 61 条和第 41. 1 条的规定；中国海关处置侵权货物的方式不符合《TRIPS 协定》第 46 条和第 59 条的规定；中国《著作权法》第 4（1）条拒绝对出版和发行被某些法律、法规禁止的作品提供自动保护，违反了《TRIPS 协定》第 9. 1 条（所并入的《伯尔尼公约》第 5（1）条）、第 41. 1 条和第 61 条所规定的义务。根据该案的专家组报告，美国没有提供足够的证据来证明中国对蓄意假冒商标和盗版案件所规定的刑事处罚门槛不符合《TRIPS 协定》；中国海关处置侵犯商标权的货物的方式中"清除侵权商标后拍卖"的方式，违反了《TRIPS 协定》第 46 条"对于冒牌货，除例外情况外，仅除去非法加贴的商标并不足以允许该

① 高技术产业（制造业）分类（2017）［EB/OL］. 国家统计局，http：//www. stats. gov. cn/tjsj/tjbz/201812/t20181218_ 1640081. html，2018 - 01 - 04［2019 - 10 - 05］.

货物放行进入商业渠道”的规定和《TRIPS 协定》第 59 条的规定。在其他处置方式方面，美国没有证明海关将货物转交公益机构和有偿转让给知识产权权利人的做法不符合《TRIPS 协定》。美国也没有证明海关无权销毁货物。中国《著作权法》第 4（1）条将某些作品排除出著作权保护的范围，不符合《TRIPS 协定》第 9.1 条和第 41.1 条的规定。该案最终经专家组裁决后解决。为执行 WTO 裁决，中国对《著作权法》进行了修订，删除了《著作权法》第 4（1）条；修订了《知识产权海关保护条例》，增加了“但对进口假冒商标货物，除特殊情况外，不能仅清除货物上的商标标识即允许其进入商业渠道”。

DS387/388/390 案涉及中国科技管理部门制定的政策[①]，并在部分政策标题中出现相关字段[②]，属于本书界定的 G 类、C 类被诉案件。该案的争议措施是，中国政府在“中国世界名牌”项目和“中国出口名牌”项目下为某些企业提供的奖励、贷款和其他支持措施。起诉方认为，“中国世界名牌”项目和“中国出口名牌”项目的评比条件中有出口实绩要求，并在中央政府或地方政府层面安排专项资金对获评企业提供奖励、贷款和其他激励手段，因此构成了出口补贴，违反了《SCM 协定》第 3 条，《农业协定》第 3 条、第 8 条、第 9 条和第 10 条，《中国加入议定书》中关于“中国不得对农产品维持或采取任何出口补贴”的承诺，以及 GATT1994 第 3.4 条规定的国民待遇义务。该案最终经磋商解决，中国废止或修改了有关政策。

DS419 案的涉案产业（风能产业）属于战略性新兴产业[③]，因而属于本书所界定的 H 类被诉案件。该案的争议措施是，中国对国内风能设备生产企业提供的补助、资金和奖励。申诉方认为，由于所提供的补助、资金和奖励取决于使用国产品替代进口产品，因而违反了《SCM 协定》第 3 条关于禁止实施进口替代补贴的规定；同时由于中国没有将这些措施通知 WTO，因而违反了 GATT1994 第 16 条和《SCM 协定》第 25 条所规定的补贴通报义务。据悉该案最终经磋商解

---

① 商务部、发改委、财政部、科技部、海关总署、税务总局、工商总局、质检总局关于印发《关于扶持出口名牌发展的指导意见》的通知（商贸发〔2005〕124 号）；黑龙江省商务厅、发改委、经委、财政厅、科技厅、国税局、工商局、质量技术监督局、黑龙江出入境检验检疫局、哈尔滨海关关于印发《黑龙江省关于扶持出口名牌发展的指导意见》的通知（黑商联发〔2006〕1 号）。

② 《实施贵阳市“十一五”科学与技术发展规划（2006—2010 年）的若干配套政策》；关于印发《佛山市南海区实施自主创新品牌带动及企业上市扶持奖励办法》的通知（南府〔2007〕128 号）。

③ 分类依据为国家统计局发布的《战略性新兴产业分类（2018）》（国家统计局令第 23 号），http：//www. stats. gov. cn/tjgz/tzgb/201811/t20181126_ 1635848. html.

决，但双方均未通知WTO争端解决机构。[①]

DS450案涉及中国科技管理部门制定的政策[②]，并在部分政策标题中出现相关字段[③]，属于本书界定的G类、C类被诉案件。该案的争议措施是，中国向国内汽车及汽车零部件企业提供的支持。美方认为，中国对国内汽车及汽车零部件企业提供的补贴（如资助、贷款、税收减免、提供货物和服务以及其他激励措施），特别是通过“出口基地”项目提供的补贴，以出口实绩为条件，构成了出口补贴，因而违反了《SCM协定》第3条的规定，也不符合GATT1994第16.1条和《SCM协定》第25条规定的补贴通报义务。截至2019年7月，该案在WTO网站上显示状态为“磋商中”，但根据起诉时间推断，双方很可能已达成和解。

DS451案涉及中国科技管理部门制定的政策[④]，并在部分政策标题中出现相关字段[⑤]，属于本书界定的G类、C类被诉案件。该案的争议措施是，中国支持纺织品、服装生产和出口的措施。墨方认为，中国对某些企业提供的税收减免、优惠贷款、优惠土地使用权、折扣电价等优惠措施，构成了出口补贴、进口替代补贴和专向性补贴，替代并阻碍了墨西哥同类产品向美国的出口，并在美国市场上造成大幅的价格削低、价格抑制、价格压低和销售损失，对墨西哥造成了不利影响。墨方认为，这些措施不仅违反了《SCM协定》第3条关于禁止性补贴的规定，违反了《SCM协定》第5条和第6条关于可诉补贴的不利影响和严重侵害的规定，违反了GATT1994第3条规定的国民待遇义务，还违反了《农业协定》第3条、第9条、第10条关于出口补贴的规定，也不符合中国在《中国加

① 朱榄叶. 世界贸易组织国际贸易纠纷案例评析（2010—2012）［M］. 北京：法律出版社，2013：383.

② 2011年商务部、外交部、发展改革委、科技部、工业和信息化部、财政部、人民银行、海关总署、税务总局、质检总局、银监会等11部门联合印发《关于“十二五”期间促进机电产品出口持续健康发展的意见》。

③ 国务院关于印发实施《国家中长期科学和技术发展规划纲要（2006—2020年）》若干配套政策的通知（国发〔2006〕6号）；商务部、财政部关于印发《优化机电和高新技术产品进出口结构资金管理暂行办法》的通知（商财发〔2007〕291号）；厦门市经济发展局、厦门市贸易发展局、厦门市财政局关于印发《厦门市机电和高新技术产品出口结构调整项目管理办法》的通知（厦经外〔2009〕449号）。

④ 科技部、财政部关于印发《国家科技支撑计划管理暂行办法》的通知（国科发计字〔2006〕第331号）；科技部、财政部、国家税务总局关于印发《高新技术企业认定管理办法》的通知（国科发火〔2008〕172号）。

⑤ 国务院关于印发实施《国家中长期科学和技术发展规划纲要（2006—2020年）》若干配套政策的通知（国发〔2006〕6号）；财政部办公厅、工信部办公厅《关于组织推荐科技成果转化项目的通知》（财办建〔2010〕25号）；财政部办公厅、工信部办公厅《关于组织推荐2012年国家重大科技成果转化项目的通知》（财办建〔2012〕20号）。

入议定书》中的承诺。截至 2019 年 7 月，该案在 WTO 网站上显示状态为“磋商中”，但根据起诉时间推断，双方很可能已达成和解。

DS489 案涉及中国地方科技管理部门制定的政策①，属于本书界定的 G 类被诉案件。该案的争议措施是，中国通过“外贸转型升级示范基地”和“公共服务平台”项目向国内几类产业提供的支持措施。美方认为，这些措施（提供低价或免费的服务或者资金补助等）构成补贴，而补贴的提供又是以出口实绩为条件的，不符合《SCM 协定》第 3 条关于禁止实施出口补贴的规定。该案虽然成立了专家组，但未经专家组裁决，双方达成和解。

DS501 案的涉案产业（航空制造产业）为高技术产业和战略性新兴产业，因而该案属于本书界定的 H 类被诉案件。该案的争议措施是，中国对部分国产飞机的税收优惠政策（对空载重量在 25 吨以下的进口飞机征收 17% 的增值税，但对 ARJ21、运十二等同规格的国产支线飞机却予以免征）。美方认为，争议措施为国产飞机提供了比进口飞机更优惠的待遇，违反了 GATT1994 第 3.2 条和第 3.4 条，即“国内税和国内法规的国民待遇”。截至 2019 年 7 月，WTO 秘书处并没有公布该案的新进展。但美国贸易代表办公室在 2016 年 10 月宣布，中国取消了这些免税政策。也就是说，该案已在双方磋商后和解。

DS511 案涉案政策的标题中含有相关字段②，属于本书界定的 C 类被诉案件。该案的争议措施是，中国向农业生产者（特别是小麦、稻谷和玉米的生产者）提供的国内支持。美方认为，中国在 2012—2015 年向小麦、稻谷和玉米的生产者所提供的市场价格支持（MPS）超过了中国在《中国加入工作组报告书》中所承诺的农业生产总值 8.5% 的微量免除水平，违反了《农业协定》第 3.2 条、第 6.3 条、第 7.2 条关于对农业生产者的国内支持的规定。该案的专家组报告在 2019 年 2 月发布。经专家组裁定，中国在 2015 年之前已经撤销了对玉米的相关支持措施，但中国对小麦、稻谷的价格支持政策违反了其在《农业协定》第 3.2

① 《关于做好顺德区 2013 年外贸转型升级示范基地建设资金使用管理工作的通知》，广东省佛山市顺德区经济和科技促进局，顺经发〔2013〕62 号；《宝安区关于促进产业转型升级加快转变经济发展方式的实施意见》，广东省深圳市宝安区科技创新局；《关于做好 2014 年度外经贸发展专项资金外贸公共服务平台项目申报工作的预通知》，广东省佛山市南海区经济和科技促进局；关于印发《珠海市扩大进口专项配套资金管理办法》的通知，珠海市科技工贸和信息化局、珠海市财政局（珠科工贸信〔2012〕1145 号）。

② 《中共中央、国务院关于加快推进农业科技创新持续增强农产品供给保障能力的若干意见》（中发〔2012〕1 号，2011 年 12 月 31 日发布）；《中共中央、国务院关于加大改革创新力度加快农业现代化建设的若干意见》（中发〔2015〕1 号，2015 年 2 月 1 日发布）。

条、第 6.3 条下的义务。

DS519 案涉案政策的标题中含有相关字段①，属于本书界定的 C 类被诉案件。该案的争议措施是，中国对原铝生产商提供的支持。美方认为，中国政府通过政策性银行与商业银行向原铝生产商提供低于市场利率的贷款及其他融资支持，以及提供低价煤炭、氧化铝和电力的措施，构成了专向性补贴，并对美方造成了不利影响，违反了《SCM 协定》关于可诉补贴的规定。截至 2019 年 7 月，该案仍在磋商中。

DS542 案涉及知识产权保护问题，涉案政策的标题中也含有相关字段②，属于本书界定的 C 类、I 类被诉案件。该案的争议措施是，中国有关外国技术向中国转让的政策措施。美方认为，在技术转让合同到期后，中国不承认外国专利持有人针对中国合资方执行其专利权的权利，中国还针对进口外国技术制定了歧视性的强制合同条款，剥夺了外国知识产权持有人在中国保护其知识产权的权利，也剥夺了其在知识产权许可和其他技术合同中自由谈判以市场为基础的条款的权利，使得对外国知识产权权利人提供的待遇低于中国知识产权权利人，因而违反了《TRIPS 协定》第 3 条规定的国民待遇义务，也不符合《TRIPS 协定》第 28.2 条关于专利所有权人有权转让或转移其专利的规定。该案已于 2019 年 1 月成立专家组。

DS549 案涉及知识产权保护问题，涉案的部分政策由中国科技管理部门制定③，部分政策的标题中也含有相关字段④，属于本书界定的 G 类、C 类、I 类被诉案件。欧盟在磋商请求中申诉的有关技术转让的科技创新政策措施共有 14 项，

---

① 《关于商业银行改善和加强对高新技术企业金融服务的指导意见》（银监发〔2006〕94 号）。

② 《中华人民共和国技术进出口管理条例》（2011 年 1 月修订）。

③ 商务部、国家发展改革委、科技部、财政部等《关于鼓励技术引进和创新，促进转变外贸增长方式的若干意见》（商服贸发〔2006〕13 号）；工业和信息化部、国家发展改革委、科技部关于印发《汽车产业中长期发展规划》的通知（工信部联装〔2017〕53 号）；《中国禁止出口限制出口技术目录》，商务部、科技部令 2008 年第 12 号；商务部、科技部《关于鼓励技术出口的若干意见》（商服贸发〔2009〕第 584 号）。

④ 《国家中长期科学和技术发展规划纲要（2006—2020 年）》（国发〔2005〕第 044 号）；《中华人民共和国技术进出口管理条例》（2011 年 1 月修订）；《技术进出口合同登记管理办法》，中华人民共和国商务部令 2009 年第 3 号；《最高人民法院关于审理技术合同纠纷案件适用法律若干问题的解释》，2004 年 11 月 30 日由最高人民法院审判委员会第 1335 次会议通过，自 2005 年 1 月 1 日起施行；国务院办公厅关于印发《知识产权对外转让有关工作办法（试行）》的通知（国办发〔2018〕19 号）；《中华人民共和国技术进出口管理条例问答》，国务院法制办公室财政金融法制司，中信出版社 2002 年 4 月出版；《关于禁止滥用知识产权排除、限制竞争行为的规定》，2015 年 4 月 7 日国家工商行政管理总局令第 74 号公布；《中国禁止进口限制进口技术目录》（修订后），商务部令 2007 年第 7 号；国家发展改革委、财政部、商务部关于印发《鼓励进口技术和产品目录（2016 年版）》的通知（发改产业〔2016〕1982 号）；《中华人民共和国科学技术进步法》，中华人民共和国主席令（十届第 82 号）。

包括《国家中长期科学和技术发展规划纲要（2006—2020年）》（国发〔2005〕第044号）、《中华人民共和国技术进出口管理条例》（2011年1月修订）、《知识产权对外转让有关工作办法（试行）》（国办发〔2018〕19号）、《关于鼓励技术出口的若干意见》（商服贸发〔2009〕第584号）、《中华人民共和国科学技术进步法》等。该案的争议措施是，中国有关外国技术向中国转让的政策措施。欧方认为，这些措施限制了外国专利持有人的专有权利，因而违反了《TRIPS协定》第28.1条（a）项和（b）项的规定；限制了外国专利持有人转让或以继承方式转移其专利并订立许可合同的权利，因而违反了《TRIPS协定》第28.2条；没有对未披露信息的外国知识产权持有人提供有效的保护，因而违反了《TRIPS协定》第39.1条和39.2条的规定；没有给予外国知识产权持有人与本国国民同样的待遇，因而违反了《TRIPS协定》第3.1条规定的国民待遇义务；要求中外合资企业技术转让协议"期限一般不超过10年"，违反了《TRIPS协定》第33条关于"（专利）可获得的保护期限不得在自申请之日起计算的20年期满前结束"的规定；对于外国投资者在中国投资的权利施加了向与中国合作方的合资企业转让某些技术的前提条件，并对技术转让的类型、条款和条件施加了限制，因而违反了《中国加入议定书》第一部分第7.3条和第1.2条（所并入的《中国加入工作组报告书》第49段和第203段的规定）的承诺。截至2019年7月，该案仍在磋商中。

表4-4　2001—2018年中国科技创新政策被诉WTO争端简表

序号	编号	起诉方	时间	类型	案件简称	争议措施
1	DS309	美国	2004	H	集成电路税收优惠案	给予集成电路产业的增值税退税政策
2	DS362	美国	2007	I	知识产权保护与执法案	知识产权刑事处罚门槛、海关对没收的侵权货物的处置规定、《著作权法》关于未获许可出版传播的作品不受法律保护的规定
3	DS387	美国	2008	G、C	名牌项目出口补贴案	与"中国世界名牌"项目、"中国出口名牌"项目有关的补贴措施
	DS388	墨西哥				
	DS390	危地马拉				
4	DS419	美国	2010	H	风能措施案	鼓励风能发展的资金扶持措施

续表

序号	编号	起诉方	时间	类型	案件简称	争议措施
5	DS450	美国	2012	G、C	汽车出口补贴案	鼓励汽车和汽车零部件出口的政策
6	DS451	墨西哥	2012	G、C	纺织品服装补贴案	鼓励纺织品、服装生产和出口的政策
7	DS489	美国	2015	G	示范基地与公共服务平台补贴案	通过示范基地和公共服务平台项目鼓励出口的政策
8	DS501	美国	2015	H	国产飞机税收优惠案	对部分国产飞机免征增值税的措施
9	DS511	美国	2016	C	农业生产国内支持案	针对部分农产品国内生产的支持政策
10	DS519	美国	2017	C	原铝补贴案	鼓励原铝生产的扶持措施
11	DS542	美国	2018	C、I	知识产权保护案	有关技术转让的措施
12	DS549	欧盟	2018	G、C、I	技术转让案	有关技术转让的措施

资料来源：根据中国商务部及 WTO 网站相关资料整理。

除主要扶持高技术产业和战略性新兴产业的被诉案件 DS309 案（据磋商请求，共 6 项政策）、DS419 案（据磋商请求，共 1 项政策）、DS501 案（据磋商请求，共 4 项政策）和针对特定知识产权保护问题的 DS362 案（据磋商请求，约 15 项政策）以外，主要被诉的科技创新政策共有 33 项（见本书附录 2）。如果加上前述 4 个案件的政策，共有 59 项政策被诉。

（三）中国科技创新政策被诉的特征与规律

第一，科技创新政策被诉案件占据较大比例。按原始数目计算，自中国加入 WTO 到 2018 年底，中国被诉案件共有 43 件，其中科技创新政策被诉案件共 14 件，占比 33%。按相同案件合并后的数目计算，中国被诉案件共有 32 件，其中科技创新政策被诉案件共有 12 件，占比 38%。总体来看，在中国所有被诉案件中，涉及科技创新政策的案件占到了 1/3。

第二，被诉的频率迅速提高。从中国加入 WTO 到 2018 年底，将时间分成两段：2001 年至 2009 年，中国科技创新政策被诉案件共 3 件；2010 年至 2018 年，中国科技创新政策被诉案件共 9 件。特别是自 2015 年以来的科技创新政策被诉案件达到 6 件，占总数的一半，每年都有被诉案件。其中的原因可能有三方面：一是 2001 年至 2006 年的五年间为中国加入 WTO 过渡期，中国所受的 WTO 规则约束要比 2006 年以后弱，同时其他成员对中国也相对“宽容”。二是随着中国经济和贸易体量的迅速上升，中国国内政策对于其他国家产生的外溢影响自然就会逐渐增加，从而引发与其他成员之间的贸易争端。三是由于中国科技实力和产业竞争力的迅速提升，其他国家（特别是发达经济体）对中国科技创新的关注度大幅提升，并对于中国科技创新政策的合规性问题提出了较多的质疑和争议。

第三，中央和地方层面的科技创新政策均有涉案。除了中央政府层面发布的科技创新政策外，多个地方发布的科技创新政策也出现在被诉案件中。例如，在 DS387/388/390 案中，黑龙江省、贵州贵阳市以及广东佛山市的科技创新政策被诉；在 DS450 案中，福建厦门市的科技创新政策被诉；在 DS489 案中，广东省珠海市及深圳市和佛山市部分地区的科技创新政策被诉。

第四，被诉案件绝大部分由美国发起。在中国加入 WTO 以来所有的 32 起被诉案件（合并后）中，由美国发起的有 23 起，占 72%；按照合并前计算，中国加入 WTO 以来的 43 起被诉案件中，由美国发起的共有 23 起，占 53%。而从科技创新政策被诉案件来看，按照合并前计算，12 起案件中由美国发起的共有 10 起，占 83%；按照合并前计算，14 起案件中由美国发起的共有 10 起，占 71%。由此可见，在中国科技创新政策被诉案件中，美国作为起诉方的比例更高。这可能是由于中美两国在科技创新领域越发激烈的竞争，以及美国对于中国科技创新的高度关注。从中国被诉案件来看，这也直接反映在美国对中国高技术产业和战略性新兴产业（DS309 案的集成电路产业、DS419 案的风能产业、DS501 案的航空制造产业）以及中国知识产权保护（DS362 案的知识产权保护、DS542 案的技术转让问题）的关注上。

第五，被诉案件的规则领域较为集中。在所有的 12 起被诉案件中，规则领域却较为集中，分布在补贴、基本原则、知识产权和《农业协定》四个领域（见表 4－5）。其中，有 6 起案件涉及补贴规则，4 起案件涉及基本原则，3 起案件涉及知识产权规则，2 起案件涉及《农业协定》。事实上，在 DS387/388/390 案中，起诉方提出作为申诉规则依据的《农业协定》第 3 条、第 8 条、第 9 条和第 10 条均是有关农业出口补贴的规则，而 DS511 案中作为申诉规则依据的《农业协定》第 3.2 条、第 6.3 条、第 7.2 条则是有关农业生产国内支持的规则，在广义上也属于农业生产补贴。因此，加入 WTO 以来中国科技创新政策被诉案件的规则领域实际全部分布在三个领域：补贴、基本原则和知识产权。其中基本原则主要是国民待遇原则。而从中国科技创新政策体系的实际制定情况来看，补贴问题、国民待遇问题和知识产权保护问题也是中国科技创新政策与 WTO 协调的重点问题。

表 4-5　中国科技创新政策被诉案件的分类

起诉方		政策类型		规则领域	
分类	案件数	分类	案件数	分类	案件数
美国	10	C	7	补贴	6
墨西哥	2	G	5	基本原则	4
欧盟	1	H	3	知识产权	3
危地马拉	1	I	3	农业协定	2

此外，中国科技创新政策被诉案件还显示出，中国加入 WTO 时单独作出的承诺，越来越成为其他成员对中国提起诉讼时的依据。由于《中国加入议定书》和《中国加入工作组报告书》中提及的承诺属于中国所加入的《WTO 协定》的组成部分，因而对于中国具有同样的约束力。而其中也有部分承诺会对中国科技创新政策构成约束。例如，在 DS542 案和 DS549 案，美国和欧盟在磋商请求中就援引了《中国加入议定书》第 7.3 条中“中国应保证国家和地方各级主管机关对……投资权的任何其他批准方式，不以……技术转让、出口实绩或在中国进行研究与开发等为条件”、《中国加入工作组报告书》第 49 段中“技术转让的条款和条件、生产工序或其他专有知识，特别是在投资的过程中，只需经投资方议定”和《中国加入工作组报告书》第 203 段中“进口和投资的分配、许可或权利将不以国家或地方各级主管机关所规定的实绩要求为条件，或受到诸如进行研究、提供补偿或其他形式的产业补偿，包括规定类型或数量的商业机会、使用当地投入物或技术转让等间接条件的影响”等内容，指控中国鼓励技术转让的政策违反了这些承诺。又如，《中国加入工作组报告书》第 46 段作出的“中国将保证所有国有和国家投资企业仅依据商业考虑进行购买和销售，……中国政府将不直接或间接地影响国有企业或国家投资企业的商业决定，包括关于购买或销售的

任何货物的数量、金额或原产国”的承诺，将对中国鼓励国有企业优先购买国内创新产品的政策形成约束。

二、中国科技创新政策与 WTO 规则协调的重点问题

WTO 中大量的协定和条款均可能对中国的科技创新政策产生约束。包括非歧视原则（国民待遇原则和最惠国待遇原则）及《SCM 协定》《TRIPS 协定》《TBT 协定》《SPS 协定》《TRIMs 协定》《农业协定》等。但从规则的相关程度和前述被诉案件的实际情况来看，中国科技创新政策与 WTO 规则协调的重点问题主要集中在补贴、国民待遇和知识产权三个方面。

（一）补贴问题

由于《SCM 协定》对补贴的定义范围较宽，中国很多类型的科技创新政策都符合其所界定的补贴。根据《SCM 协定》第 1.1 条，如果存在“由政府或任何公共机构提供的财政资助”并“因此而授予一项利益”，就应视为存在补贴。大部分科技创新政策都是由政府直接或间接实施的，政策实施对象往往也会获得市场条件下所无法获得的利益。因此，一项科技创新政策是否构成补贴，主要取决于其是否属于“财政资助”。《SCM 协定》第 1.1 条（a）（1）项定义的“财政资助”主要有三类：第一类是“资金的直接转移（如赠款、贷款和投股）、潜在的资金或债务的直接转移（如贷款担保）”；第二类是“放弃或未征收在其他情况下应征收的政府税收（如税收抵免之类的财政鼓励）”；第三类是“政府提供除一般基础设施外的货物或服务，或购买货物”。从科技创新政策类别来看，科技计划一般构成“赠款”，因而属于第一类财政资助；科技税收政策（如研发费用加计扣除、高新技术企业税收优惠）构成“放弃或未征收应征收的政府税收”，因而属于第二类财政资助；科技金融政策（如科技信贷）往往构成“贷款和投股”“贷款担保”等，因而属于第一类财政资助；创新产品政府采购政策构成“政府购买货物”，因而属于第三类财政资助；科技规划往往包含多种类型的政策措施表述，因而可能同时涉及三类财政资助。例如，在 DS519 案中，涉案的《关于商业银行改善和加强对高新技术企业金融服务的指导意见》（银监发〔2006〕94 号）规定，对某些企业“给予信贷支持”，就构成第一类财政资助；在 DS451 案中，涉案的《实施〈国家中长期科学和技术发展规划纲要（2006—2020 年）〉若干配套政策》（国发〔2006〕6 号）规定，高新区内的高新技术企业“自获利年度起两年内免征所得税，两年后减按 15% 的税率征收企业所得

税”，构成了第二类财政资助；在 DS387/388/390 案中，涉案的《关于扶持出口名牌发展的指导意见》（商贸发〔2005〕124 号）规定，对名牌出口企业给予“优先政府采购、优先安排使用技术更新改造项目贷款贴息资金和出口产品研究开发资金”，则构成了第三类和第一类财政资助。

并非所有的补贴都受《SCM 协定》管辖，根据《SCM 协定》第 1.2 条的规定，只有专向性补贴才受其约束。因此，只有构成专向性补贴的科技创新政策才会存在与补贴规则协调的问题。根据《SCM 协定》第 2 条和第 3 条的规定，专向性补贴分为两种。第一种是禁止性补贴，包括出口补贴和进口替代补贴。第二种是一般意义上的专向性补贴。

《SCM 协定》禁止各成员实施出口补贴或进口替代补贴。《中国加入议定书》第 10.3 条也承诺自加入时起取消所有这类补贴。因此，构成出口补贴或进口替代补贴的科技创新政策是违规的。《SCM 协定》第 3.1 条所定义的出口补贴是“法律或事实上视出口实绩为惟一条件或多种其他条件之一而给予的补贴”，进口替代补贴是“视使用国产货物而非进口货物的情况为惟一条件或多种其他条件之一而给予的补贴”。在中国科技创新政策被诉案件中，DS387/388/390 案、DS450 案、DS451 案、DS489 案涉及出口补贴问题，DS419 案和 DS451 案涉及进口替代补贴问题。例如，在 DS387/388/390 案中，黑龙江省科技厅参与制定的《黑龙江省关于扶持出口名牌发展的指导意见》（黑商联发〔2006〕1 号）规定，从黑龙江省外贸发展金中安排专项资金对“省级出口名牌”给予奖励，而其“省级出口名牌”的评定条件中存在“上年度出口额不低于 500 万美元”等出口实绩要求，从而构成了明显的出口补贴；在 DS419 案中，《风力发电设备产业化专项资金管理暂行办法》（财建〔2008〕476 号）规定，中央财政安排专项资金支持风力发电设备产业化，同时要求申请该资金的企业必须符合“风电机组配套的叶片、齿轮箱、发电机由中资或中资控股企业制造”“风电机组在国内完成生产、安装、调试”等条件，则存在构成进口替代补贴的风险。

对于一般意义上的专向性补贴，《SCM 协定》第 2 条作出了界定。《SCM 协定》第 2.1 条（a）项规定，“如授予机关或其运作所根据的立法将补贴的获得明确限于某些企业，则此种补贴应属专向性补贴”；第 2.1 条（b）项规定，如果存在“有限数量的某些企业使用补贴计划、某些企业主要使用补贴、给予某些企业不成比例的大量补贴”等因素，就有理由认为该补贴可能事实上属于专向性补贴；第 2.2 条规定，“限于授予机关管辖范围内指定地理区域的某些企业的补贴属于专向性补贴”。这三种类型的专向性一般被简称为“法律专向性”“事实专向性”和“地区专向性”。因此，如果科技创新政策提供的补贴存在以上任何一种专向性，就会被认定为专向性补贴，进而受到《SCM 协定》的约束。由于中国出台的一些科技创新政策往往以扶持某些产业或企业为目标，很容易引发被认定为专向性的风险。例如，在 DS451 案中，《国家中长期科学和技术发展规划纲要（2006—2020 年）》（国发〔2006〕6 号）规定，对于“国家高新技术产业开发区内新创办的高新技术企业”实施所得税优惠，就很容易被认定为存在法律专向性和地区专向性；在 DS519 案中，《关于商业银行改善和加强对高新技术企业金融服务的指导意见》（银监发〔2006〕94 号）规定，对“电子与信息、现代农业、生物工程和新医药、新材料及应用、先进制造、航空航天”等行业的企业积极给予信贷支持，也很容易被认定为具有法律专向性。此外，根据《中国加入议定书》第 10.2 条的规定，“对国有企业提供的补贴将被视为专向性补贴，特别是在国有企业是此类补贴的主要接受者或国有企业接受此类补贴的数量异常之大的情况下”。据此，如果中国某项科技创新政策主要对国有企业提供利益，该政策就直接构成专向性补贴。

《SCM 协定》并不直接禁止一般意义上的专向性补贴，而是在第 5 条要求其“不得对其他成员的利益造成不利影响”。第 5 条同时界定了“不利影响”的范围，包括“损害另一成员的国内产业”“使其他成员在 GATT1994 项下直接或间接获得的利益丧失或减损”或“严重侵害另一成员的利益”。对“损害”的分析主要关注的是受补贴产品在起诉方进口市场中的影响，对“严重侵害”的分析则集中在补贴产品对于起诉方出口利益的影响，“利益丧失或减损”指的是，一成员认为，作为另一成员关税约束的结果，它本应获得的改善的市场准入机会，因为另一成员补贴的影响而受到削弱。① 也就是说，在 WTO 争端中，申诉方对一般意义上的专向性补贴的指控还需要证明存在“不利影响”。因此，即便科技创新政策被认定为一般意义上的专向性补贴，也并不意味着该政策必然违规。如果要判定该政策违规，还需要确定相应的补贴对申诉方的利益造成了不利影响。例如，在 DS451 案中，墨西哥就申诉称，中国对纺织品服装提供的补贴替代或阻碍了墨西哥同类产品向美国的出口，并在美国市场上造成了大幅的“价格削低、价格抑制、价格压低与销售损失”，从而对墨西哥造成了不利影响；在 DS519 案

① 世界贸易组织秘书处. 乌拉圭回合协议导读［M］. 北京：法律出版社，2000：143.

中，美国则申诉称，中国对原铝生产商提供的补贴具有专向性，并对美国的利益造成了不利影响。由于这两起争端均未设立专家组，无法查证是否确实存在不利影响。但一般来说，只要双方产业之间存在明显的竞争关系，补贴造成的“不利影响”是较容易证明的。而申诉方之所以提起诉讼，原因往往就是本国产业已经受到了损害或损害威胁。

另外需要说明的是，科技创新政策中的研发补贴政策（如对企业研发活动提供的补助），虽然属于《SCM 协定》第 8 条所规定的“不可诉补贴”，但由于该条款已经在 1999 年失效，因此研发补贴也属于可诉补贴的范围。

综合以上分析，由于 WTO 对补贴的定义涵盖范围较广，中国很多类型的科技创新政策都属于补贴，进而面临与补贴规则协调的问题。第一，构成出口补贴或进口替代补贴的科技创新政策是违规的。第二，构成一般意义上的专向性补贴的科技创新政策，如果对其他成员的利益造成了不利影响，也会被认定为违规。第三，随着受科技创新政策支持的国内产业的竞争力增强，很容易对其他 WTO 成员的同类产业造成竞争压力（进而产生“不利影响”），而由于中国一些科技创新政策往往以特定产业或企业为扶持目标，较容易被认定为具有专向性，进而带来违规风险。而避免这些科技创新政策违规的关键是避免专向性，即防止政策的支持对象局限于某些产业、某些企业、某些地区或国有企业。

（二）国民待遇问题

国民待遇作为 WTO 中的一项基本原则，无论在货物、服务还是在知识产权领域，都会对科技创新政策产生约束。WTO 的三个主要协定，即 GATT、GATS 和《TRIPS 协定》，分别规定了货物贸易、服务贸易和知识产权领域的国民待遇原则。相应条款分别是 GATT 第 3 条（“国内税和国内法规的国民待遇”）、GATS 第 17 条（“国民待遇”）、《TRIPS 协定》第 3 条（“国民待遇”）。此外，《TBT 协定》第 2. 1 条、《SPS 协定》第 2. 3 条也规定了实际上的国民待遇原则。《TRIMs 协定》则在第 2 条“国民待遇和数量限制”条款中进一步明确了被 GATT 第 3 条所禁止的措施，要求“各成员不得实施任何与 GATT1994 第 3 条或第 11 条规定不一致的 TRIMs”。简单来说，国民待遇是指，给予其他成员（产品、服务或服务提供者、知识产权持有人）的待遇不得低于给予本国（产品、服务或服务提供者、知识产权持有人）的待遇。如果科技创新政策在 WTO 所管辖的范围内造成了对其他成员产品、服务或服务提供者或知识产权持有人的歧视，就会被认定为违反了相应条款所规定的国民待遇原则。

由于国民待遇的定义相对明确，一旦出台违反国民待遇的政策，就很容易被其他成员发现，进而被诉至 WTO。因此，WTO 每年都会出现一定数量的国民待遇争端。在中国科技创新政策被诉案件中，DS309 案、DS387/388/390 案、DS451 案和 DS501 案均涉及国民待遇原则。

首先，在中国各类科技创新政策中，相对容易违反国民待遇原则的是科技税收政策。根据 GATT 第 3.2 条的规定，WTO 成员对进口自其他成员的产品所征收的国内税不能超过同类国产品。在中国以往支持高技术产业的科技税收政策中，倾向于对国产高技术产品提供税收优惠，如果进口产品没有享受到同等优惠，就很容易被判定为违反 GATT 第 3.2 条。DS309 案与 DS501 案的核心争议措施就是仅针对国产高技术产品的税收优惠政策。在 DS309 案中，中国为鼓励集成电路产业的发展，对部分国产集成电路产品实施增值税退税，却没有对进口集成电路产品实施同样的退税政策。在 DS501 案中，中国对空载重量在 25 吨以下的进口飞机征收 17% 的增值税，但对 ARJ21、运十二等同规格的国产支线飞机却予以免征。这两项措施较明显地违反了 GATT 第 3.2 条，因而中国政府在与申诉方磋商后主动取消了对国产品的税收优惠政策，使得两起争端均没有进入专家组阶段。中国目前的科技税收政策中，仍然存在一些可能被依据 GATT 第 3.2 条起诉的措施。例如，某些政策规定对内外资研发机构采购国产设备全额退还增值税。由于同类的进口设备无法享受到与国产设备同样的增值税退税政策，这类政策一旦被诉，很可能被专家组和上诉机构判定为违反国内税的国民待遇义务。

其次，除科技税收外，影响到产品竞争条件的与科技创新相关的法律法规也存在与国民待遇原则协调的问题。GATT 第 3.4 条规定了国内法规的国民待遇原则，要求“任何缔约方领土的产品进口至任何其他缔约方领土时，在有关影响其国内销售、标价出售、购买、运输、分销或使用的所有法律、法规和规定方面，所享受的待遇不得低于同类国产品所享受的待遇”。其中所指的“法律、法规和规定”（Laws, Regulations and Requirements）涵盖范围较广。WTO 争端裁决中对此也往往倾向于采取广泛的解释。例如，在 1996 年美国诉日本胶卷和相纸进口措施案（DS44）中，专家组认为“法律、法规和规定”既包括广泛的政府措施，也包括可被理解为政府行为的私人措施。因此，对于影响到产品的销售、购买、运输或使用的科技创新政策，也需要确保不在国产品和进口产品之间造成歧视。如果科技创新政策在国产品和进口产品之间造成了不平等的竞争条件，也很可能被认定为违反了 GATT 第 3.4 条。例如，在 DS387/388/390 案中，《关于扶持出口名牌发展的指导意见》（商贸发〔2005〕124 号）中的部分措施就存在违反 GATT 第 3.4 条的嫌疑，如“对符合相关规定的名牌出口企业，质检部门优先予以免检”“鼓励出口名牌到‘百城万店无假货’活动示范店及知名商业企业中销售”，就涉嫌在产品的国内销售等方面，给国产品提供了优于进口产品的待遇。在 DS451 案中，墨西哥在申诉中指出，中国部分支持纺织品服装生产的政策措施（包括对部分地区高新技术企业的支持措施）以使用国产品替代进口产品为条件，因而违反了 GATT 第 3.4 条。实际上，如果相关的支持政策的确是以进口替代为条件，那么对于被“替代”的进口产品来说，在国内销售、兜售、购买、运输、分配或使用等方面，就很可能面临低于国产品的待遇。由于该案没有进一步的专家组或上诉机构裁决，墨西哥的起诉申请中也没有提及具体的政策文件，因而难以判断这些措施是否确实违反 GATT 第 3.4 条。事实上，是否违反 GATT 第 3.4 条是一个相对复杂的问题，判定的关键在于争议措施对市场竞争条件和进口产品竞争力的影响。根据上诉机构在美国诉韩国新鲜、冷藏和冷冻牛肉进口措施案（DS161）中的裁定，在确定进口产品受到的待遇是否低于相似国产品时，需要审查该措施是否改变了相关市场中的竞争条件，以及这种改变是否损害了进口产品的竞争力。①

最后，在服务贸易领域，科技创新政策也要受国民待遇原则的约束。根据 GATS 第 17 条的规定，“每一成员在影响服务提供的所有措施方面给予任何其他成员的服务和服务提供者的待遇，不得低于其给予本国同类服务和服务提供者的待遇”。但服务贸易国民待遇原则产生的约束与货物贸易国民待遇有两点重要的不同，进而也对科技创新政策的合规性产生影响。一是服务贸易国民待遇限于各成员列入服务贸易减让表的部门。因此，科技创新政策需要确保的是，对于作出服务贸易减让承诺的部门，不在国内与进口的服务和服务提供者之间造成歧视性待遇。在中国科技创新政策被诉案件中，DS309 案涉及服务贸易国民待遇的法律争议。美国在磋商中指出，中国对于国内设计国外加工复进口的集成电路产品实施部分增值税退税政策，由此导致对国内的集成电路设计服务提供了比国外集成电路设计服务更优惠的待遇，而集成电路设计服务属于中国承诺开放的“系统设计服务”部门，因而该政策违反了 GATS 第 17 条②。二是服务贸易国民待遇涵盖

① 黄东黎，杨国华. 世界贸易组织法：理论·条约·中国案例［M］. 北京：社会科学文献出版社，2013：169.

② 李成钢. 世贸组织规则博弈：中国参与 WTO 争端解决的十年法律实践［M］. 北京：商务印书馆，2011：282－283.

对外商投资企业的待遇。根据 GATS 对服务贸易的定义，服务贸易共有跨境交付、境外消费、商业存在、自然人移动四种模式。其中的商业存在是指在东道国以商业形式提供服务的方式，相当于外商投资企业在东道国提供服务的行为。因而，GATS 第 17 条所规定的对于“服务提供者”的国民待遇，即包括对于服务贸易承诺开放部门的外商投资企业的国民待遇。对于中国科技创新政策来说，就需要在影响服务提供的措施方面，避免在外商投资企业和同类本土企业之间造成差别待遇。特别是，随着数字经济的迅速发展，人工智能、云计算、区块链等新技术和新产业具有明显的服务特征，在制定相应的支持政策时，尤其需要注意与服务贸易国民待遇原则的协调。

值得注意的是，GATT 第 3.8 条规定了国民待遇的两项例外。而中国科技创新政策是否可以利用这两项例外，规避国民待遇原则的约束，显然值得探讨。

一是补贴的例外。GATT 第 3.8 条（b）项规定，“本条的规定不阻止仅给予国内生产者的补贴的支付，包括自以与本条规定相一致的方式实施的国内税费所得收入中产生的对国内生产者的支付和政府购买国产品所实行的补贴”。根据该条款，补贴属于货物贸易国民待遇的例外。也就是说，WTO 成员如果以 GATT 第 3.8 条规定的方式实施补贴，可以不受 GATT 第 3 条国民待遇原则的约束。但实际上，该条款所创造的规避国民待遇原则的空间并不大。首先，该条款所规定的“仅给予国内生产者的补贴的支付”的内涵较窄。在 GATT 时期的加拿大诉美国麦芽酒案中，专家组在裁决报告中指出，“补贴的支付”只指涉及支付的直接补贴，不指诸如税收抵免或税收降低这样的其他补贴，因而与第 3.2 条不一致的税收抵免和税率降低不包括在第 3.8 条（b）项中，也就是说，第 3.8 条（b）项提供的例外仅限于收取税收后的“支付”或与总协定第 3 条一致的支付①。在日本、欧共体和美国诉印尼汽车案（DS54/55/59/64）中，专家组作出了类似的裁决，认为，第 3.8 条（b）项明确了政府可利用进口产品和国内产品的税收向国内生产商提供补贴，但“仅给予国内生产者的补贴的支付”一词的存在，目的是确保只有提供给生产商的补贴而不是产品的税收或其他歧视，才视为第 3.8 条（b）项目的上的补贴，因此，第 3.8 条（b）项应解释为：如果对生产商补贴的利益来自间接税收，则必须先存在非歧视性的征税；补贴必须直接向生产商

① 韩立余．GATT/WTO 案例及评析 1948—1995［M］．北京：中国人民大学出版社，2002：283.

提供[①]。因此，本书认为，如果 DS309 案和 DS501 案成立专家组，中国即便援引第 3.8 条（b）项，以对国产集成电路产品和国产飞机实施的增值税退税属于补贴为由实施抗辩，也很难获得专家组支持，因为这种补贴并不是直接向生产商支付的，仍然构成了歧视性的征税。其次，属于第 3.8 条（b）项所规定的补贴仍然要受到《SCM 协定》的约束。在 GATT 时期的加拿大诉美国麦芽酒案中，专家组认为，第 3.8 条（b）项只是澄清了第 1 款至第 7 款中与产品相关的规则“不阻止仅给予国内生产者的补贴的支付”[②]。在日本、欧共体和美国诉印尼汽车案（DS54/55/59/64）中，专家组指出，GATT 第 3 条和《SCM 协定》可能在某些措施方面重叠，但两套规定具有不同的范围和目的，也提供不同的救济、不同的争端解决时间限制和不同的实施要求，即便适用 GATT 第 3 条，也不会使《SCM 协定》无效[③]。也就是说，仅给予国内生产者的补贴虽然可以豁免国民待遇义务，但这些补贴仍然需要保持与《SCM 协定》的协调，既不能实施禁止性补贴，也不能通过专向性补贴对其他成员的利益造成不利影响。总体来看，中国实施的科技创新政策很难利用 GATT 第 3.8 条（b）项来规避 WTO 规则的管辖，不能实施歧视性的科技税收政策（税收优惠、税收抵免等），以其他形式提供的补贴也仍然要受到补贴规则的约束。

二是政府采购的例外。GATT 第 3.8 条（a）项规定，“本条的规定不得适用于政府机构购买供政府使用、不以商业转售为目的或不以用以生产供商业销售为目的的产品采购的法律、法规或规定”。GATS 第 13 条同样也规定，第 17 条（即“国民待遇”条款）“不得适用于管理政府机构为政府目的而购买服务的法律、法规或要求”。也就是说，政府购买供自用的货物或服务，不必受国民待遇原则的约束。虽然《政府采购协定》（GPA）第 3 条将国民待遇引入了政府采购领域，在第 3.1 条（a）项规定，“对于本协定涵盖的有关政府采购的所有法律、法规、程序和做法，每一参加方应立即无条件地对其他参加方的产品、服务或提供产品或服务的其他参加方的供应商提供不低于……给予国内产品、服务和供应商的待遇”，但 GPA 是诸边贸易协定，仅适用于加入该协定的成员。截至 2019 年 7 月，中国并没有加入 GPA，在政府采购领域不需要遵守国民待遇原则。因此，理论上看，中国通过政府采购促进国内科技创新的政策也不需要遵守国民待遇原

①③ 韩立余 . WTO 案例评析 1995—1999［M］. 北京：中国人民大学出版社，2001：141－151.

② 韩立余 . GATT/WTO 案例及评析 1948—1995［M］. 北京：中国人民大学出版社，2002：282－283.

则。以在2010年前后引发较大争议的中国自主创新产品政府采购政策为例。2009年科技部、发改委、财政部联合下发《关于开展2009年国家自主创新产品认定工作的通知》之后，立即引发了美欧等大量在华商业团体和外国政府的抗议。2011年中国主动停止执行《自主创新产品政府采购预算管理办法》《自主创新产品政府采购评审办法》《自主创新产品政府采购合同管理办法》等文件。此后国务院办公厅也发布《关于深入开展创新政策与提供政府采购优惠挂钩相关文件清理工作的通知》（国办发明电〔2011〕41号），要求各地和各部门停止执行规范性文件中关于创新政策与提供政府采购优惠挂钩的措施。2016年底国务院办公厅又发布《关于进一步开展创新政策与提供政府采购优惠挂钩相关文件清理工作的通知》（国办函〔2016〕92号），要求再开展一次清理工作。虽然中国主动中止了该项政策的实施，但理论上看，中国自主创新产品政府采购政策并不违反GATT或GATS的国民待遇原则，也不受GPA国民待遇义务的约束。中止该项政策是综合考量经贸与政治、外交多重因素后的决策。此外，美欧等发达经济体仅是通过双边渠道与中国展开磋商，也并未将该政策诉诸WTO争端解决。

综合以上分析，中国科技创新政策中的科技税收与相关法律法规方面，也面临与国民待遇原则协调的问题。第一，在货物贸易方面，无论是科技税收政策，还是影响产品国内销售、购买、分销和使用的科技创新相关法律法规，都需要避免在进口产品与国产品之间造成歧视。第二，在服务贸易方面，对于中国做出减让承诺的服务部门，科技创新政策要避免对其他成员的服务或服务提供者给予歧视性待遇。第三，在理论上，中国难以利用补贴例外规避国民待遇原则对科技税收政策的约束。第四，在实际中，中国也较难利用政府采购例外实施自主创新产品政府采购政策。

（三）知识产权问题

知识产权是科技创新政策中的一项重要内容，而《TRIPS协定》专门规制与贸易有关的知识产权问题，因此中国科技创新政策必须要考虑与《TRIPS协定》协调的问题。

与补贴和国民待遇问题不同的是，在知识产权问题上的协调需要考虑《TRIPS协定》的绝大部分条款。首先是《TRIPS协定》第一部分所规定的基本原则。尤其是其第3条（“国民待遇”）规定，在知识产权保护方面，“每一成员给予其他成员国民的待遇不得低于给予本国国民的待遇”。其次是第二部分所规定的七类知识产权（版权和相关权利、商标、地理标识、工业设计、专利、集成电路布图设计、未披露信息）的实体性权利，包括知识产权的效力、范围和使用的标准。最后是第三部分所规定的“知识产权的实施”，即各成员应向知识产权权利人提供的法律程序和补救措施。《TRIPS 协定》规定了知识产权保护的最低标准，但各成员可以实施超过《TRIPS 协定》范围和水平的保护。而对于中国科技创新政策来说，与《TRIPS 协定》的协调重点仍然是前述三项的最低保护标准，即给予其他成员国民不低于本国国民的待遇、授予不低于最低标准的实体性权利、提供不低于最低标准的法律程序和补救措施。

在中国科技创新政策被诉案件中，DS362 案、DS542 案、DS549 案的核心争议就是知识产权问题。从这三起争端以及近年来相关政策的国际摩擦中可以看出，中国科技创新政策与《TRIPS 协定》的协调主要集中在三大类政策上。

第一类是知识产权保护的法律法规。这一类问题的核心争议在于，中国的知识产权保护是否达到了《TRIPS 协定》规定的最低标准。由于《TRIPS 协定》对最低保护标准的要求集中在第二部分的实体性权利和第三部分的程序性权利上，因而，这类问题被诉的依据往往集中在《TRIPS 协定》第二部分和第三部分的条款上。首先是中国对各类知识产权赋予的效力和范围是否达到了最低标准。例如，在 DS549 案中，欧盟指控中国在合营企业技术转让所提供的专利保护没有达到《TRIPS 协定》的要求，因为《中外合资经营企业法实施条例》第 43 条第（3）项规定，合营企业订立的技术转让协议“期限一般不超过 10 年”，而《TRIPS 协定》第 33 条规定，专利“可获得的保护期限不得在自申请之日起计算的 20 年期满前结束”。其次是中国向知识产权权利人提供的法律程序和补救措施是否达到了最低标准。例如，在 DS362 案中，美国指控中国海关处置侵权货物的方式没有达到《TRIPS 协定》的要求，因为中国海关处置侵犯商标权的货物的方式中，有一种是清除侵权商标后拍卖，而《TRIPS 协定》第 46 条规定“对于冒牌货，除例外情况外，仅除去非法加贴的商标并不足以允许该货物放行进入商业渠道”。WTO 在该问题上支持了美方的立场，而中国为遵守裁决修订了《知识产权海关保护条例》。

第二类是涉及技术转让的政策。鼓励技术转让的政策并不属于知识产权保护制度，但在表面上，却可能在国外知识产权和国内知识产权之间构成并不相同的保护环境，因而需要考虑与《TRIPS 协定》协调的问题。例如，在 DS542 案中，美方在磋商请求中提出，《中华人民共和国技术进出口管理条例》（2011 年 1 月修订，以下简称《条例》）中的三项条款使得对外国知识产权权利人提供的待遇低于中国知识产权权利人，因而违反了知识产权保护的国民待遇义务，也不符合《TRIPS 协定》第 28.2 条关于专利所有权人有权转让或转移其专利的规定。具体来说：《条例》第二十四条规定，“技术进口合同的受让人按照合同约定使用让与人提供的技术，侵害他人合法权益的，由让与人承担责任”，而《中华人民共和国合同法》（以下简称《合同法》）在技术合同章节的第三百五十三条规定，“受让人按照约定实施专利、使用技术秘密侵害他人合法权益的，由让与人承担责任，但当事人另有约定的除外”；《条例》第二十七条规定“在技术进口合同有效期内，改进技术的成果属于改进方”，而《合同法》第三百五十四条规定，“当事人可以按照互利的原则，在技术转让合同中约定实施专利、使用技术秘密后续改进的技术成果的分享办法。没有约定或者约定不明确，依照本法第六十一条的规定仍不能确定的，一方后续改进的技术成果，其他各方无权分享”；《条例》第二十九条规定“技术进口合同中，不得含有……限制受让人改进让与人提供的技术或者限制受让人使用所改进的技术……的限制性条款”，而在《合同法》和其他相关法律中并没有对一般的技术转让合同规定类似的限制。因此，一方面《条例》中的这三项条款与《合同法》的规定存在冲突，有违《合同法》意思自治的原则，[①] 另一方面也构成了对国内知识产权权利人与外国知识产权权利人之间差别待遇的嫌疑。2019 年 3 月中国对《条例》进行了修订，删除了这三项条款中的争议内容。又如，在 DS549 案中，欧盟在磋商请求中申诉了大量有关技术转让的政策措施，认为中国在中外合资企业、新能源汽车制造、外商投资农作物种子企业、技术进出口等领域干预了企业之间的技术转让，对外国投资者自由决定技术转让或自由谈判技术合同等造成了限制。其中被诉的《中华人民共和国科学技术进步法》第二十二条规定，“国家鼓励根据国家的产业政策和技术政策引进国外先进技术、装备”，就可能构成欧盟在磋商中指出的“对技术转让的干预”。

第三类是涉及自主创新的部分政策。虽然在 WTO 中还未出现此类争端，但某些鼓励自主创新的政策也可能存在与《TRIPS 协定》协调的问题。如果相关政策将“国内企业、机构或个人取得的知识产权”或者“在中国境内取得的知识产权”作为支持“自主创新”的标准，并据此出台支持措施，就很可能引发有

① 何菁，蔡海莹.《技术进出口管理条例》修订的分析和意义［EB/OL］. 搜狐网，http://www.sohu.com/a/302919390_120056427，2019-03-21［2019-10-05］.

关这类措施是否在不同来源的知识产权之间造成差别待遇的争议。例如，在中国自主创新产品政府采购政策中，政府采购的市场准入将知识产权归属作为首要前提。《国家自主创新产品申报说明（2009 年度）》规定，产品具有自主知识产权是指在中国拥有知识产权所有权，或者依法通过受让取得的中国企业、事业单位或公民在中国拥有知识产权的所有权或使用权，产品具有自主品牌则要求产品销售使用的商标初始注册地应为中国境内。有文献认为，其他国家可以依据《TRIPS 协定》第 3 条和第 27 条对该政策提起诉讼，因为该政策导致拥有外国知识产权的产品无法进入中国政府采购市场，违反了知识产权的国民待遇义务和第 27 条规定的"对于专利的获得和专利权的享受不因发明地点、技术领域、产品是进口的还是当地生产的而受到歧视"。《中华人民共和国科学技术进步法》第二十五条规定，"对境内公民、法人或者其他组织自主创新的产品、服务或者国家需要重点扶持的产品、服务，在性能、技术等指标能够满足政府采购需求的条件下，政府采购应当购买"，也引起了同样的争议。在 2019 年的中美经贸磋商中，美方指出，这涉及对不同来源的技术构成的歧视性待遇。由于这类问题并没有经过 WTO 专家组或上诉机构的裁决，因而相关政策是否违反《TRIPS 协定》并没有定论。但其中关键的问题在于，对于《TRIPS 协定》第 3 条和第 27 条中的"影响知识产权实施的事项"和"专利权的享受"作出何种解释，特别是政府采购是否受这两项条款的约束。

综合以上分析，中国科技创新政策在《TRIPS 协定》下的合规性问题主要有三类，即知识产权保护法律法规、涉及技术转让的政策以及某些支持自主创新的政策。其中：有关知识产权保护法律法规的争端经过 WTO 裁决，已经得到了较为明确的界定。涉及技术转让的政策虽然截至 2019 年 7 月还没有得到裁决，但中国已经主动修改了部分违规风险较高的政策。而自主创新政策与《TRIPS 协定》的协调却存在较大的不确定性，未来可能在 WTO 中引发争端，最终的裁决结果将取决于 WTO 对于《TRIPS 协定》相关条款的解释和界定。

三、中国科技创新政策被诉的系统性因素

虽然近年来中国科技创新政策在 WTO 中频繁被诉，但这并不意味着中国科技创新政策整体合规性的倒退。首先，被诉频率与政策合规性并没有必然的关联。例如，美国作为市场经济制度最完善的国家之一，可以视为与 WTO 规则最为契合的国家。但截至 2019 年 7 月，在 WTO 约 580 起争端中，美国被诉案件就

有153起，占了1/4。其次，中国科技体制实际上遵循了经济体制的市场化改革方向，变得更加公平、开放和透明。例如，2015年发布的《关于深化体制机制改革，加快实施创新驱动发展战略的若干意见》强调，“要使市场在资源配置中起决定性作用”“发挥市场竞争激励创新的根本性作用，营造公平、开放、透明的市场环境”，以及“实行严格的知识产权保护制度”“建立健全符合国际规则的支持采购创新产品和服务的政策体系”等。随后发布的《深化科技体制改革实施方案》则特别提到，“纠正地方政府不当补贴或利用行政权力限制、排除竞争的行为”。最后，政策被诉时间与政策出台时间相距较远。虽然中国科技创新政策被诉案件集中在2012年之后，但被诉政策的出台时间大部分是在2010年之前。可见，中国科技创新政策本身的合规性，仅仅是申诉方提起诉讼的依据，而并不是政策被诉的主要原因。

本书认为，中国科技创新政策被诉频率的显著上升，存在两个系统性的因素。一是科技与经济结合的因素，二是产业竞争的因素。长期来看，由于中国科技创新政策与经济的结合更加密切，中国与发达国家之间的产业竞争更加激烈，中国科技创新政策与WTO规则协调的问题将更加突出。

（一）科技与经济结合的因素

促进科技与经济的结合，是中国在制定科技创新政策时一直强调的问题。在1982年的全国科学技术奖励大会上，就明确了“经济建设要依靠科学技术，科学技术工作要面向经济建设”（即“依靠、面向”）的战略指导方针。2016年发布的《国家创新驱动发展战略纲要》和《“十三五”国家科技创新规划》，仍然在强调“强化科技与经济对接”“实现科技与经济深度融合”以及“破除科技与经济深度融合的体制机制障碍”。

而科技与经济的结合，意味着科技创新政策将更多地涉入经济活动中，从而与规制经贸政策的WTO规则产生关联。具体来说，无论是通过经济活动促进科技创新的政策，还是通过科技创新促进经济发展的政策，都可能受到WTO规则的管辖。

从2006年开始，科技与经济的结合对于中国科技创新政策的被诉产生了显著的影响。2006年，《关于实施科技规划纲要增强自主创新能力的决定》提出要“加强经济政策和科技政策的相互协调”。围绕《规划纲要》，国务院出台了《实施〈国家中长期科技发展规划纲要（2006—2020年）〉配套政策》（以下简称《配套政策》），各政府部门则进一步围绕《配套政策》制定了大量的实施细则。

从参与的部门来看，仅《配套政策》的研究与制定就有科技部、发改委、财政部、中国人民银行等 23 个部门参与，《配套政策》的实施细则的制定也有 16 个部门参与，全国各省、自治区、直辖市围绕《配套政策》的落实出台的地方政策达到了 170 多项。[①] 从政策涉及的领域来看，科技投入、税收、金融、贸易、政府采购、知识产权、人才、教育等均被涵盖。而在中国科技创新政策被诉的 12 起争端中，《规划纲要》与《配套政策》已在 3 起争端中涉案。中国科技创新政策在 WTO 中被诉，主要也是从 2006 年以后开始的。

（二）产业竞争的因素

中国高技术产业竞争力的快速提升，是科技创新政策被诉的另一个系统性因素。从申诉方诉讼动机的角度看，针对科技创新政策的争端往往与高技术产业的竞争有关。

近年来，中国高技术产业的发展逐渐对美国高技术产业构成了巨大的竞争压力。根据联合国商品贸易统计数据库的统计，2003 年中国高技术产业出口额（1086. 69 亿美元）约为美国（1615. 62 亿美元）的 2/3，2017 年中国高技术产业出口额（5043. 81 亿美元）则达到美国（1101. 20 亿美元）的 4. 6 倍。由于中国高技术产品贸易中有较大比例的加工贸易份额，高技术产品出口中包含了较多的国外增加值，难以完全反映中国高技术产业的竞争力。但即便以一般贸易形式的中国高技术产品出口额作粗略比较，2009 年时中国一般贸易的高技术产品出口额（515. 27 亿美元）约为美国高技术产业出口额（1324. 07 亿美元）的 2/5，而 2017 年中国一般贸易的高技术产品出口额（1722. 78 亿美元）已经是美国高技术产业出口额（1101. 20 亿美元）的 1. 6 倍。根据 2018 年 USTR 发布的对华 301 调查报告，目前美国占据了全球高技术制造业生产份额的 29%，中国则紧随其后，占到 27%。[②]

中国在集成电路、航空制造等高技术领域带来的竞争压力直接引发了相关的争端。例如，美国半导体行业协会对于 DS309 案的发起起到了重要的推动作用，该协会不仅在相关报告中预测了中国半导体产业的发展潜力，还敦促美国政府与中国交涉并诉诸 WTO 争端解决机制[③]。又如，美国发起 DS549 案，同样也有产

① 万钢. 中国科技改革开放 30 年［M］. 北京：科学出版社，2008：151 - 153.

② USTR. Report on China's Acts, Policies, and Practices Related to Technology Transfer, Intellectual Property, and Innovation［R］. 2018 - 03 - 22.

③ 李成钢. 世贸组织规则博弈：中国参与 WTO 争端解决的十年法律实践［M］. 北京：商务印书馆，2011：272.

业竞争的考虑。2018 年 USTR 发布的对华 301 调查报告特别强调了中国的“技术转让制度”对美国企业的全球竞争力造成的负面影响①，并指出“中国使用转让的技术来发展自己的航空制造企业，并将与美国的航空制造企业产生直接竞争”。

另外，WTO 部分条款的设计也在客观上反映出了相关争端与产业竞争的关系。平衡各成员产业竞争所产生的潜在利益冲突是 WTO 规则的功能之一。而在补贴与国民待遇等领域，相关条款的设计反映了这一功能。《SCM 协定》第 5 条所定义的“不利影响”，实质上是指因补贴扭曲产业竞争条件而导致的损害。GATT 第 3 条以及 GATS 第 17 条中至关重要的“同类产品”（Like Products）、“同类服务”（Like Services）和“同类服务提供者”（Like Service Suppliers）概念，则是将国民待遇义务限定在具有竞争关系的产业上。因此，围绕补贴与国民待遇问题的科技创新政策争端，往往与产业竞争有关。

四、中国科技创新政策面临 WTO 约束的未来趋势与重点

首先，大范围实施的带有自主创新倾向的扶持政策将在实施环节遭遇阻力。带有自主创新倾向的扶持政策一般会涉及与 WTO 基本原则及其他相关条款的协调问题。如果这类政策是在较大范围实施，在政策制定初期往往只会受到外界评议的压力，但在具体的落地实施环节（比如确定优惠范围和认定标准时）将很可能会遭到更高层级的外交压力，甚至在 WTO 中被提起磋商请求。

其次，未来的 WTO 科技争端可能主要集中在补贴类政策上。由于补贴规则的复杂性，补贴类纠纷很难在磋商阶段就达成一致，因而进入实质诉讼阶段的可能性较高。更重要的是，补贴诉讼的一个重要先决要素是产业影响。而随着中国众多高新技术产业进入国际竞争领域，对于国外同类产业带来的竞争压力将是不可避免的。此时，外国政府不仅具备更大的动力提起诉讼，诉讼本身需要的条件也更加成熟。据此推断，科技创新类的补贴政策将更频繁地出现在中国被诉案件中。此外，参考发达成员在 WTO 争端解决机制中的情况也可以发现，针对一些高技术产业的补贴争端也是发达成员间相互诉讼的重要领域。

最后，大计划、大基金、大项目遭受争端的可能性较高。如果某高技术产业涉入补贴争端，中央和地方政府围绕该产业提供的补贴都可能成为诉讼对象。但

① USTR. Report on China's Acts, Policies, and Practices Related to Technology Transfer, Intellectual Property, and Innovation [R], 2018 - 03 - 22: 24.

从起诉方的诉讼策略角度考虑，其首要的诉讼对象应该是中央政府实施的大计划、大基金、大项目。主要原因有两点：一是这类计划、基金、项目的证据材料较容易收集，取证难度低。二是针对大计划、大基金、大项目的诉讼收益高。一旦起诉方胜诉，无论是从削减中方补贴力度，还是从获得谈判筹码的角度，都有更高的收益。另外，中国现有的大计划、大基金和大项目在整体设计、对外发布、项目评审和资金分配等各环节都与美欧等发达成员存在差距，在政策隐蔽性和实际合规性上存在不足。未来如果被诉，很容易造成被动。

另外，从行政职能和出台政策的特征来看，科技部门涉入争端的可能性也会增加。受部门权力和职能的限制，科技部门联合其他部门出台的科技创新政策相对宽泛，可能涉及国民待遇、最惠国待遇、《SCM 协定》、《TRIMs 协定》、《TRIPS 协定》等。同时，科技部门单独出台的科技创新政策更多的是补贴类政策。而随着未来高新技术产业补贴类政策涉入争端的可能性的上升，科技部门涉入争端的可能性也会随之增加。

第五章　美国对华反补贴与中国科技创新政策

由于美国贸易救济措施的重要性及其与WTO相关规则的密切联系，本章专门针对美国对华反补贴案中涉及的科技创新政策问题进行了梳理和分析。中国加入WTO以后，美国在2006年对中国产铜版纸发起反补贴调查，首次打破不对“非市场经济”国家进行反补贴调查的惯例。自此之后，美国对中国产品发起了密集的反补贴调查。据本书统计，截至2017年6月，美国对中国产品共发起64起反补贴调查，在已结案的58起案件中，45起裁征反补贴税，12起无损害结案，1起申诉方撤诉。

第一节　美国对华反补贴案涉及的科技创新政策

美国对华反补贴案中涉及的科技创新政策大致可以分为五类：一是相关的发展规划，主要集中在发展规划中与科技创新相关的文字表述上。二是与科技创新相关的财政资助，包括计划、项目、基金、补助等。三是在科技园区等特定区域内提供的政策优惠，比如税收优惠或者土地价格优惠等。四是对高科技企业提供的税收优惠。五是对高科技产品提供的出口补贴。

一、相关发展规划

发展规划在美国商务部关于对华反补贴调查的裁决报告中出现较频繁。截至2017年6月，还没有出现国家或地方层面的科技发展规划，较多的是国家或地方的经济与社会五年发展规划或产业发展规划。其中某些有关提升产业技术水平或发展高端产业的表述有时会被认定为证明相关产业受国家或地方重点扶持的证据。例如，在2016年非晶硅织物案中，国家《“十一五”发展规划》中关于“鼓励轻纺织业提升制造水平”的表述，国家《“十二五”发展规划》中“培育发展战略性新兴产业”章节的相关表述，以及《产业结构调整指导目录（2011年本）》均被美国商务部视为中国专门扶持非晶硅织物产业的证据。又如，在2016年不锈钢板材和带材案中，《钢铁工业“十二五”发展规划》中有关鼓励“特殊钢”工艺技术开发和品种升级的段落也被视为中国将特殊钢作为优先发展产业的证据。

当然，这些规划并不能构成补贴本身。美国商务部一般是依据这些规划将政策性银行或国有商业银行为相应产业提供的优惠贷款认定为专向性补贴。简单来说，政策性银行或国有商业银行为涉案企业提供的优惠贷款被认定为补贴，而相关规划则被视为补贴具有专向性的依据。例如，在2007年环状焊接碳素钢管案中，调查机关就认定，山东省潍坊市的五年规划对环状焊接碳素钢管生产者提供了优惠的政策性贷款，山东省的政策性银行、国有商业银行提供的贷款构成美国关税法第771（5）（D）条规定的政府提供贷款，并且具有法律上的专向性。①

二、科技创新相关的财政资助（计划、项目、基金、补助）

从数量来看，在美国对华反补贴案涉及的科技创新相关政策中，与科技创新相关的计划、项目、基金或补助出现得同样较为频繁。

一类是国家层面的科技创新类财政资助。比如，2009年预应力混凝土结构用钢绞线案中涉案的国家科技支撑计划，以及2011年晶体硅光伏电池案中涉案的金太阳示范工程。这类资助由于层级较高，覆盖的企业数量也较多，往往会受到美国调查机构的重点关注。一旦被确定为属于专向性补贴，就可以在后续的其他反补贴调查中重复使用调查结论。比如，国家重点技术改造项目在2006年铜版纸案、2008年柠檬酸案、2009年石油管材案、2009年钢丝层板案、2009年镁砖碳案以及2009年无缝钢管案等多个案件中都被美国商务部认定为专向性补贴。

国家科技支撑计划②是在原国家科技攻关计划的基础上设立的，由科技部组织实施，主要是对重大公益技术及产业共性技术研发提供资助，在科技部发布项

---

① 杨荣珍．国外对华反补贴案例研究［M］．北京：对外经济贸易大学出版社，2015：32.

② 《关于印发国家科技支撑计划管理办法的通知》（国科发计〔2011〕430号）。

目征集指南后，具备较强科研能力的企业和科研机构都可以申请。根据该计划的实施方式，由于涵盖的产业领域很宽泛，申请资格也不局限在小部分企业，更不针对国有企业，实际上很难判定该补贴具有专向性。在2009年预应力混凝土结构用钢绞线案中，美国商务部也不是通过对该计划组织实施方式的调查得出结论，而是根据“不利可得事实”推定该补贴具有事实上的专向性。

金太阳示范工程①由财政部、科技部、国家能源局联合组织实施，主要对国内光伏发电技术的产业化进行资金支持。由于该项补贴集中在光伏产业，其产业专向性是比较容易认定的。在2011年晶体硅光伏电池案中，美国商务部也通过调查判定金太阳示范工程属于专向性补贴。

国家重点技术改造项目②是一个用国债专项资金支持的技术改造贷款项目，主要由原国家经贸委负责组织实施，目标是通过用国内外先进技术实施技术改造来加快国有企业技术进步和产业升级，扶持对象主要是512家重点企业以及120家试点企业集团和行业骨干企业中表现较好的国有大型企业和国有控股大型企业，资金支持方式包括银行贷款贴息和投资补助两种。从该项目的实施方式来看，由于扶持对象局限在较小的范围内，而且以国有企业为主，很容易被认定为专向性补贴。

另一类是地方层面的科技创新类财政资助。在美国对华反补贴调查中，这类项目涉案的数量和频率都较高，几乎在每年的案件中都有涉及。例如，在2007年复合编织袋案中涉案的浙江省技术改造基金，在2009年带织边窄幅织带案中涉案的厦门市科技资助项目，在2010年铝型材反补贴案中涉案的广东省科技发展专项资金和广东省产学研合作基金，在2011年钢制轮毂案中涉案的安徽阜阳市为获得省级技术研发中心认定的企业提供的资助，在2012年应用级风塔案中涉案的江苏省科技支撑计划专项资金，在2014年碳钢合金盘条案中涉案的山东省重点企业技术中心建设专项资金，在2015年对苯二甲酸乙二酯树脂案中涉案的厦门市海沧区科技局补贴项目，以及在2016年非晶硅织物案中涉案的南京市江宁区中小企业科技创新基金。各地方政府向企业提供的科技创新类财政资助种类繁多，实际上是否具有专向性需要根据具体项目的实施方式及涵盖的产业范围来判定。在美国对华反补贴调查中，虽然有部分此类资助是通过较细致的调查来

① 《关于实施金太阳示范工程的通知》（财建〔2009〕397号）。

② 关于印发《国家重点技术改造项目管理办法》《国家重点技术改造项目国债专项资金管理办法》的通知（国经贸投资〔1999〕886号）。

判定专向性，但仍有较多的是通过“不利可得事实”推定专向性，继而裁征一定比例的反补贴税的。

三、在科技园区等特定区域内提供的政策优惠

在美国对华反补贴调查中，中国在经济技术开发区、科技园区等科技创新类的特定区域内提供的政策优惠往往被认定为属于地区专向性补贴。

在 2007 年薄壁矩形钢管案中，中国对经济技术开发区内的外商投资企业提供的税收优惠政策，就被美国商务部认定为属于地区专向性补贴。裁定的主要依据是 1991 年第七届全国人大第四次会议通过的《中华人民共和国外商投资企业和外国企业所得税法》第七条，“对于设在经济技术开发区的生产性外商投资企业，减按 15% 的税率征收企业所得税”。由于这种政策优惠局限在特定区域，很容易被认定为具有法律上的地区专向性，该法在 2008 年经修改，上述条款被取消。

在 2007 年低克重热敏纸案中，浦东新区地方所得税的减免被美国商务部认定为构成专向性补贴，因为位于其中的企业以较低税率缴付全国性所得税和地方所得税。主要依据是财政部《关于上海浦东新区鼓励外商投资减征、免征所得税和工商统一税的规定》（财税字〔1990〕20 号），以及上海市国家税务局、上海市地方税务局关于转发《国家税务总局关于印发〈税收减免管理办法（试行）的通知〉》的通知（沪国征〔2006〕7 号）等政策法规。

此外，在 2009 年石油管材案中，依据“国家高新技术产业开发区税收政策的规定”，在高新技术产业开发区内被认定的高新技术企业减按 15% 的税率征收所得税，该政策被认定为专向性补贴。在 2010 年铝型材案中，肇庆高新区提供的土地使用税返还，以及佛山市三水中心科技工业园提供的土地使用费优惠，同样被认定为专向性补贴，并被裁征相对较高的反补贴税（分别为 4.97% 和 1.80%）。在 2012 年不锈钢拉制水槽案中，位于顺德科技工业园内的樱奥公司在 2006 年从地方政府手中购买了土地使用权。美国商务部认为，政府提供土地使用权则构成政府提供货物形式的补贴，而由于园区内的土地价格存在优惠，并且位于特定区域，因而构成专向性补贴。在 2015 年冷轧钢板案中，上海浦东新区提供给涉案企业的高新技术企业所得税优惠也被认定为在特定区域提供的优惠政策，从而判定为专向性补贴。

四、对高科技企业提供的税收优惠

被美国商务部认定为专向性补贴的税收优惠政策在绝大部分美国对华反补贴案中都有涉及。据统计，在 2006 年至 2014 年底美国对华反补贴案全部 299 项补贴项目中，属于此类补贴的共有 92 项，是所有补贴类别中数量最多的。[①] 而对高新技术企业或企业研发投入等提供的税收优惠则是其中重要的一类。例如，在 2007 年低克重热敏纸案中涉案的广东省高新技术企业所得税优惠政策，在 2008 年柠檬酸案中涉案的高新技术企业所得税优惠政策、技术密集型外资企业所得税优惠政策，在 2009 年铜版纸案中涉案的技术密集、知识密集型外资企业所得税优惠政策，在 2011 年晶体硅光伏电池案中涉案的企业研发费用所得税优惠政策等。

美国商务部认为，税收优惠相当于政府以放弃部分财政收入的形式授予企业的利益，构成补贴，而如果该补贴是给予特定企业（比如高新技术企业或技术密集型企业）的，则该补贴具有专向性。

五、对高科技产品提供的出口补贴

根据《SCM 协定》的规定，出口补贴或进口替代补贴属于禁止性补贴。在中国加入 WTO 前后，经过大规模的政策法规清理，这类补贴已经不占国内补贴项目的主要比例。在美国从 2006 年开始对中国发起反补贴调查以来，这类补贴在案件中也并不占多数。其中与科技创新相关的补贴项目就更为少见。

但在 2008 年环形碳素管案中，美国商务部在调查中认定了一项针对高科技产品提供的出口补贴项目。根据《辽宁省高新技术产品和装备制造业产品出口贷款财政贴息资金管理暂行办法》（辽财企〔2004〕671 号），辽宁省财政厅、省经委和省外经贸厅对符合一定条件的高新技术产业和装备制造业产品出口企业提供短期贷款贴息资金。由于这种贷款贴息资金构成资金直接转移形式的财政支持，该管理暂行办法又将出口规模作为提供补贴的条件，并明确提出政策目标是"扩大高新技术产品和装备制造产品出口规模"，美国商务部很容易就将该政策认定为出口补贴。

① 杨荣珍．国外对华反补贴案例研究［M］．北京：对外经济贸易大学出版社，2015：168.

第二节 美国对华反补贴中与科技创新补贴相关的裁定

一、"不利可得事实"的使用

美国《1930年关税法》第776（a）条规定，在利害关系方不能提供必要信息的情况下，调查机关可以适用"可获得的其他事实"（Facts Otherwise Available）作出裁决。第776（b）条进一步规定，如果被诉方未尽其所能与调查机关合作并回答问卷，则可以适用"不利推定"（Adverse Inference）。[①] 即采用对被诉方绝对不利的事实来作出裁定。这种根据"可获得的其他事实"作出"不利推定"的依据，就是美国调查机关频繁使用的"不利可得事实"（Adverse Facts Available，AFA）。在决定将哪些事实用作可获得的不利事实时，调查机构可以依赖以下来源的信息：申诉书；调查中的最终决定；先前的任何复审或裁决；记录中已有的任何信息。[②] 这种"事实"显然不一定就是经过确认存在的通常所说的事实，有些指控本身不一定符合事实，但也可能被作为"事实"使用。[③]

在美国对华反补贴中，对"不利可得事实"的使用十分频繁，并可能出现在调查的各个环节，包括补贴的认定、专向性的认定以及补贴率的确定等。首先，在补贴的认定环节，美国商务部可以在认定构成补贴的要素（"公共机构""提供资助""授予利益"）时使用"不利可得事实"。例如，在2008年后拖式草地维护设备案中，美国商务部认为其中一家应诉企业的供应商属于国有企业，并要求中国政府进一步提供该企业的信息，中国政府以该企业并不是案件应诉方为由拒绝提供相关信息。事实上，该供应商在案件发生前早已通过股权置换变成私营企业。但美国商务部使用"不利可得事实"将其视为国有企业，并进一步将其认定为"政府"，由此判定该供应商向应诉企业提供的原材料构成补贴。其次，在补贴专向性的认定环节，美国商务部如果使用"不利可得事实"，往往可

① 杨荣珍．国外对华反补贴案例研究［M］．北京：对外经济贸易大学出版社，2015：170.

② 杨荣珍．美国对华铝型材反补贴案评析［J］．对外经贸实务，2012（4）：72－76.

③ 邓德雄．国外对华反补贴研究：政策转变、影响及对策［M］．北京：中国商务出版社，2010.

以扩大专向性的认定范围。例如，在2007年复合编织袋案中，美国商务部以中国政府未提供纺织业五年发展规划为由认定复合编织袋产业属于中国重点支持的纺织业，继而推定应诉企业获得的优惠贷款属于专向性补贴。有文献指出，美国商务部使用"不利可得事实"判定补贴专向性的方式并不符合WTO规则，由于《SCM协定》要求WTO成员方对专向性的认定应该在肯定性证据的基础上予以清楚证明，而美国商务部在对华反补贴调查中适用的"不利可得事实"却以对被调查方不利的推定方式得到的证据作为认定补贴专向性的基础，因而其做法违反了《SCM协定》，导致对补贴专向性的不当认定。① 最后，在确定补贴率环节，使用"不利可得事实"会大幅抬高补贴率。根据美国商务部使用"不利可得事实"确定补贴率的习惯做法，会采用同一案件中相同补贴项目的最高补贴率，如果没有，则采用先前案件中相同或类似补贴项目的最高补贴率，如果还没有，则采用与被指控补贴项目相关的、应诉企业能接受的最高补贴率。②

在与中国科技创新补贴相关的判定中，美国商务部对"不利可得事实"的使用同样较为频繁，而且主要集中在判定补贴专向性和确定补贴率的环节。

例如，在2009年预应力混凝土结构用钢绞线案中，美国商务部通过使用"不利可得事实"将中国国家科技支撑计划与江苏省提供的科技项目资助都判定为专向性补贴。针对江苏省提供的科技项目资助，美国商务部认为，虽然对相关政策文件的分析表明该补贴并不构成法律上的专向性，但由于中国政府没有应要求提供有关项目资金分配方式的信息，故而使用"不利可得事实"将其判定为构成事实上的专向性。针对新华公司（本案应诉企业之一）在国家科技支撑计划下获得的资助项目，美国商务部也是使用"不利可得事实"判定该项目构成事实上的专向性补贴的，同时还采用了该案中法森公司（另一应诉企业）在同一项目下的补贴率。

又如，在2016年硫酸铵案中，美国商务部使用"不利可得事实"来判定两家应诉企业（五洲丰农业科技有限公司与烟台市嘉禾农业生产资料有限公司）通过所得税优惠政策获得的补贴率。由于中国境内统一征收的企业所得税税率为25%，所以在本案中使用"不利可得事实"计算包括高新技术企业所得税优惠、

---

① 都亳．美国反补贴调查中的"不利可得事实"规则评析［J］．上海对外经贸大学学报，2012，19（5）：38－43.

② 王寰，杨朝军．浅析美国反补贴调查中的"不利可得事实"制度［J］．北京工商大学学报（社会科学版），2010，25（1）：106－110.

特定区域的高新技术企业所得税优惠、高新技术企业研发费用加计扣除、高新技术外商投资企业所得税补贴等优惠政策构成的补贴率确定为25%。

二、“外部基准”的使用

《中国加入议定书》第15条（b）项规定，如果适用《SCM协定》的有关规定存在困难，“WTO进口成员可使用考虑到中国国内现有情况和条件并非总能用作适当基准这一可能性的确定和衡量补贴利益的方法”。即允许其他成员在一定条件下使用中国以外的数据作为衡量补贴利益的基准。在对华反补贴中，美国商务部在确定土地、原材料和贷款利率等的市场价格时，往往认定中国国内市场存在扭曲，从而使用“外部基准”。

在2006年铜版纸案中，美国商务部在确定银行贷款利率的补贴率时就使用了来自另外37个国家的数据。在此后的大量案件中，美国商务部都引用该案的裁决，使用“外部基准”。在2010年铝型材案中，美国商务部就引用了铜版纸案的裁决，认定中国银行系统受政府控制，其贷款利率不是建立在市场经济的基础上，进而引用世界银行等国际组织提供的最新数据确定贷款补贴数额。[①]

三、项目补贴率的裁定

在美国对华反补贴中，针对不同项目确定的补贴率存在较大差别。总体来看，补贴率最高的是“低于合理回报（LATR）提供货物和服务”。据杨荣珍（2015）对所有已裁案件中最高补贴项目的统计，所有43个应诉公司中，有24个公司的补贴项目中最高补贴项目是“LATR提供货物和服务”。[②] 主要是LATR提供原材料、土地、电力等。其次则有部分政策性贷款类的补贴项目被裁定较高的补贴率。而对税收优惠和政府拨款类的补贴项目所裁定的补贴率相对较低。

与科技创新相关的补贴项目虽然主要集中于补贴率较低的税收优惠和政府拨款类，但如果在同一案件中此类项目较多，累加得到的补贴率也会较高。而部分与科技创新相关的规划文件，有时也会导致政策性贷款被认定为专向性补贴，并裁定较高的反补贴税率。

从现有案件情况看，虽然研发补贴的补贴率占反补贴税率的比重并不大，但

---

① 杨荣珍．美国对华铝型材反补贴案评析［J］．对外经贸实务，2012（4）：72－76.
② 杨荣珍．国外对华反补贴案例研究［M］．北京：对外经济贸易大学出版社，2015：171.

已经列入美国反补贴案件中的研发补贴项目将很可能成为今后反补贴调查或WTO争端解决案件中重点关注的对象。

第三节　与美国对华反补贴相关的WTO裁决

2009年至2012年，中国在WTO中就美国对华反补贴措施先后提起了三次诉讼（案件编号分别是DS379、DS437、DS449）。这三个案件的诉讼对象虽然是美国在对华反补贴中采取的某些措施，但专家组和上诉机构的裁决不仅直接判定了美国涉案措施的合法性，也间接影响到中国某些补贴政策的合法性。又由于在美国对华反补贴中，中国科技创新政策大量涉案，因此这三个案件中几个关键的裁决结果值得总结分析。

一、“公共机构”的认定问题

在DS379案中，上诉机构对这个问题的裁决可以分成两部分：一部分是关于条约的解释，另一部分是关于美国在对华反补贴调查中的具体做法。

首先是关于条约的解释，即“公共机构”的含义。美国在反补贴调查中将中国国有企业（包括国有商业银行）一律视为政府（公共机构）。但上诉机构在这一部分实际上作出了有利于中方的裁决。上诉机构并不认同专家组将“公共机构”解释为“由政府控制的任何实体”的观点。上诉机构认为，“公共机构”与“政府”有某种共性，协定所指的公共机构必须是拥有、行使或被授予政府权力的实体，如果证据表明政府实施多种控制，并且此种控制权被实质性地实施，则也许可以推定该实体正在行使政府权力。[①] 也就是说，上诉机构认为，对于公共机构的认定应当因情况而异，不仅要看政府所有权，还要看实体所行使的与案件有关的职能是否是来自政府授权或代表政府行使的。

其次是关于美国在反补贴调查中将中国国有企业和国有商业银行视为“公共机构”的具体做法。在国有企业问题上，上诉机构认为美国商务部据以作出“公共机构”认定的证据并不充足。因为政府所有权并不必然意味着国有企业获

① 杨国华. WTO中国案例评析［M］. 北京：知识产权出版社，2015：80.

得了政府授权而行使政府职能，不能仅仅以所有权为依据认定国有企业属于公共机构。当然，上诉机构的结论并不是说中国国有企业不属于公共机构，而是说美国商务部在调查时的认定依据不足。因而在未来的对华反补贴调查中需调整相关的做法，增加认定依据。这就在一定程度上提高了美国实施反补贴调查的难度。在国有商业银行问题上，上诉机构没有作出对中国有利的裁决。上诉机构认为，美国商务部关于国有商业银行构成公共机构的分析比对国有企业的分析更为广泛，并确认美国商务部基于国有商业银行代表中国政府行使政府职能的证据作出国有商业银行构成公共机构的裁决是有据可依的。上诉机构认为中方未能证明美国商务部的认定不符合《SCM 协定》。另外需要注意的是，在涉案的美国对华反补贴案件中，美国商务部的反补贴终裁报告除了提到相关的规划文件外，还提到了天津市政府官员关于商业银行应当支持中国产业政策的讲话。因此，在中国政府的一些规划文件或者其他的公开信息中，有关对某些产业提供金融支持的表述，不仅会在专向性的认定上造成不利影响，而且会在银行是否属于公共机构的认定上造成不利影响。

二、“外部基准”的使用问题

在 DS379 案中，虽然上诉机构推翻了专家组的结论，但由于专家组对事实的认定不足，上诉机构无法据以完成法律分析，并无法确定美国商务部使用“外部基准”是否符合《SCM 协定》相关条款（主要是第 14 条（d）项）。也就是说，在 DS379 案中，上诉机构没有对“外部基准”的使用问题作出实质性裁决。

在 DS437 案中，有关“外部基准”问题的诉讼集中在从国有企业购买原材料能否使用“外部基准”上。上诉机构在该案中完成了法律分析。上诉机构认为，在分析补贴数额的时候，《SCM 协定》第 14 条（d）项并没有预设排除国内价格，包括与政府相关的价格；在确定国内价格是不是可以作为比较基础时，调查机构需要分析诸多因素。[①] 上诉机构在进一步考察美国反补贴调查的具体做法后发现，美国商务部并没有调查国有企业或国有控股企业的价格是否由市场决定。因此，裁定美国的做法违反《SCM 协定》第 14. d 条和第 1. 1. b 条。

DS437 案中上诉机构关于“外部基准”的关键结论有两点。第一，在判定授予利益的金额的时候，不能预先排除国内价格而使用“外部基准”。第二，在判

① 朱榄叶．世界贸易组织国际贸易纠纷案例评析（2013—2015）［M］．北京：法律出版社，2016：270.

定国内价格是否可以作为比较基础方面，应该分析很多因素来确定国内价格是否由市场决定，而不能单单根据市场主体的国有性质就判定国内价格不是由市场决定的。上诉机构实际上做出了有利于中方的裁决。当然，上诉机构的结论并不是说美国在对华反补贴中不能使用"外部基准"，而是说美国如果使用"外部基准"的话，应当首先有更加全面的调查证据证明相关的国内价格不是由市场决定的。这一裁决也提高了美国在未来对华反补贴调查中使用"外部基准"的难度，从而对最终裁征的反补贴税率具有一定的抑制作用。

三、"专向性"的认定问题

在 DS379 案中，关于"专向性"认定问题的争议有两类。一类是关于产业专向性认定的争议，另一类是关于地区专向性认定的争议。由于上诉机构最终维持了专家组的结论，因此，专家组在该问题上的裁决与最终裁决一致。

关于产业专向性的认定，中方认为，美国商务部在调查中用作证据的中国相关规划文件本身鼓励产业活动的范围很宽，不足以认定专向性。这些规划文件主要包括国家《"十一五"发展规划》等中央和地方政府发布的规划文件。美国商务部从这些文件的表述中得出"轮胎产业是受中国政府鼓励和支持的产业"的结论。专家组审查这些文件后确认，一个合理和客观的调查机构根据已有的证据能够认定中国中央和地方政府的各项文件明确地指出了"某些企业"是受鼓励或支持的，[①] 继而裁定美国商务部在对华轮胎反补贴调查中关于"产业专向性"的认定没有违规。

关于地区专向性的认定，专家组认为，美国商务部仅以一家企业在某工业园区内获得土地使用权就认定具备"地区专向性"，这种论证属于循环论证。美国商务部没有证明企业在园区内获得的土地使用权与园区之外存在不同，无法证明政府给予财政资助，因此不符合《SCM 协定》的规定。

DS379 案关于产业专向性的裁决没有支持中方的观点，美国在未来的对华反补贴调查中可以继续使用中国政府规划文件中鼓励某些产业的表述作为证明产业专向性的证据。在未来可能的 WTO 补贴诉讼中，这些表述也面临着不利裁决的风险。

DS379 案虽然在地区专向性的问题上裁定美方违规，但对中方的意义仅仅局

① 朱榄叶. 世界贸易组织国际贸易纠纷案例评析（2010—2012）[M]. 北京：法律出版社，2013：346.

限在个案上。结合案情分析，如果在工业园区等特定区域内提供的土地使用权存在优惠，就将构成财政资助，进而很可能被判定为具有地区专向性。

四、“双重救济”的问题

在 DS379 案中，上诉机构在“双重救济”的问题上作出了有利于中方的裁决。首先，上诉机构通过法律分析和条约解释，对双重救济的合法性问题作出裁定。上诉机构认定，双重救济，即同时征收反补贴税和按照非市场经济方法计算出来的反倾销税，两次抵销相同的补贴，不符合《SCM 协定》第 19 条第 3 款。[①] 其次，上诉机构审查了美国商务部在对华反补贴调查中的具体做法。上诉机构认为，美国商务部在调查中没有考虑同时征收反倾销税和反补贴税时可能存在的双重救济问题，从而违反了《SCM 协定》第 19.3 条有关“收取适当金额的反补贴税”的义务。该案件的裁决对于美国在对华双反调查时裁征的反补贴税率构成了一定限制。

在 DS379 案结束后，美国并没有严格按照裁决结果在对华反补贴中避免“双重救济”。中国在 DS449 案对此提出挑战，很容易就获得了专家组的支持，双方也没有对此提出上诉。

① 杨国华．WTO 中国案例评析［M］．北京：知识产权出版社，2015：87.

第六章　发达国家科技创新政策与 WTO 规则协调的案例

本章从现有的 WTO 争端解决案件中选取了五个代表性案例，以进一步分析 WTO 规则与科技创新政策的关系，同时为中国科技创新政策的制定与实施提供借鉴。这五个案例分别是欧盟[①]诉美国波音补贴案（DS353）中涉及的美国航空研发补贴，美国诉欧盟空客补贴案（DS316）中涉及的英国技术计划，日本与欧盟诉加拿大 FIT 项目案（DS412/426）中的加拿大可再生能源发电产业扶持措施，印度与巴西诉欧盟仿制药品过境运输案（DS408/409）中的荷兰扣押过境仿制药措施，以及美国、加拿大、阿根廷诉欧共体[②]转基因农产品案（DS291/292/293）中的欧共体生物技术产品审批和销售措施。这些案例均具有较强的代表性和较高的参考价值。从政策角度，五个案例分别涉及研发资助、科技计划、新兴产业扶持政策、知识产权政策以及卫生与植物卫生措施。从规则角度，五个案例涉及 WTO 基本原则、《SCM 协定》、《TRIMs 协定》、《TRIPS 协定》及《SPS 协定》等协定的相关规则。

第一节　美国航空研发补贴

自 2004 年以来，美国与欧盟在 WTO 下关于民用大型飞机贸易措施的争端已

① 虽然美欧双方互相提起大飞机诉讼时，欧方在 WTO 中的法律名称为“欧共体”，但由于诉讼时间较长，专家组报告和上诉机构报告发布时，欧方的法律名称已更改为“欧盟”，因此在涉及这两起案件时，本书统一称其为“欧盟”。

② 该案的专家组报告发布时，欧方在 WTO 中的法律名称仍然为“欧共体”，因此在涉及该案时，本书统一称其为“欧共体”。

经持续了十几年，相互间的诉讼一直没有停止。这些案件的专家组报告和上诉机构报告充分展现了两大经济体对民用大飞机产业提供的研发资助和创新支持。本节重点关注在欧盟诉美国 DS353 案①中美国政府为波音公司提供的研发补贴，特别是政府购买服务以及财政资助产生的专利权的分配问题。诉讼中所反映出的美国政府研发补贴实施方式及争端解决机构裁决思路，可以为中国未来设计更加完善的研发补贴政策提供参考。

一、能否通过政府购买服务规避《SCM 协定》的约束？

（一）政府购买服务是否受《SCM 协定》管辖？

在 DS353 案中，争议的美国航空研发补贴大部分是通过美国国家航空航天局（National Aeronautics and Space Administration，NASA）采购合同、美国国防部（United States Department of Defense，DOD）采购合同以及 DOD 协助协议实施的。但美方以这些措施不受《SCM 协定》管辖为由进行抗辩。美方指出，这些合同与协议实际上是政府向波音购买的服务，而政府购买服务并不受《SCM 协定》管辖。专家组也大体按照美方的抗辩思路对此进行了分析和裁定。专家组首先假定美国的航空研发补贴属于政府购买服务，再分析政府购买服务是否受《SCM 协定》管辖，然后分析相关合同与协议的属性，最后做出判定。

根据专家组通过法律文本、回溯历史等方式的分析，政府购买服务并不在《SCM 协定》的管辖范围内。据此，专家组判定 DOD 采购合同属于政府购买服务，不受《SCM 协定》管辖，同时也判定 NASA 采购合同与 DOD 协助协议并不属于政府购买服务，因而仍然要受《SCM 协定》的约束。专家组经进一步分析，判定 NASA 采购合同与 DOD 协助协议属于专向性补贴，并对欧盟的利益造成了损害，因而违反了 WTO 规则。

然而，美国与欧盟均对专家组的这一判定提出上诉。美方不满于专家组对事实的认定，欧盟则不满于专家组对法律的分析。上诉机构经过分析，推翻了专家组的裁决思路。上诉机构指出，正确的裁决思路应该是，首先通过事实分析对争议措施进行定性，然后考察其是否属于补贴，最后完成后续的专向性、利益损害

① 本书对 DS353 案专家组分析的引用主要参考了该案的专家组报告：WTO. United States – Measures Affecting Trade in Large Civil Aircraft（Second Complaint），WT/DS353/R［R］. Report of the Panel，2011；本书对 DS353 案上诉机构分析的引用主要参考了该案的上诉机构报告：WTO. United States – Measures Affecting Trade in Large Civil Aircraft（Second Complaint），WT/DS353/AB/R［R］. Report of the Appellate Body，2012.

等分析。上诉机构经分析，认定 NASA 采购合同与 DOD 协助协议类似于某种形式的合资，因而属于财政资助，并且政府授予了利益，因而构成补贴，最终判定这些措施属于专向性补贴。上诉机构同时指出，专家组关于政府购买服务不属于《SCM 协定》管辖的裁决在法律上无效。

从上诉机构的最终裁决来看，实际上并没有解决政府购买服务是否受《SCM 协定》管辖的问题。上诉机构仅仅判定专家组对此的结论无效，判定依据则是来自与案件本身有关的裁决思路的问题，同时也并没有做出与此相反的结论（即政府购买服务属于《SCM 协定》管辖范围）。因此，上诉机构没有对《SCM 协定》是否包括“服务贸易”做出裁定。[①] 政府购买服务的问题仍然悬而未决。

如果抛开 DS353 案件本身的裁决思路，仅从法律上进行分析，本书倾向于认同专家组对于该问题的结论。首先，结合《SCM 协定》文本的上下文分析，第 1.1 条（a）（1）（ⅲ）将“政府提供除一般基础设施外的货物或服务，或购买货物”列为“财政资助”，在后半句中并没有按照与前半句类似的方式写为“购买货物或服务”。其次，GATS 并没有对服务补贴作出明确的规制，第 15 条即为 GATS 的补贴条款，专门指出“各成员应进行谈判，以期制定必要的多边纪律，以避免此类贸易扭曲作用”，即要求在未来谈判中解决补贴对服务贸易的扭曲作用。在服务补贴还没有得到约束的法律框架下，很难得出 WTO 对于政府通过购买服务的方式实施的补贴会进行规制的结论。最后，本案的专家组报告也指出，从历史上的缔约过程来看，《SCM 协定》谈判记录的初始草案中本来有“服务”一词，后来的草案中却被删除了，说明谈判者的意图就是将政府购买服务从《SCM 协定》中排除出去。

那么，未来能否通过政府购买服务的方式来实施研发补贴呢？本书认为，从 DS353 的上诉机构裁决思路来看，这种空间虽然存在，但也受到了较大的限制。一方面，如果以较为纯粹的政府购买服务的方式，给予研发实体较高的采购价格，而获得的研发成果仅仅供政府使用，或许可以规避《SCM 协定》的约束。另一方面，由于《SCM 协定》并没有明确地将“政府购买服务”排除出去，一旦涉入争端，专家组与上诉机构很可能按照 DS353 案上诉机构提出的裁决思路，依据《SCM 协定》条款的含义与争议措施的性质来进行裁决。因而相关的补贴措施必须谨慎地避开现行条款的管辖范围，而不能先验地以“政府购买服务”

① 张月姣. 亲历世界贸易组织上诉机构［M］. 北京：社会科学文献出版社，2017：91.

的理由进行抗辩。

(二) NASA 采购合同与 DOD 协助协议是否属于补贴?

对于 NASA 采购合同与 DOD 协助协议的补贴问题,由于上诉机构否定了专家组有关“政府购买服务”的裁决思路,必须按照《SCM 协定》第 1 条“补贴的定义”与争议措施的定性来进行分析。

首先需要解决的问题是,NASA 采购合同与 DOD 协助协议是否属于财政资助?上诉机构根据专家组报告中提供的事实,认定 NASA 采购合同与 DOD 协助协议类似于某种形式的合资,相当于《SCM 协定》第 1.1 条(a)(1)(i)中所指的“投股”(Equity Infusion)。上诉机构的核心依据有两点:一个是从投入模式上,NASA/DOD 与波音共同投入资金、人力以及研发设备等。另一个是从产出分配上,NASA/DOD 与波音共享研发成果。因此,上诉机构判定,NASA 采购合同与 DOD 协助协议属于《SCM 协定》第 1.1 条(a)(1)所定义的“由政府或任何公共机构提供的财政资助”。

其次需要解决的问题是,NASA 采购合同与 DOD 协助协议是否存在利益授予?专家组在分析利益授予的问题时,采用了根据研发成果分配比例来判定的方法。专家组发现,虽然 NASA/DOD 在采购合同/协助协议下投入了大量的资源(包括资金、人力、研发设备等),但研发成果却主要由波音一方获得。专家组据此指出,由于 NASA/DOD 是主要的出资方,但研发产出却主要授予波音,这种分配方式显然不可能在市场中存在,所以 NASA 采购合同与 DOD 协助协议存在利益授予。然而,专家组的这一分析依据受到了上诉机构的批评。上诉机构指出,是否存在利益授予应当与类似情况下的市场基准进行比较来确定,而不应想当然地按照合同利益的分配比例来确定。虽然涉案措施中政府方与波音方的产出利益分配与两方的资源投入比例并不一致,但并不能必然推知市场中就不存在这种分配方式,市场条件下合同双方的利益分配比例还要考虑双方的议价能力。上诉机构最后依据商业秘密信息(BCI)和特别敏感的商业秘密(HSBI)判定,NASA 采购合同与 DOD 协助协议为合同承担方提供的利益超过了市场条件下类似合同的标准,因而存在利益授予。根据上诉机构的最终裁定,NASA 采购合同与 DOD 协助协议属于补贴。

总体来看,由于 NASA 采购合同与 DOD 协助协议由政府机构与波音共同投入资源、共享研发成果,在性质上属于 SCM 协定所规定的“财政资助”,同时由于 NASA 采购合同与 DOD 协助协议为波音提供的利益高于正常市场交易所提供的利益，因此，争议措施属于补贴。

二、财政资助产生的专利权的分配是否属于专向性补贴？

（一）专利权的授予是否属于补贴？

欧盟在诉请中指出，NASA与DOD通过转让专利权或者放弃专利权向波音授予利益，构成了专向性补贴。专家组在对该问题进行裁决时并没有按照传统的思路对各因素进行依次分析。专家组认为，没有必要解决NASA采购合同与DOD协助协议下专利权的分配是否构成《SCM协定》第1条意义下的财政资助与授予利益的问题，因为NASA采购合同与DOD协助协议下专利权的分配明显并不构成《SCM协定》第2条意义下的对“一组企业或产业”的专向性补贴。也就是说，专家组首先假定，NASA采购合同与DOD协助协议下的专利权的分配属于《SCM协定》第1条意义下的补贴，然后专注于分析该补贴是否具有专向性。因此，专家组事实上并没有解决专利权授予是否构成补贴的问题。

上诉机构的后续分析虽然以专家组有关“自我实现的补贴”（Self - Standing Subsidy）为基础，但上诉机构对于专家组在该问题上采取的“假设分析法”（Arguendo Approach）提出了批评。上诉机构认为，在该问题上采取假设分析的方法存在较大的问题。因为《SCM协定》第2.1条下专向性的认定直接依赖于第1.1条下补贴的认定。一方面，欧盟在争端中所提出的诉请可能存在重叠的问题，虽然双方均没有在上诉中就重叠的问题提出上诉，但在《SCM协定》第1条下对补贴的认定对于解决这个本来很可能存在的问题至关重要。另一方面，如果上诉机构对于专向性的最终判定与专家组不一致，由于缺乏专家组对于补贴事实的认定，将直接导致该问题无法解决。事实上，上诉机构只能在“自我实现的补贴”的基础上完成后续分析，正是因为受到专家组采取的“假设分析法”造成的限制。由于专家组的工作失误，上诉机构也没有对该案中专利权的授予是否属于补贴的问题作出判定。

因此，由于这个问题实际上没有得到解决，不排除未来还会发生与此相关的争议和诉讼。特别是随着全球科技竞争加剧和知识产权争议的增多，该问题出现的可能性也将增大。

（二）《拜杜法案》授权下的专利权分配是否具有专向性？

在前述“自我实现的补贴”的假设基础上，专家组对于NASA采购合同与DOD协助协议下专利权分配的专向性问题进行了分析。经初步分析，专家组认为，NASA 采购合同与 DOD 协助协议下专利权的分配都是根据美国《拜杜法案》（*Bayh – Dole Act*）及相关的政策文件的指示进行的，因此，此案中争议的专利权的分配并不具有专向性。

针对欧盟提出的上诉请求，上诉机构对于专利权分配的专向性问题重新进行了分析。上诉机构指出，NASA 采购合同下对波音进行的专利权分配直接来自《拜杜法案》及相关的政策文件的指示，DOD 协助协议下 DOD 对于专利权的放弃虽然并不是直接来自《拜杜法案》及相关政府政策文件的指示，却是源自 DOD 依据《拜杜法案》所制定的政策。上诉机构认为，讨论某项补贴是否具有专向性不应仅仅分析该项补贴的授予机关，而要在更广泛的整体法律框架下进行分析。据此，该案中 NASA 与 DOD 对专利权的分配实际上是受美国《拜杜法案》及总统备忘录等整体法律框架的指示进行的，因而不具有法律上的专向性。

但欧盟同时还对 NASA 与 DOD 专利权分配在事实上的专向性问题提出了上诉。由于专家组报告中缺乏对此的事实记录，上诉机构无法完成法律分析。

根据上诉机构的报告，这种根据整体的法律法规所实现的专利权的分配不会构成法律专向性，但在实际分配过程中是否可能构成事实专向性仍然不得而知。

三、美国航空研发补贴案对中国的启示

一是如果希望通过政府购买服务的方式规避《SCM 协定》对于补贴的约束，需要进行细致的政策设计。虽然从理论上看，《SCM 协定》的立法者希望将政府购买服务排除出协定的管辖范围，但上诉机构还是会回避对这一问题下定论。在实践中，通过政府购买服务实施的补贴并不能理所当然地规避《SCM 协定》的限制，仍然需要接受有关是否符合该协定中“公共机构”“财政资助”“授予利益”“专向性”“不利影响”等界定的检验。关键在于，如果能够通过细致的政策设计，避免被认定为“财政资助”，就可以免受《SCM 协定》的约束。

二是关于财政资助所取得的专利权的授予是否属于补贴的问题，本案中并未作出判定。但即便其属于补贴，依照普遍适用的法律法规向承担财政科研项目的主体所分配的专利权也可以免于被认定为法律专向性补贴。因此，根据《中华人民共和国促进科技成果转化法》等科技成果转化的法律法规的授权所实施的专利转让、许可、作价投资等科技成果转化措施，也不具有法律上的专向性。

第二节　英国技术计划

在美国诉欧盟空客补贴案（DS316）[①] 中，美国对欧盟几个重要成员国为大飞机提供的研发补贴提出指控。其中不少指控都得到了专家组或上诉机构的支持。但英国通过技术计划（Technology Programme，TP）提供的研发补贴则成功证明了“非专向性”，因而未被列入违规补贴的范围。根据本书对 DS316 案专家组报告的分析，英国技术计划的组织和实施方式是其未被认定为违规补贴的关键。

一、争端双方的主张

美国认为，英国通过技术计划向空客提供的资助属于《SCM 协定》第 2 条意义上的专向性补贴，因为它是通过项目征集的方式授予的，而这些项目限定在航空相关的技术领域内，其范围是一个有限的行业特定标准。据美国称，欧盟已经承认 TP 分为 43 个“研究主题”，定位于一组有限的产业。美国认为，每一个研究主题都有单独的预算，表现为高度的产业专向性。美国举例称，“先进材料”研究主题定位于复合材料在航空产业的应用，而该主题的项目征集中特别提到了航空产业。最后，美国称欧盟已经承认 TP 是前一个研发计划 CARAD/ARP 的后继计划，而欧盟对于 CARAD/ARP 具有专向性的观点并无异议。因此，美国认为，通过 TP 授予空客和航空产业的研究与技术发展资助（R&TD）属于《SCM 协定》第 2.1 条意义上的专向性补贴。

欧盟反对美国的主张。欧盟称，TP 是一个宽泛的研究计划，向所有的产业和服务部门开放，当然包括航空部门。欧盟解释称，TP 主要致力于合作性 R&TD，预算为 3.7 亿英镑，实施时间为 2005 年至 2008 年。经费资助限定在合理成本的 50%，每两年提供一次，根据在七个关键技术领域（“先进材料”“生物科学与医疗技术”“设计工程和先进制造”“电子和光子学”“新兴能源技术”

① 本书对 DS316 案专家组分析的引用主要参考了该案的专家组报告：WTO. European Communities and Certain Member States – Measures Affecting Trade in Large Civil Aircraft，WT/DS316/R［R］. Report of the Panel，2010.

“信息通信技术”和“可持续生产与消费”）范围内不同研究计划的竞争决定授予对象。欧盟否认项目征集取决于狭窄的产业专向性标准，也否认将一定数目的资金指定用于航空部门、提供给空客英国公司或者提供给任何其他航空部门的机构。因此，欧盟认为，通过TP提供的R&TD资助没有明确限定于“某些企业”，并不属于《SCM协定》第2.1条（a）项意义上的专向性补贴。

欧盟指责美国仅仅依赖几个技术领域相关的信息宣传册就作出判断，因为这只是TP的竞争性项目中已经明确的43个技术领域中的3个，分别是“先进复合材料与结构”“智能材料”“设计工程与先进制造”。欧盟认为，虽然这些领域与航空产业相关，但任何一个都不是“局限于航空相关技术”，而且每一份宣传册都提到了与相应技术相关的其他部门。

二、专家组的评估与裁定

专家组指出，美国认为通过TP向空客提供的资助属于《SCM协定》第2条意义上的专向性补贴。专家组理解美国主张通过TP向空客提供的资助属于《SCM协定》第2.1条（a）项意义上的专向性补贴，但并不理解美国主张通过TP向空客提供的资助属于《SCM协定》第2.1条（c）项意义上的专向性补贴。

专家组指出，《SCM协定》第2.1条（a）项规定，如果授予机关或其运作所依据的立法将补贴的获得明确限定于某些企业，那么补贴就属于授予机关管辖范围内的企业或产业或一组企业或产业的专向性补贴。

美国用以证明通过TP向空客提供的资助属于《SCM协定》第2.1条（a）项意义上的补贴的观点所提出的主要主张是基于以下论断，即这些资助是通过局限于航空相关技术领域的R&TD活动的竞争授予的。在这一点上，美国提到了在2004年4月、11月和2006年春季发布的有关的三项竞争性项目征集的信息宣传册。其中，这三项项目分别涉及“先进复合材料与结构”“智能材料”和“设计工程与先进制造”领域的R&TD。

然而，专家组对证据进行审查后发现，通过TP提供的补贴并不像美国认为的那样，局限于在航空研发领域活跃的主体。专家组认同欧盟的观点，即TP是一项致力于向很宽泛的经济部门的R&TD活动提供资助的研究计划。TP运作的基础是一个整体预算，其为所有支持项目设定了从2005年到2008年共3.7亿英镑的资金。提供资助的目标是“合作研究与发展”和“技术转移网络”，并且通过每年两次的竞争性项目征集来实施。每项竞争中研究主题的确切题目是由“技术战略委员会”（Technology Strategy Board）决定的，这是一个主要由“经验丰富的商界领袖”组成的咨询委员会。技术战略委员会的任务是确保“TP 中的技术优先领域是市场关注的”，并且在向这些领域进行宽泛的资源分配上提供建议。委员会确定下来的进行公开竞争的研究主题每年各有不同，但大致都属于欧盟确定的七大关键技术领域，包括“先进材料”“生物科学与医疗技术”“设计工程和先进制造”“电子和光子学”“新兴能源技术”“信息通信技术”和“可持续生产与消费”。在绝大多数情况下，研究主题并没有集中于特定的经济部门。

首先，关于美国的申诉中集中关注的那三项竞争性项目征集，专家组认为，与“先进复合材料与结构”相关的竞争并没有将通过 TP 授予的资助局限于航空相关研究领域。在“项目征集范围”的规定中，也并没有出现有关产业类型资格的限制。事实上，宣传册明确地将航空、汽车、建筑、消费产品、工程、船舶、铁路和航天等领域确定为项目征集范围内的研究的潜在受益方。类似的，在与“智能材料与相关结构”和“设计工程与先进制造”相关的竞争中，很多产业也被列为潜在受益方。航空部门并没有被相关 R&TD 资助列为唯一潜在受益方。而且很明显，美国在申诉中重点关注的三项竞争性项目向所有对特定技术感兴趣的产业部门开放，很多产业都被列为潜在受益方。

其次，关于美国主张的竞争性项目中对每个技术优先领域提供的资助都有单独预算的问题，专家组认为，这对于竞争性的 43 个主题领域并不是确切的事实。虽然争议的三项竞争性项目均设定了指示性的资助金额：“先进复合材料与结构”1000 万英镑、“智能材料与相关结构”700 万英镑、“设计工程与先进制造”1200 万英镑。但是，专家组发现，资金的分配并没有明确限定于在航空研究领域活跃的实体。与欧盟框架计划的情况不同，TP（以及争议的三项竞争性项目）并没有将任何比例的预算资金单列出来提供给在航空部门活跃的企业或产业的研发活动。

最后，美国认为欧盟已经承认 TP 是 CARAD/ARP 的后继计划，进而进一步确认 TP 是专向性补贴。专家组并不认为欧盟作出了任何这样的承认。在欧盟第一次书面陈述材料中，欧盟明确指出 TP 并不是“取代”CARAD。欧盟解释称，TP 将英国所有的 R&TD 部门性合作资金聚合到同一个框架中。另外，欧盟指出 TP“取代了所有的产业性合作计划，包括 CARAD”。据此，专家组认为，TP 是一个本质上与 CARAD/ARP 完全不同的 R&TD 支持计划，欧盟也并没有将部分资金拨给用于民用飞机研究的专向性计划。相反，可以认为 TP 是一个框架性的

R&TD 支持计划，该计划针对广泛的经济部门，明确向新兴技术领域提供研究资金，而这些技术被认为对于英国经济的增长是非常关键的。

总之，既然争议资助的授予并不是基于明确局限于在航空相关研发领域活跃的实体，而且在相关竞争性项目下资金的分配也没有明确局限于航空相关的研发项目，同时 TP 也不是 CARAD/ARP 的后继计划，专家组得出结论认为，英国通过 TP 提供给空客的补贴并没有明确局限于“某些企业”，因而并不属于《SCM 协定》第 2.1 条（a）项意义上的专向性补贴。

三、英国技术计划非专向性抗辩的借鉴

在 DS316 案中，英国技术计划成功地证明了自身的非专向性，从而在符合 WTO 规则的条件下为空客英国公司提供了研发补贴。从该案的专家组裁决报告中可以发现，英国成功抗辩的关键因素有三点：第一，英国技术计划的涵盖范围非常广泛，并不局限于一个或几个产业，而是涵盖了整个经济活动的众多部门。第二，英国政府并没有将技术计划的资金根据产业进行分割，从而避免了为航空航天领域提供单独的补贴资金。第三，英国技术计划事实上是通过整合之前存在的众多研发资金和补贴项目形成的，这样的整合方式避免了产业的局限性和资金的条块分割，同时提高了研发项目之间的竞争性。

借鉴英国的经验，中国未来也应对某些科技计划项目的组织和实施方式进行调整，以尽可能降低其专向性特征。例如，可以进一步提高计划项目指南编制工作节奏的一致性，避免单个专项指南独立发布。不要在指南中针对某些特定细分领域明确特定金额的资金，同时避免在指南中对于申报企业的主业范围进行限制。将产业化特征较明显的科技项目重新整合，由“垂直产业化”转为“水平分散化”，不再围绕某个具体产品设置专项任务，而是从更宽口径、可对应多种产品的共性技术领域进行部署等。

第三节　加拿大可再生能源发电产业扶持措施

目前各国都在采取不同的政策措施扶持清洁能源的开发利用。为了鼓励可再生能源的使用，加拿大安大略省对使用不同能源发的电制定了不同的价格。FIT

项目（Feed - in Tariff Program）是一个由安大略省政府能源局向符合条件的发电厂支付保证价格的项目。该项目采取的是由政府所属企业以固定价格购买电力再销售给用户的方式。FIT 项目向安大略所有使用风能、太阳能、可再生生物、生物气体、土地填埋气体和水能发电的发电厂开放，但是对 10 千瓦以上的风能和 10 兆瓦以下的太阳能，有本地成分要求，只有符合条件的发电厂才能获得供电合同。2010 年，日本在 WTO 中就该国内含量要求的措施要求与加拿大进行磋商（DS412 案），2011 年，欧盟就同一问题要求与加拿大磋商（DS426 案）。2012 年，两个案件进行合并审理。专家组报告[①]在 2012 年 12 月发布，上诉机构报告[②]在 2013 年 5 月发布。

一、加拿大可再生能源案的关键裁决

本案的第一个关键分歧点是，争议措施是否能援引 GATT 第 3.8 条（a）项豁免国民待遇义务。GATT 第 3.4 条规定，"任何缔约方领土的产品进口至任何其他缔约方领土时，在有关影响其国内销售、标价出售、购买、运输、分销或使用的所有法律、法规和规定方面，所享受的待遇不得低于同类国产品所享受的待遇"。而 GATT 第 3.8 条（a）项又规定，"本条的规定不得适用于政府机构购买供政府使用、不以商业转售为目的或不以用以生产供商业销售为目的的产品采购的法律、法规或规定"。因此，这一分歧点的关键在于，加拿大政府的措施是否属于政府采购，或者确切地说，是否属于 GATT 第 3.8 条（a）项的适用范围。GATT 第 3.8 条（a）项规定了一些条件，只有符合这些条件，才可以援引这一条款来豁免国民待遇义务。这些条件包括：措施是涉及产品采购的法律、法规或规定；是政府机构购买供政府使用的产品；此购买不是为了商业转售，也不是为了生产产品供商业销售。本案的专家组和上诉机构都认为加拿大不能援引该条款豁免国民待遇义务，但理由却不同。专家组认为，前两个条件都符合，但是最后一个条件不符合，因为安大略省政府和市政府会从转售 FIT 项目下购买的电力中获得利益，因此采购的电力是以"商业转售"为目的的。而上诉机构却认为，

---

① 本书对 DS412 案和 DS426 案专家组分析的引用主要参考了该案的专家组报告：WTO. Canada - Certain Measures Affecting the Renewable Energy Generation Sector - Canada - Measures Relating to the Feed - in Tariff Program，WT/DS412/R；WT/DS426/R［R］. Report of the Panels，2012.

② 本书对 DS412 案和 DS426 案上诉机构分析的引用主要参考了该案的上诉机构报告：WTO. Canada - Certain Measures Affecting the Renewable Energy Generation Sector - Canada - Measures Relating to the Feed - in Tariff Program，WT/DS412/AB/R；WT/DS426/AB/R［R］. Report of the Appellate Body，2013.

第3.8条（a）项允许偏离的是第3条规定的国民待遇义务，这一义务与“同类产品”或“直接竞争或可替代产品”相关，本案中涉案措施给予不同待遇的是发电设备，而政府购买的是电力，这两者并不是有竞争关系的产品，所以加拿大与FIT项目相关的法律法规或规定就不是GATT第3.8条（a）项所指的“有关政府机构购买供政府使用……的法律、法规或规定”。简单来说，上诉机构认为，在本案中，政府购买的是电力，而受到不同待遇的是发电设备，这显然不是同类产品。上诉机构据此决定GATT第3.8条（a）项不适用。

本案的第二个关键分歧点是，争议措施是否违反GATT第3.4条和《TRIMs协定》第2.1条。《TRIMs协定》第2条是关于与贸易有关的投资措施的“国民待遇和数量限制”问题，其中的条文直接导向了GATT第3条（国民待遇）和GATT第11条（数量限制）。《TRIMs协定》第2.2条指出，其在附件中列出了一份与GATT第3条和第11条规定不一致的例示清单，对于这些不一致的措施给出了比较清楚的定义。这就意味着，如果一项投资措施进入了例示清单的范围，该措施就不符合国民待遇。《TRIMs协定》附件例示清单第1条列举的措施包括，“根据国内法律或根据行政裁定属强制性或可执行的措施，或为获得一项利益而必须遵守的措施，且该措施要求企业购买或使用国产品或任何国内来源的产品，无论按照特定产品、产品数量或价值规定，还是按照其当地生产在数量或价值上所占比例的规定”。专家组认为，FIT项目规定的“最低国内含量标准”要求部分太阳能发电和风力发电合同的设备的国产化率必须达到一定的百分比，同时还规定了哪些活动可以计算为国内含量。专家组审查证据之后确认，如果对国内物品的使用不超过进口物品的话，根本不可能达到最低国内含量标准。因此，争议措施属于《TRIMs协定》附件例示清单第1条描述的措施，所以也违反了GATT第3.4条和《TRIMs协定》第2.1条。

本案的第三个关键分歧点是，争议措施是否构成《SCM协定》下补贴的问题。但上诉机构最终没有在这一点上完成法律分析，甚至还没有分析到补贴专向性和不利影响等问题就中止了。主要原因是，在争议措施是否构成“财政资助”以及是否授予了“利益”的问题上，就因为证据不足等原因而没有得出结论。

二、加拿大可再生能源案的启示

本案虽然最终判定加拿大败诉，但加拿大政府在涉及相关补贴项目时采取的做法却值得借鉴。在本案中，专家组报告专门用了大量的篇幅来介绍争议措施，本身就说明了这些措施的复杂程度之高。争议措施不仅涉及政府机构和国有企业，还涉及一些政府和私营机构联合组成的组织，运作方式也十分复杂。虽然存在违规之处，其取证难度和裁决难度都非常高，也为应诉或政策调整提供了更多的缓冲时间。

此外，本案对于政府采购扶持本国产业的措施的合规性问题提供了规则阐释的机会。如果一国不加入 GPA，政府采购市场就不需要对外开放，但是通过政府采购给予国内企业支持的措施仍然会受到限制。首先，通过 GATT 第 3.8 条豁免政府采购的国民待遇义务的条件并不宽松。比如本案中的加拿大措施，虽然看上去跟政府采购密切相关，但因为涉案产品并不是政府购买产品的“同类产品”，所以并不能通过援引 GATT 第 3.8 条（a）项来豁免国民待遇义务。其次，虽然可以不开放政府采购市场，但是不能通过政府采购给予补贴。换句话说，购买国产品的价格必须符合市场标准，不能通过政府购买授予利益。

第四节　荷兰扣押过境仿制药

由于原研药价格高昂，仿制药一直是世界各国尤其是发展中国家医疗卫生体系的重要组成部分。印度是仿制药大国，其所生产和出口的仿制药大约占到全球仿制药市场的 20%①。其中，销往南美洲、非洲等地的仿制药往往经由欧洲港口进行转运。然而，从 2008 年开始，荷兰等国依据欧盟理事会发布的《关于打击涉嫌侵犯知识产权货物的海关行动和措施的第 1383/2003 号理事会条例》（以下简称“1383/2003 号条例”），以涉嫌侵犯专利权为由，多次扣押过境的印度仿制药。2010 年，印度与巴西在 WTO 中先后就此向欧盟和荷兰提出磋商请求（DS408 案、DS409 案），认为争议措施不符合 GATT1994、《TRIPS 协定》、《WTO 协定》中的相关条款及《关于〈TRIPS 协定〉与公共健康的宣言》。随后，加拿大、中国、日本、土耳其、厄瓜多尔等成员加入磋商。2011 年，由于涉案方达成了临时性谅解协议，案件暂时中止。

该案对中国具有较好的启示与借鉴价值。一方面，中国出口的产品也多次在

① 张燕．印度为何成为仿制药的“世界药房”［J］．中国经济周刊，2018（28）：62－65.

过境欧盟时被荷兰、德国、比利时等国以侵犯知识产权为由扣押①。另一方面，近年来中国开始重视仿制药问题，并连续出台多项政策文件，希望鼓励国内仿制药的研发生产。对于未来仿制药进入国际市场所面临的知识产权和过境转运等问题，也需要提前考虑。此外，在 ACTA、TPP 等知识产权新规则的背景下，该案所代表的更为复杂的“TRIPS－plus”边境执法争议，尤其值得包括中国在内的发展中国家重视。

一、印度仿制药是否侵权？

荷兰扣押转运药品的理由是怀疑这些药品侵权，因此，印度仿制药是否侵权就是评析该案的首要问题。

首先，需要说明的是，仿制药（Generic Drugs）并不是假冒药。根据 WTO 的定义，仿制药有两层含义：一是从商标的视角，仿制药是指没有商标，而以通用化学成分命名的药品。二是从专利的视角，仿制药是对专利过期药品的仿制品或根据专利强制许可生产的药品。② 在治疗效果上，仿制药与原研药具有生物等效性。仿制药与假冒药不同，假冒药是指就药品本身特征和/或来源方面进行蓄意欺骗性标注的药品③。而根据印度在本案中的主张，被扣押的仿制药并不是假冒伪劣药品，而是在印度、巴西的知识产权法中合法的非专利药。④ 因此，被荷兰扣押的印度仿制药实际是合法药品。

其次，过境仿制药并没有侵犯知识产权。知识产权具有地域性。《保护工业产权巴黎公约（1979 年 9 月 28 日修正）》第四条之二规定，“在不同国家就同一发明取得的专利是相互独立的”。因此，判定仿制药是否侵权，必须界定具体的地域范围。仿制药所对应的原研药在印度和巴西并不享有专利权。因此，无论在出口国（印度），还是其进口国（巴西），仿制药都没有侵犯知识产权。然而，荷兰海关实施扣押的依据却是这些药品侵犯了本国的知识产权。据此推断，这些

① 杨鸿，高田甜．过境货物的知识产权边境措施：TRIPS 协定下的合规性问题［J］．亚太经济，2013（4）：43－50.

② What Does “Generic” Mean? ［EB/OL］. World Trade Organization，https：//www. wto. org/english/tratop_ e/TRIPS_ e/factsheet_ pharm03_ e. htm，2006－09［2019－10－05］.

③ 廖丽．国际知识产权新趋势：TRIPS－PLUS 知识产权执法研究［M］．北京：中国社会科学出版社，2015：157.

④ 汪蓉．欧盟海关 1383/2003 条例的法理评析——以欧盟仿制药品过境案为视角［J］．时代金融，2013（11）：31－32.

仿制药所对应的原研药在荷兰境内享有专利权。但这些仿制药仅仅是过境荷兰，却并没有进入荷兰市场，因而不会在专利权人享有专利权的范围内损害其利益。在2011年以前，欧盟成员国曾频繁运用“生产假设”推论（Manufacturing Fiction）扣押涉嫌侵犯知识产权的过境商品，即假定被扣押的过境商品是在过境国生产并进入该国市场。但2011年欧盟法院的一项判决否定了该推论方式，明确要求判定知识产权侵权嫌疑必须以具体案件事实为基础，而不能纯粹基于对侵权货物可能进入欧盟市场的担忧。[①] 因此，对于过境的仿制药而言，既没有侵犯原产国与目的国的知识产权，也没有侵犯过境国的知识产权。

二、扣押过境仿制药在WTO下的合规性

该案中的争议措施在WTO下的合规性问题主要有三项，包括过境自由问题、合法贸易障碍问题以及公共健康问题。其中：

第一项是“过境自由”的问题。GATT第5条对“过境自由”（Freedom of Transit）作出了详细的规定。GATT第5.2条规定，“对于通过国际过境最方便的路线、来自或前往其他缔约方领土的过境运输，应具有经过每一缔约方领土的过境自由”，该条款同时提出了非歧视的要求。第5.3条规定，“除未能符合适用的海关法律和法规的情况外，此种来自或前往其他缔约方领土的运输不得受到任何不必要的迟延或限制”。而荷兰海关扣押印度仿制药的行为与以上条款均存在冲突。一方面，荷兰单独针对来自印度的仿制药采取的海关措施，构成了GATT第5.2条意义上的“因原产地”而进行的“区分”，违反了该条款规定的非歧视义务。另一方面，被荷兰扣押的药品部分被推迟放行，部分被遣返回印度，还有一部分被就地销毁。[②] 由于这些仿制药属于合法药品，也没有侵犯知识产权，因而荷兰的扣押行为构成了GATT第5.3条意义上的“不必要的迟延或限制”。有文献认为，荷兰据以实施扣押措施的欧盟“1383/2003号条例”，虽然内容是关于知识产权的边境措施的，但也属于海关的边境执法范围，具备GATT第5.3条中所述的“海关法律和法规”属性[③]。但即便如此，也无法证明荷兰扣押措施的正

① 张敏．WTO框架下欧盟知识产权边境措施适用于过境货物之合法性分析［J］．上海对外经贸大学学报，2013（1）：29－42.

② 杨鸿，高田甜．过境货物的知识产权边境措施：TRIPS协定下的合规性问题［J］．亚太经济，2013（4）：43－50.

③ 冯洁菡．印度仿制药品过境运输争端适用GATT第5条的分析［C］//WTO法与中国论丛（2011年卷），2010.

当性。因为“1383/2003号条例”本身在《TRIPS协定》下的合规性就存在问题，特别是其中关于过境国依据本国法律判定过境产品侵权的规定。

第二项是合法贸易障碍的问题。《TRIPS协定》第51条要求各成员对于假冒商标或盗版货物实施海关中止放行的义务，同时规定，针对假冒商标或盗版货物的海关措施由各成员自行决定。显然，本案中的仿制药过境问题，并不受第51条管辖。而第51条在脚注中规定，“对于……过境货物，并无义务适用此类程序”。该条款虽然明确将针对过境货物的知识产权边境措施排除出《TRIPS协定》的义务要求，但也没有禁止成员实施此类措施。因此，本案中的争议措施并没有违反《TRIPS协定》第51条的规定。然而，《TRIPS协定》并不是片面保护知识产权权利持有人的利益，而是希望在保护知识产权与促进合法贸易之间达成平衡。《TRIPS协定》第1.1条规定，“各成员可以……在其法律中实施比本协定要求更广泛的保护，只要此种保护不违反本协定的规定”。实际上相当于对各成员可能实施的“TRIPS-plus”措施设定了前提条件，即部分文献中提到的“天花板”[①]。例如，《TRIPS协定》第41.1条规定，“这些程序的实施应避免对合法贸易造成障碍并为防止这些程序被滥用提供保障”。而在本案中，印度向巴西等国出口的仿制药并不存在假冒或侵权行为，属于合法贸易。因此，荷兰扣押过境仿制药的措施实际上对这种合法贸易造成了障碍，违反了《TRIPS协定》第41.1条的规定，同时也不符合《TRIPS协定》第1.1条的规定。

第三项是公共健康的问题。为了帮助解决很多发展中国家和最不发达国家面临的严重公共健康问题，2001年在多哈举行的WTO第四届部长级会议通过了《关于〈TRIPS协定〉与公共健康的宣言》。该宣言第4条指出，“同意《TRIPS协定》没有也不应当妨碍成员国为维护公共健康而采取措施”，“确认该协定能够也应当以一种……促进所有的人获得药品的权利的方式进行解释和实施”。而为了落实该宣言中有关药品专利强制许可的指示，WTO总理事会在2005年通过了《关于〈TRIPS协定〉修正案议定书》，放开了对于强制许可药品的出口限制，为发展中和最不发达成员通过进口获得更便宜的必需药品、解决公共健康危机提供了便利。[②] 而在本案中，荷兰扣押过境仿制药的措施，及其据以执行该措

---

① Grosse Ruse - Khan H, Kur A. Enough is Enough—The Notion of Binding Ceilings in International Intellectual Property Protection [J]. Social Science Electronic Publishing, 2008 (12).

② 郭寿康，史学清. WTO协定的首次修订——Trips协定第31条之修改 [J]. 海南大学学报（人文社会科学版），2009 (1)：38-44.

施的欧盟"1383/2003号条例"，实质上违背了《关于〈TRIPS协定〉与公共健康的宣言》保护公共健康的指示。将知识产权保护强加于过境运输的仿制药品上，不仅阻碍了合法的仿制药品贸易，还削弱了解决药品可及性问题的全球努力，进而对全球公共健康问题的解决造成损害。[①]

三、"TRIPS－plus"扩张背景下该案对中国的启示

截至2019年7月，DS408与DS409案在WTO网站上虽然仍显示为磋商状态，但实际上涉案各方已经在2011年7月达成谅解。谅解协议的主要内容是欧盟方面所作出的承诺，即欧盟成员国不再直接针对过境仿制药采取知识产权措施，只有当有充足的证据表明过境药品存在进入欧盟市场的实质可能性时，才可以怀疑其侵犯专利权。[②] 也就是说，该案以欧盟方面的妥协而中止。也正因为如此，该案没有经过专家组或上诉机构的审理，因而使得知识产权边境措施的合规性仍然是一个悬而未决的问题。在国际经贸规则进入新一轮调整的形势下，中国该如何应对"TRIPS－plus"标准的持续扩张，或许可以从该案中获得一些启示。

首先，由于发达国家具备更高的技术优势，其在国内的知识产权保护方面本来就在执行着更高的标准。中国的产品在进入这些国家的市场时，当然也就面临着更高的知识产权壁垒。由于中国巨大的贸易体量和技术后发国家的瓶颈，整体出口中存在一定比例的知识产权侵权产品是在当前发展阶段难以回避的客观现实。一方面，中国可以配合这些国家针对假冒商标、盗版货物的知识产权措施，并通过提升国内的知识产权执法水平减少假冒伪劣产品的生产、销售和出口，提高中国产品在国际市场的整体声誉。另一方面，中国也应注意应对部分国家针对中国产品的知识产权边境措施的滥用。《TRIPS协定》所规定的不仅是各成员知识产权保护的最低标准，同时也规定了防止滥用知识产权措施、保障合法贸易的义务。例如，对于仅仅针对中国产品的知识产权边境措施所造成的延误和损失，或者针对中国过境产品的不合理的知识产权措施，都可以诉诸WTO争端解决，寻求多边机制的保护和救济。

其次，在双边和区域层面，"TRIPS－plus"标准的扩张也对中国等发展中国

① 冯洁菡，李蔚然．印度仿制药品过境运输争端案评析——以理事会1383/2003条例与TRIPS协议为视角［J］．法学杂志，2011，32（12）：39－42.

② 梁意．论"TRIPS－plus"边境措施及其合法性问题——以《TPP知识产权草案》为视角［J］．国际商务（对外经济贸易大学学报），2015（2）：95－105.

家造成了压力。近年来较有影响力的贸易协定，如 TPP 和 ACTA，都纳入了更高的知识产权保护标准，包括更长的知识产权保护期限、更严格的知识产权执法措施等。美国近年与韩国、哥伦比亚、智利、摩洛哥、秘鲁等十多个国家与地区签署的双边自贸协定中，都明确规定了对过境货物的知识产权边境措施。[①] 对于发达国家来说，在协定中设定“TRIPS - plus”条款符合其技术利益。对于部分发展中国家来说，则可能为了获得在发达国家的更大市场准入而在协定中接受“TRIPS - plus”条款。但随着这些协定的增多，发展中国家不仅在更多的出口市场中面临更高的知识产权壁垒，也会在未来的自贸协定谈判中直接面临更高的知识产权保护要价。而为了应对这种“TRIPS - plus”扩张趋势，需要发展中国家在区域层面的协调一致，共同制定更符合发展中国家技术发展阶段的知识产权规则，或者共同抵制不利于发展中国家技术进步的“TRIPS - plus”条款。

再次，在 2017 年美国特朗普政府对中国发起“贸易战”以后，时断时续的双边经贸磋商就成为中美经贸关系的常态。而在双边磋商中，更高标准的知识产权保护是美方提出的核心要价之一。对于中方来说，在知识产权方面作出多大程度的让步，需要综合考虑多方面的因素。一是当前的技术发展水平所能承受的知识产权保护水平。发达国家向发展中国家的技术转让一直是发展中国家技术进步的重要来源，而过高标准的知识产权保护实际上会对技术扩散造成合法但不合理的阻碍。二是更严格的知识产权保护对于公共健康、环境保护等公共政策空间的影响。例如，较长的生物制剂数据保护期限必然会延缓仿制药的生产和销售时间，推高国内药品价格，进而影响到公众的健康利益。三是在双边贸易协定中接受的知识产权规则所产生的多边约束。由于 WTO 中最惠国待遇义务的存在，中国如果在中美贸易协定中接受“TRIPS - plus”条款，也必须给予其他 WTO 成员同样水平的知识产权保护待遇。这不仅会影响中国与其他国家的双边经贸关系，也会对中国在多边经贸规则谈判中的立场与定位产生影响。

最后，在未来的 WTO 改革中，知识产权规则将成为谈判的焦点。无论是发达国家还是发展中国家，知识产权规则都将成为更大的影响经贸利益的因素。对于发达国家来说，随着中国、印度等大量新兴国家的崛起，其在全球贸易中的利益更加依赖于技术优势和知识产权垄断，因而希望达成更高标准的知识产权规

---

① 杨鸿，高田甜．过境货物的知识产权边境措施：TRIPS 协定下的合法性问题［J］．亚太经济，2013（4）：43 - 50.

则。对于发展中国家来说，却普遍认为达成《TRIPS协定》已经是对发达国家作出大量让步的结果，因而很难在多边知识产权规则方面作出更多的让步。与此同时，《TRIPS协定》本身也存在大量模糊不清之处，使得与知识产权相关的国际贸易受到干扰，迫切需要通过WTO改革得到进一步的澄清。简单来看，这是一种"双方都不满意"的状态。如果知识产权规则得不到调整和澄清，多边贸易规则的权威就可能进一步受到损害。中国则应密切参与到WTO知识产权规则的调整进程中，主动提出知识产权规则调整方案，在承担合理的国际责任的同时，争取更平衡的技术发展空间。

第五节　欧共体生物技术产品审批和销售措施

由于转基因产品的安全性存在争议，各国都对其进口实施了比较谨慎的措施。[①] 但总体来看，欧洲国家对转基因产品监管的严格程度要明显高于美国、加拿大和阿根廷等在转基因技术方面较有优势的国家。这种监管程度的差异也为转基因产品的贸易争端埋下了隐患。自1998年10月开始，转基因生物体（Genetically Modified Organisms，GMOs）投放欧共体市场的审批申请就在不同的阶段被阻隔[②]，造成了欧共体对于转基因生物体审批申请事实上的"暂停"。对此，2003年5月，美国、加拿大、阿根廷分别在WTO中向欧共体提出磋商请求（即DS291案、DS292案、DS293案）。申诉方认为，欧共体的措施违反了《SPS协定》、GATT、《农业协定》和《TBT协定》的相关条款。鉴于这三起争端均指向同样的事项，WTO争端解决机构将其合并审理。本书将其合称DS291/292/293案[③]。在本案中，生物技术产品（Biotech Products）是指通过重组DNA技术开发的植物品种，即属于转基因生物体。

---

① 朱榄叶．世界贸易组织国际贸易纠纷案例评析（2003—2006）［M］．北京：法律出版社，2008：143.

② 张玉卿．基因产品贸易未来的发展趋势——"WTO转基因第一案"述评与展望［J］．WTO经济导刊，2006（12）：59－62.

③ 本书对DS291/292/293案专家组分析的引用主要参考了该案的专家组报告：WTO. European Communities－Measures Affecting the Approval and Marketing of Biotech Products，WT/DS291/R；WT/DS292/R；WT/DS293/R［R］．Reports of the Panel，2006.

转基因技术也是中国重视发展的一项重要先进技术，中国同时又是部分转基因产品的进口大国。专家组在本案中所作出的关于争议措施在《SPS 协定》下合规性的裁决，对于中国实施类似的 SPS 措施以及完善转基因监管制度都具有较好的参考价值。

一、被诉的主要争议措施

为了对人类健康与环境进行保护，欧共体建立了专门的生物技术产品审批制度。欧共体的生物技术产品审批制度由两项主要的法律文件构成：一项是欧共体指令 2001/18（简称“指令 2001/18”）。该指令的前身是欧共体指令 90/220（简称“指令 90/220”）。该指令用于对“人为向环境中释放转基因生物体”进行管理。另一项是欧共体条例 258/97（简称“条例 258/97”）。该条例用于对“新食品和新食品成分”进行规范。这些法律文件要求欧共体对生物技术产品可能对人类健康与环境构成的潜在风险进行个案审查。基于审查结果，决定批准或拒绝相应生物技术产品在欧共体的销售。

在 DS291/292/293 案中，争议措施分为三项：

第一项是欧共体整体暂停对生物技术产品的审批（简称“欧共体整体暂停措施”）。根据专家组的审查，从 1999 年 6 月到专家组成立时的 2003 年 8 月，确实存在欧共体对生物技术产品审批的整体暂停。这虽然没有经过正式的欧共体规则或决策程序，但的确构成了欧共体的一项措施。该措施适用于在相关时间段内待审或新提交的生物技术产品的所有申请的审批，并涉及欧共体对这些申请的最终审批决定的实际中止。

第二项是欧共体影响特定生物技术产品审批的各种措施（简称“欧共体具体产品措施”）。该措施虽然与欧共体整体暂停措施有关，但却并不属于同一项措施。专家组认为，该措施是指，在具体的审批程序中，相关欧共体机构据以实施其整体暂停审批决定的特定的作为和/或不作为，或者据以对其他欧共体机构实施整体暂停的情况做出回应的特定的作为和/或不作为。

第三项是欧共体成员国禁止进口和/或销售特定生物技术产品的各种保护措施（简称“成员国保护措施”）。一般情况下，对于在“指令 90/220”“指令 2001/18”和“条例 258/97”下经过批准用于欧共体范围内销售的生物技术产品，各成员国不会禁止或限制该产品在本国领土内的贸易或使用。但在某些例外情况下，成员国可以采取保护措施，暂时禁止或限制已经经过欧共体批准的生物技术产品的贸易或使用。“指令 90/220”“指令 2001/18”和“条例 258/97”也对这些例外情况作了规定。根据“指令 90/220”第 16 条，一成员国如果“有正当理由认为一项经过适当通报并获得书面同意的产品对人类健康或环境构成了风险”，可以在其领土内暂时限制或禁止使用和/或销售该产品。“指令 2001/18”第 23 条承继了“指令 90/220”第 16 条，并规定，如果“基于自同意之日起获得的影响环境风险评估的新的或附加的信息，或者基于在新的或附加的科学知识基础上对已有信息的重新评估”，一成员国“有详细的理由认为，作为一项产品或包含在产品中的转基因生物体……对人类健康或环境构成了风险”，就可以采取保护措施。“条例 258/97”第 12 条则规定，如果“基于新信息或对现有信息的重新评估”，一成员国“有详细的理由认为，符合本条例规定的一项产品或产品成分的使用会危害人类健康或环境”，就可以采取保护措施。据本案中申诉方的申诉，欧共体六个成员国（奥地利、法国、德国、希腊、意大利、卢森堡）共实施了九项保护措施。这些措施禁止了 T25 玉米、MS1/RF1 油菜籽等多种生物技术产品的进口或销售。

二、欧共体生物技术产品销售措施合规性的关键问题

（一）SPS 的界定及相关条款的管辖

在本案中，“卫生与植物卫生措施”（即 SPS 措施）的界定是一个比较关键的问题。申诉方在争端中指出，三项争议措施均违反了《SPS 协定》第 5.1 条和第 8 条。第 5.1 条要求，SPS 措施的制定要以相应的风险评估为基础。第 8 条规定，各成员在实施控制、检查和批准程序时，应遵守附件 C 的规定。附件 C 第 1 条则列出了“对于检查和保证实施 SPS 措施的任何程序”，各成员应保证达到的要求，其中特别如（a）项要求“此类程序的实施和完成不受到不适当的迟延”。如果争议措施并不属于 SPS 措施，就不受第 5.1 条管辖，从而也不会产生违反第 5.1 条的可能。但争议措施也可能构成“此类程序的实施和完成”，进而受到《SPS 协定》第 8 条的管辖。因此，“SPS 措施”的界定是作出最终判定的先决条件。

《SPS 协定》的附件 A 第 1 条规定了 SPS 措施的定义。根据专家组的分析，该条款指出了判定一项措施是否属于 SPS 措施的三个要素：目的、法律形式和性质。首先，附件 A 第 1 条的（a）至（d）项规定了 SPS 措施的目的。包括保护成员领土内的人类、动物或植物的生命或健康免受虫害、病害、食品饮料中的添

加剂、污染物等所产生的风险等。其次，附件A第1条第2段中的“法律、法令、法规”规定了SPS措施的法律形式。本案专家组认为，不应将该条款中的“法律、法令、法规”视为对具体的法律形式的规定，SPS措施原则上可以体现为多种不同的法律形式。例如，“指令2001/18”“指令90/220”和“条例258/97”是由欧共体采取的政府措施，具有法律约束力，可以在欧共体成员国直接适用或者通过成员国立法间接适用，因而属于附件A第1条第2段中的“法律”。最后，附件A第1条第2段中的“要求和程序，特别包括：最终产品标准；工序和生产方法；检验、检查、认证和批准程序……”则规定了SPS措施的性质。即从SPS措施的性质上来说，包括“要求”和“程序”两种。“要求”包括“最终产品标准”“检疫处理”“某些包装和标签要求”等。“程序”则包括“检验、检查、认证和批准程序”等。其中，“要求”的范围较广。例如，针对一项产品的销售申请的准许或禁止都可以视为“要求”。另外，对于该案中申诉方与被诉方多次提到的“批准程序”，附件A第1条并没有对“批准程序”给出定义。但《SPS协定》附件C“检查、控制和批准程序”在脚注中特别强调，“控制、检查和批准程序特别包括抽样、检查和认证程序”。而且附件C第1条在导言中提到，“对于检查和保证实施SPS措施的任何程序”。基于这些因素，本案专家组认为，“批准程序”包括用于检查和保证一项或多项实质性SPS要求的程序，而满足相应的SPS要求是准许将一项产品投放市场的先决条件。综上所述，一项措施必须同时符合这三个要素，才属于SPS措施，进而受相关条款的管辖。

特别值得注意的是，《SPS协定》附件A第1条第2段中的“要求和程序”前后并没有“实施”（Application）一词。而从《SPS协定》内的多项条款设计来看，“实施”一词在此处的缺失很可能是故意为之。例如，《SPS协定》第2.3条规定，SPS措施的“实施”方式不得构成对国际贸易的变相限制。第10.1条规定，在制定和“实施”SPS措施时，各成员应考虑发展中国家成员，特别是最不发达国家成员的特殊需要。这表明，虽然“要求”或“程序”可能构成SPS措施，但“要求”或“程序”的“实施”本身却并不一定符合SPS措施的定义。

基于以上定义，专家组分别对三项争议措施进行了审查，以判定其是否属于SPS措施。

第一，关于“欧共体整体暂停措施”的界定。一方面，如果“欧共体整体暂停措施”直接导致了对生物技术产品进口和销售的市场禁令，那就可以认定其在性质上构成一项“要求”。然而，根据专家组的审查，欧共体实施整体暂停措施的决定是一项关于现行欧共体审批程序的实施或运作的程序性决定。它既没有批准一项申请，也没有拒绝一项申请。其本身并不构成一项有效的市场禁令。因此，“欧共体整体暂停措施”在性质上并不构成一项“要求”。另一方面，如果“欧共体整体暂停措施”直接导致了对现行批准程序的修改或者新建了一项批准程序，就可以认定其在性质上构成一项“程序”。然而，欧共体实施整体暂停措施的决定既没有建立一项程序，也没有对现行程序进行修订。因此，“欧共体整体暂停措施”在性质上并不构成一项“程序”。基于上述分析，“欧共体整体暂停措施”在性质上并不符合《SPS 协定》附件 A 第 1 条对 SPS 措施的定义，因而不属于《SPS 协定》附件 A 第 1 条意义上的 SPS 措施。与此同时，在《SPS 协定》第 5 条的意义上，“欧共体整体暂停措施”并不是用以“实现欧共体适当的卫生与植物卫生保护水平”的措施，因而也不属于《SPS 协定》第 5.1 条意义上的 SPS 措施。因此，《SPS 协定》第 5.1 条也并不适用于“欧共体整体暂停措施”。

然而，根据专家组的认定，“指令 2001/18”“指令 90/220”和“条例 258/97”属于附件 A 第 1 条定义的“SPS 措施”。这三项法律也设定了用以检查和保证实施一项或多项 SPS 要求的程序，而满足相应的要求是准许一项产品投放欧共体市场的必要条件。据此，“指令 2001/18”“指令 90/220”和“条例 258/97”所设定的程序构成了附件 C 第 1 条意义上的“检查和保证实施 SPS 措施的程序”。因此，这些程序要受到《SPS 协定》第 8 条及附件 C 的管辖。而“欧共体整体暂停措施”实际上导致了其中某些程序的暂停，因而很可能也要受到《SPS 协定》第 8 条及附件 C 的约束。

第二，关于“欧共体具体产品措施”的界定。与“欧共体整体暂停措施”类似，“欧共体具体产品措施”也不构成 SPS 措施。首先，“欧共体具体产品措施”并不是一项“要求”。就“欧共体具体产品措施”来说，欧共体相关机构对生物技术产品的准入申请不予考虑，这一行为本身的确会造成相关审批程序的拖延。但这种拖延并没有形成一项新的禁令（即一个负向的“要求”）。其次，“欧共体具体产品措施”也不是一项“程序”。欧共体相关机构对生物技术产品的准入申请不予考虑，这一行为本身既没有形成一项关于生物技术产品审批的新程序，也没有对现行审批程序进行修改。根据专家组对事实的审查，欧共体的审批程序类型并没有出现变动。最后，“欧共体具体产品措施”在性质上应当属于一种“方式”，即在具体事项上执行欧共体程序的一种特定“方式”。在《SPS 协定》附件 A 第 1 条的意义上，这应当属于一项“程序”的实施或应用。虽然一项“程序”本身可能构成《SPS 协定》附件 A 第 1 条意义上的“SPS 措施”，但其实施或应用却并不构成“SPS 措施”。因此，“欧共体具体产品措施”并不属于《SPS 协定》附件 A 第 1 条意义上的“SPS 措施”。与此同时，欧共体相关机构对生物技术产品的准入申请不予考虑，这一行为也不是一项用以实现欧共体适当的卫生与植物卫生保护水平的措施。综上分析，《SPS 协定》第 5.1 条并不适用于“欧共体具体产品措施”。

然而，由于“指令 2001/18”“指令 90/220”和“条例 258/97”所设定的程序构成了附件 C 第 1 条意义上的“检查和保证实施 SPS 措施的程序”，就要受到《SPS 协定》附件 C 第 1 条的约束。按照附件 C 第 1 条（a）项的规定，欧共体在“实施和完成”这些程序时不应存在“不适当的迟延”。而欧共体相关机构对生物技术产品的准入申请不予考虑，这一行为就属于欧共体在“实施和完成”这些程序时的行为。因此，“欧共体具体产品措施”不仅要受到《SPS 协定》附件 C 第 1 条的约束，也要受到《SPS 协定》第 8 条的管辖。

第三，关于“成员国保护措施”的界定。首先，“成员国保护措施”符合《SPS 协定》附件 A 第 1 条所规定的 SPS 措施的“目的”。根据欧共体的法律规定，成员国在实施保护措施时需要提交说明理由的文件。而这些文件可以反映出成员国实施保护措施的目的。例如，奥地利针对 T25 玉米实施保护措施的目的包括，对于 T25 玉米“花粉在栽培地周围田地中的传播”“对环境敏感地区的长期生态影响”“过敏性和毒性”“抗生素耐药性的发展”等问题的担忧。与《SPS 协定》附件 A 第 1 条对照发现，“花粉在栽培地周围田地中的传播”属于第 1 条（d）项“防止或控制成员领土内因虫害的传入、定居或传播所产生的其他损害”的范围；“对环境敏感地区的长期生态影响”属于第 1 条（a）项“保护成员领土内的动物或植物的生命或健康免受虫害、病害、带病有机体或致病有机体的传入、定居或传播所产生的风险”及（d）项的范围；“过敏性和毒性”属于（b）项和（c）项的范围；“抗生素耐药性的发展”则属于（a）项和（b）项的范围。其次，“成员国保护措施”符合《SPS 协定》附件 A 第 1 条所规定的 SPS 措施的“形式”。仍以奥地利针对 T25 玉米实施的保护措施为例。该措施是奥地利通过条例（Ordinance）的方式，禁止 T25 玉米在其领土内的商业化。附件 A 第 1 条在规定 SPS 措施的形式时提到了“法律、法令、法规”，并没有提到“条例”。然而，根据专家组的分析，附件 A 第 1 条对此的规定不应被理解为穷举的方式，“法律、法令、法规”也不应被视为 SPS 措施的固定法律形式。该条例明显是由奥地利政府制定的措施，同时又具有法律约束力。因此，该条例应当被归为附件A第1条所规定的“法律”“法令”或“法规”。最后，“成员国保护措施”符合《SPS协定》附件A第1条所规定的SPS措施的“性质”。本案专家组多次提到，无论是对一项产品的销售的批准还是禁止，都应被视为一项“要求”。而奥地利针对T25玉米实施的保护措施，是以条例的方式禁止T25玉米的销售。因此，这种禁止构成了《SPS协定》附件A第1条所规定的“要求”，符合SPS措施的“性质”。根据专家组的逐一审查，本案中的九项“成员国保护措施”都属于SPS措施。此外，《SPS协定》第1条规定，“本协定适用于所有可能直接或间接影响国际贸易的SPS措施”。也就是说，必须是影响国际贸易的SPS措施才受《SPS协定》及其中相关条款的管辖。而“成员国保护措施”对于多种生物技术产品销售的禁止，不仅阻止了这些产品在相应成员国市场的投放，同样也阻止了这些产品从欧共体外向相应成员国的进口，影响了国际贸易。因此，“成员国保护措施”受到《SPS协定》的管辖，特别是受到《SPS协定》第5.1条等条款的约束。

（二）约束本案争议措施的主要条款

《SPS协定》在前言中指出，“不应阻止各成员为保护人类、动物或植物的生命或健康而采用或实施必须的措施”，同时要求，“这些措施的实施方式不得构成在情形相同的成员之间进行任意或不合理歧视的手段，或构成对国际贸易的变相限制”。由此可见，《SPS协定》主要的规制目的有两方面：一方面是维护各成员通过实施SPS措施保护人类与动植物生命健康的权利，另一方面是阻止SPS措施的滥用。进一步看，《SPS协定》实际是这两方面规制的均衡点，设定了实施SPS措施的限度。其中大量条款都是针对这一“限度”设定的。例如，协定第2.3条实际规定了SPS措施的非歧视待遇原则，第7条规定了SPS措施的透明度原则。

在本案中，对争议措施构成约束的条款主要是协定第2.2条、第5.1条、第5.7条、第8条及附件C第1条（a）项。而专家组的判定结果表明，对于这些条款的约束作用的分析，既要考虑条款本身的管辖范围，又要考虑相关条款之间的关系。

一是管辖范围的问题。“欧共体整体暂停措施”“欧共体具体产品措施”与“成员国保护措施”三项争议措施虽然最终都被专家组认定为违规，但具体的违规依据却并不是来自同一条款。如前文所述，“欧共体整体暂停措施”与“欧共体具体产品措施”并不属于SPS措施，不受《SPS协定》第2.2条或第5.1条管辖，却被专家组认定为违反《SPS协定》第8条及附件C第1条（a）项。“成员国保护措施”属于SPS措施，因而受到《SPS协定》第2.2条与第5.1条管辖，最终被专家组认定为违反这两项条款。

二是《SPS协定》第2.2条、第5.1条与第5.7条之间的关系问题。《SPS协定》第2.2条与第5.1条对实施SPS措施的程序和依据进行了规制。第2.2条规定，“各成员应保证任何SPS措施仅在为保护人类、动物或植物的生命或健康所必需的限度内实施，并根据科学原理，如无充分的科学证据则不再维持”。第5.1条规定，“各成员应保证其SPS措施的制定以对人类、动物或植物的生命健康所进行的、适合有关情况的风险评估为基础”。但第2.2条同时规定，“第5.7条规定的情况除外”。第5.7条则规定，“在有关科学证据不充分的情况下，一成员可根据获得的有关信息，包括来自有关国际组织以及其他成员实施的SPS措施的信息，临时采用SPS措施。在此种情况下，各成员应寻求获得更加客观地进行风险评估所必需的额外信息，并在合理期限内据此审议SPS措施”。根据专家组结合以往争端案例的上诉机构报告所做的分析，第2.2条虽然作出了将第5.7条的情况排除在一般义务之外的规定，但不应将第5.7条视为第2.2条的例外（Exception），而应将第5.7条视为一项有条件的权利（Right），或是第2.2条所规定的“根据科学原理”实施SPS措施这一一般义务的有条件的豁免（Exemption）。与此同时，虽然在《SPS协定》中第5.1条与第5.7条没有相互援引，但这两项条款实质上仍然存在明确的相互援引关系。首先，第5.7条提到了“更加客观的风险评估”，其中的“风险评估”的定义由附件A第4条给出，而第5.1条同样要求进行同一意义上的“风险评估”。其次，根据以往争端案例的上诉机构报告，第5.7条中的“科学证据不充分”是相对于第5.1条的情况而言的。因此，与前述关于第2.2条和第5.7条关系的分析结果类似，相对于第5.1条来说，第5.7条也应被视为一项有条件的权利，或是第5.1条所规定“以风险评估为基础”实施SPS措施这一一般义务的有条件的豁免。

对于协定第2.2条、第5.1条与第5.7条之间关系的分析结论有两个关键的意义。首先，这意味着举证责任的转移。如果将第5.7条视为第2.2条和第5.1条的例外，那么举证责任在被诉方。被诉方需要证明其SPS措施符合第5.7条规定的情况。如果将第5.7条视为一项有条件的权利，那么举证责任在申诉方。申诉方需要证明争议措施并不符合第5.7条规定的情况。根据专家组的分析结论，既然协定第 5.7 条应视为一项权利，那么举证责任应在申诉方，在本案中为美国、加拿大和阿根廷。其次，据此可以确定审查争议措施合规性的逻辑顺序。如果争议措施符合第 2.2 条和第 5.1 条的规定，则无须审查其在第 5.7 条下的合规性。即便其不符合第 5.7 条的规定，也并不因此构成违规。如果争议措施不符合第 2.2 条或第 5.1 条的规定，则需要进一步审查其在第 5.7 条下的合规性。若其符合第 5.7 条规定的情况，则第 2.2 条和第 5.1 条就不适用于该争议措施，该措施也不构成第 2.2 条或第 5.1 条范围内的违规。若其不符合第 5.7 条规定的情况，则第 2.2 条和第 5.1 条仍适用于该争议措施，进而可以判定该措施违反了第 2.2 条或第 5.1 条。

三是第 8 条及附件 C 第 1 条（a）项的含义问题。《SPS 协定》第 8 条规定，“各成员在实施控制、检查和批准程序时，……应遵守附件 C 的规定”。而根据附件 C 第 1 条（a）项的规定，对于检查和保证实施 SPS 措施的任何程序，各成员应保证，“此类程序的实施和完成不受到不适当的迟延”。首先，其中的“实施”（Undertake）一词表明，一成员在接到审批申请后，应启动审批程序。“完成”（Complete）一词则意味着，审批程序应存在终结点。本案专家组认为，“实施和完成”涵盖了审批程序的所有环节，成员国一旦接到审批申请，就应启动审批程序并有始有终。其次，该条款中的“不受到不适当的迟延”意味着，审批程序的实施和完成不应存在不合理的时间浪费。而是否存在“不适当的迟延”，则需要根据相关事实与情况，进行个案分析。例如，在审批程序的最后阶段，如果出现了新的或额外的信息，而该信息可能会影响到对于相应产品是否满足相关 SPS 要求的判定，从而需要推迟审批程序的完成时间以便对该信息进行评估，由此导致的审批程序的“迟延”就不是“不适当的”。又如，如果一成员完成审批程序所用的时间超过了检查和保证相应产品符合相关 SPS 要求所需的合理时间，如该成员并没有如合理预期的那样迅速推进审批程序，由此导致的“迟延”就是“不适当的”。同时，专家组也强调，对于并非由一成员自身原因所造成的“迟延”，该成员不需要负责。因此，如果一成员在实施和完成控制、检查和批准程序的任何阶段造成了“不适当的迟延”，就违反了《SPS 协定》第 8 条及附件 C 第 1 条（a）项的规定。

（三）判定争议措施违规的主要依据

一是“欧共体整体暂停措施”的违规依据。在这个问题上，专家组针对 MS8/RF3 油菜籽的审批程序进行了审查。审查结果表明，“欧共体整体暂停措施”导致了 MS8/RF3 油菜籽审批程序的“不适当的迟延”。首先，欧共体委员会最迟本应在 2002 年夏天召集监管委员会针对 MS8/RF3 油菜籽的审批申请进行投票。然而事实却是，自 2000 年 3 月至 2002 年 10 月，并没有举行此类会议。因此，欧共体委员会召集监管委员会以便推进审批程序的时间长度是不合理的。其次，MS8/RF3 油菜籽审批程序的迟延与“欧共体整体暂停措施”有关。1999 年 6 月至 2003 年 8 月期间，欧共体实际已暂停所有审批程序。而欧共体委员会在 2001 年 11 月后未能召集监管委员会进行投票，与欧共体暂停审批程序的时间段是一致的。对此，欧共体也没有给出合理的反驳理由。因此，“欧共体整体暂停措施”违反了《SPS 协定》第 8 条及附件 C 第 1 条（a）项的规定。

二是“欧共体具体产品措施”的违规依据。在这个问题上，专家组针对 MS8/RF3 油菜籽等 20 种具体生物技术产品的审批程序进行了审查。最终基于与“欧共体整体暂停措施”同样的理由，判定“欧共体具体产品措施”导致了 18 种生物技术产品审批程序的“不适当的迟延”。因此，“欧共体具体产品措施”违反了《SPS 协定》第 8 条及附件 C 第 1 条（a）项的规定。

三是“成员国保护措施”的违规依据。由于“成员国保护措施”属于 SPS 措施，根据前文所述的《SPS 协定》第 2.2 条、第 5.1 条与第 5.7 条之间的关系，对于其违规与否的审查，也要依照前文所述的逻辑顺序进行。

首先是关于“成员国保护措施”是否违反《SPS 协定》第 5.1 条的初步审查。第 5.1 条的规定包含两个实质性要点：第一，是否存在《SPS 协定》意义上的“风险评估”。由于第 5.1 条强调要“适合有关情况”，说明风险评估必须符合争议措施制定时的情况。情况的变化可能对风险评估的最终结果造成影响。专家组指出，如果相关情况的变化影响了先前完成的风险评估的相关性和有效性，该评估就不再是“适合有关情况”的。因此，在本案中，必须审查在专家组成立之时与每项保护措施相关的风险评估是否是基于当时的情况得出的。换言之，需要审查在每项保护措施出台之前与出台之后，是否存在相关的风险评估。第二，争议措施是否“基于”风险评估。对此，需要分析 SPS 措施与风险评估之间是否存在合理的关系。也就是说，风险评估的结果必须“充分保证”或“合理地支持”SPS 措施。根据专家组对九项保护措施的逐一审查，这些措施均不是基于当时的风险评估作出的，也没有其他的风险评估可以“合理地支持”这些措施。因此，经过初步审查，“成员国保护措施”并不符合《SPS 协定》第 5.1 条的规定。还需要进一步审查其在《SPS 协定》第 5.7 条下的合规性。

其次是关于“成员国保护措施”是否符合《SPS 协定》第 5.7 条的审查。《SPS 协定》第 5.7 条并没有创设一项绝对的或者无条件的权利。一项 SPS 措施若要符合第 5.7 条的情况，必须同时满足该条款所规定的四个累积性的条件：一是在“有关科学证据不充分的情况下”实施，二是“根据可获得的有关信息”采用，三是在维持该措施时“寻求获得更加客观地进行风险评估所必需的额外信息”，四是在维持该措施时“在合理期限内根据前述额外信息审议”该措施。争议措施只要不满足其中任何一个条件，就不符合第 5.7 条的规定。根据本案专家组对九项“成员国保护措施”的审查结果，这些措施均不满足第 5.7 条的第一个条件。因此，“成员国保护措施”不符合第 5.7 条的规定。

再次是关于“成员国保护措施”是否违反《SPS 协定》第 5.1 条的最终判定。由于“成员国保护措施”并不符合《SPS 协定》第 5.7 条的情况，因而仍要受第 5.1 条的约束。而初步审查的结果表明，“成员国保护措施”并不符合第 5.1 条的规定。因此，专家组最终判定，“成员国保护措施”违反了第 5.1 条的规定。

最后是关于“成员国保护措施”是否违反《SPS 协定》第 2.2 条的判定。第 2.2 条实际上包含三个要求：一是 SPS 措施仅在为保护人类、动物或植物的生命或健康所必需的限度内实施，二是 SPS 措施基于科学原理，三是如果没有充分的科学证据则不再维持 SPS 措施。对于争议措施，应一方面审查其是否符合第一个要求，另一方面审查其是否符合第二与第三个要求。根据上诉机构在澳大利亚鲑鱼案（DS18）中的判定，如果一项 SPS 措施不符合第 5.1 条“以风险评估为基础”的要求，那么在第 2.2 条的意义上，可以认为该措施不是基于科学原理，也不应在缺乏科学证据的情况下维持。换言之，如果 SPS 措施不符合第 5.1 条“以风险评估为基础”的规定，即可推定其不符合第 2.2 条的后两个要求。在本案中，专家组已经认定，“成员国保护措施”均不符合第 5.1 条要求的“以风险评估为基础”。因此可以判定，“成员国保护措施”也违反了《SPS 协定》第 2.2 条的规定。

（四）立法缺位与科学发展能否作为有效的抗辩理由？

在“欧共体整体暂停措施”的审查中，欧共体方面为其暂停措施提出了两项抗辩理由：一是当时生效的欧共体审批法律不够充分，在此情况下，出于谨慎和审慎的需要，应当暂停审批程序。二是在本案审查的时期（即 1999 年 6 月至 2003 年 8 月），相关的科学正在发展并处于不断变化的状态，欧共体因而采取了谨慎和审慎的方式来辨别、评估和管理寻求销售审批的生物技术产品对人类健康与环境构成的风险。因此，对于这两项理由能否为“欧共体整体暂停措施”所造成的迟延提供合理的理由，需要进一步分析。

第一，欧共体长时间暂停审批程序，直到其通过有关确保转基因生物体产品粘贴标签和可追溯的新立法，是否具备合理性。首先，有关标签和可追溯的新立法直到 2003 年 9 月才通过，该立法中规定的任何要求都不是欧共体可以在本案审查的时期内可以检查和保证实施的。其次，缺乏确保粘贴标签和可追溯的立法，并不影响欧共体检查和保证达到当时的 SPS 要求的能力。最后，即使欧共体认为，需要在审批决定中增加有关标签和可追溯的新条件，以保证达到当时的 SPS 要求，这一条件和形式也可以在 2003 年 9 月（即新立法通过）之前增加。基于这些因素，专家组判定，立法缺位并不能为“欧共体整体暂停措施”导致的审批迟延提供合理理由。

第二，欧共体以转基因科学的快速发展为由暂停审批程序，是否具备合理性。众所周知，转基因生物体具有显著的科学复杂性和不确定性，关于转基因生物体可能产生的风险的科学认识仍然在不断完善。欧共体在抗辩中指出，鉴于转基因的基础科学仍然处在极大的变化状态，因而采用审慎和预防性的方式来识别、评估和管理转基因生物体可能引发的风险，由于当时可用的科学信息和数据仍然有限，因此很难就其审批申请作出决定。然而，根据专家组的分析，该理由也不能作为“欧共体整体暂停措施”的合理依据。首先，审慎与预防性的实施方式仍然要受附件 C 第 1 条（a）项约束。对于转基因生物体制品的审慎与预防性评估与审批方式，与附件 C 第 1 条（a）项所规定的“不受到不适当的迟延”并不冲突。专家组认为，审慎与预防性的实施方式必须要受到合理的限制，以免其损害附件 C 第 1 条（a）项的义务。如果一成员可以基于审慎监管的理由无限期拖延作出实质性的审批决定，附件 C 第 1 条（a）项就变得毫无意义。其次，虽然拖延的方式可能会在未来的时间点得出更加合理的决策，但《SPS 协定》也不允许这种“拘留”式的审批方式。附件 C 第 1 条（a）项的核心义务是让成员作出实质性决定。这也与《SPS 协定》第 5.1 条和第 5.7 条的要求相一致。再次，即使考虑到科学的复杂性与不确定性以及科学信息或数据的缺乏，也不影响作出实质性审批决定的能力。对于这种情况，《SPS 协定》也不允许成员拖延作出实质性决定。实际上，即使相关的科学证据不足以支撑风险评估，《SPS 协定》也要求成员作出实质性的决定。专家组指出，科学的发展和科学证据的缺乏等因素可能会影响成员对其评估结果的信心，但却不会影响成员作出实质性决定的能力，况且成员在作决定时可以将这些因素考虑在内。最后，欧共体完全可以采取其他的方式来达到审慎监管的目的。《SPS 协定》并没有规定，实质性的审批决定必须给出彻底的“是”或“否”的答复。成员可以授予有时限的批准，或者根据其他适当条件授予批准。成员也可以暂时否决申请，并在相关条件变化时重新审查该决定。也就是说，附件 C 第 1 条（a）项虽然强调审批程序不应迟延，但也并不损害 WTO 各成员针对转基因产品采取差别化 SPS 措施的能力。

三、对中国的启示与借鉴

转基因技术在改善农作物品种、解决粮食短缺、缓解资源环境问题等方面具有广阔的应用前景。但与此同时，其对人类健康和环境构成的潜在风险也需要谨慎应对。如何在促进转基因技术发展和保护人类免受这种技术的发展所带来的负面影响之间寻求一个恰当的平衡，是大多数国家在开发转基因产品过程中所面临的巨大挑战。①

而中国在转基因技术的研发、产业化以及相关产品的贸易方面，面临的挑战更加复杂。一是目前中国公众对于转基因技术的态度相对消极。例如，据国内学者在北京等六个城市的调查统计，约 2/3 的公众担心转基因食品的健康风险，超过一半的公众不赞成在中国推广种植转基因大米。② 二是中国转基因技术发展相对落后。以转基因大豆为例，截至 2016 年底，中国在转基因大豆的专利申请量上虽然排名全球第三（863 件），但却不到排名第一的美国（4867 件）的 1/5。③ 三是中国转基因农作物产业化种植发展缓慢。受技术发展水平、公众接受程度、审慎监管等因素的影响，中国转基因作物种植面积的全球排名已经从 2002 年的第 4 位下降到目前的第 8 位。④ 四是中国部分农产品消费严重依赖转基因产品进口。例如，2017 年中国进口大豆 9553 万吨，其中 98% 是转基因大豆，⑤ 而当年

① 王小琼. 试析 WTO 框架下与转基因产品相关的贸易规则——兼论中国转基因产品立法之完善 [J]. 国际经贸探索，2006，22（2）：38－42.

② 何光喜，赵延东，张文霞，等. 公众对转基因作物的接受度及其影响因素基于六城市调查数据的社会学分析 [J]. 社会，2015（1）：121－142.

③ 王友华，蔡晶晶，杨明，等. 全球转基因大豆专利信息分析与技术展望 [J]. 中国生物工程杂志，2018（2）：116－125.

④ 孙卓婧，宋贵文，周霆，等. 我国转基因风险交流分析 [N]. 中国农业科技导报，2019－08－26.

⑤ 吴曰程，王玉斌. 中国转基因大豆进口及其影响分析 [J]. 大豆科学，2019（4）：635－643.

国内大豆消费总量为 11059 万吨。据此测算，进口转基因大豆已经占据中国国内消费市场的 85%。对此，中国政府早已开始重视转基因技术的研发、监管和推广工作。中国将转基因技术研发设为十二个国家科技重大专项之一。2008 年启动的“转基因生物体新品种培育专项”设定的目标是，“培育一批重大转基因生物体新品种，……增强农业科技自主创新能力，提高我国农业国际竞争力”①。2015 年发布的《关于加大改革创新力度加快农业现代化建设的若干意见》则明确要求，“加强农业转基因生物体技术研究、安全管理、科学普及”。在此形势下，DS291/292/293 案的裁决结果，对于中国对转基因产品的监管以及未来可能的 SPS 措施的实施，提供了较高的启示与借鉴价值。

第一，非关税壁垒的实施受到多项 WTO 规则的约束。近年来在关于国际经贸规则调整趋势的讨论中，从“边境措施”向“边境后措施”的转移被普遍认为是规则调整的特征之一。实际上，非关税壁垒作为一种重要的“边境后措施”，原本就受到一些 WTO 规则的约束。除最惠国待遇、国民待遇、透明度等基本原则外，《SPS 协定》《TBT 协定》均包含有大量的约束性条款。以本案的争议措施为例，WTO 并不阻止成员为保护人类健康与环境而制定和实施 SPS 措施，但这些措施的制定要基于科学原理和风险评估，同时相关程序必须在合理的期限内实施和完成，即便在科学证据不充分的条件下采取的临时性 SPS 措施，也要受到严格的限制。因此，对于转基因等高技术产业来说，实际上较难通过非关税壁垒的形式对国内产业加以保护。

第二，法律的合规性不等同于法律实施的合规性。本案的特点是欧共体对法律的履行问题，而不是欧共体法律本身是否符合 WTO 的相关协定。② 在本案中，作为欧共体转基因审批制度的“指令 90/220”“指令 2001/18”和“条例 258/97”并没有被诉，被诉的争议措施均是这些法律实施中的问题。而专家组对于“SPS 措施”“检查保证实施 SPS 措施的程序”以及“SPS 措施的实施”的界定也表明，《SPS 协定》文本本身就已经对法律和法律的实施进行了区分。也就是说，即使转基因监管的法律文件符合《SPS 协定》，其监管措施的实施也可能构成违规。因此，中国在制定或修订转基因监管法律法规时，一方面要注意相关法律文

① 转基因生物体新品种培育专项［EB/OL］. 国家科技重大专项，http：//www. nmp. gov. cn/zxjs/200901/t20090113_ 2113. htm，2019 -01 -13［2019 -10 -05］.

② 张玉卿. 基因产品贸易未来的发展趋势——“WTO 转基因第一案”述评与展望［J］. WTO 经济导刊，2006（12）：59 -62.

件与WTO规则的协调，另一方面也要注意监管措施实施的合规性。

第三，WTO允许成员采取差异化的监管思路，但应注意监管一致性。在缺乏统一的国际标准的情况下，对于同一类技术或产品，不同的WTO成员往往采取不同的监管思路。WTO并不阻止成员采取差异化的监管思路，也不阻止成员监管思路的改变。以转基因产品为例，由于各国国情不同，经济背景、产业结构、环境保护状况、基因技术发展水平、公众对转基因产品的认知度、当地消费者的消费习惯等，都会影响一国对转基因产品的风险评估。[①] 从法律层面来看，DS291/292/293案的发生实际上反映了转基因技术两种监管思路的冲突：一方是欧洲以预防原则为指导原则的转基因立法和监管思路，另一方则是美国、加拿大、阿根廷等国优先考虑转基因技术商业化利润的相对宽松的监管思路[②]。在本案中，专家组虽然最终裁定欧共体败诉，却并没有否定欧共体审慎和预防性的监管思路。但需要注意的是，监管思路的差异和变化不能用以针对不同的监管对象实施歧视，即“不得构成在情形相同的成员之间进行任意或不合理歧视的手段，或构成对国际贸易的变相限制”。换句话说，应注意监管一致性，既要与《SPS协定》《TBT协定》保持一致，也要对不同的监管对象一视同仁。

第四，完善的内部监管制度有利于参与国际规则竞争。DS291/292/293案从一个侧面反映了欧共体相对复杂和成熟的转基因产品监管制度。事实上，这种完善的内部监管制度不仅为欧共体参与转基因产品的国际贸易规则竞争提供了依据，也为本土技术的发展创造了条件。例如，欧共体的转基因食品立法就同时包含了保护公民健康与环境和创造统一的生物技术市场两个目标[③]。与之相比，虽然中国在转基因农作物商业化种植等方面一直采取较为谨慎的态度，但中国对转基因产品的监管并不存在监管过度的问题，反而存在制度不足、监管不完善的问题。中国对于转基因产品实施过于严格的禁止措施，也在一定程度上反映了监管制度的不完善。例如，中国关于转基因产品安全管理的立法层级较低，转基因产

① 王奕．试析WTO转基因产品贸易预防原则［J］．上海对外经贸大学学报，2003（11）：23－26.

② 王小琼．试析WTO框架下与转基因产品相关的贸易规则——兼论中国转基因产品立法之完善［J］．国际经贸探索，2006，22（2）：38－42.

③ 宋锡祥．欧盟转基因食品立法规制及其对我国的借鉴意义［J］．上海大学学报（社会科学版），2008，15（1）：89－96.

品的安全评价标准和技术规范不够完善，转基因产品的标识管理过于宽松等[①]。对此，中国应借鉴美欧等国在转基因领域的监管制度，结合国内转基因技术水平与社会理念，进一步发展相关安全标准和技术规范，健全和完善转基因产品法律法规体系。

① 徐玮晶．转基因农产品引发的国际贸易法律问题及其对策［J］．经济研究导刊，2015（2）：290－292.

第七章 国际经贸新规则与中国科技创新政策

虽然 WTO 是约束科技创新政策的最重要和成熟的多边经贸规则体系，但自 1995 年 WTO 成立以来，这套规则体系基本没有发生过实质性变动。现行的 WTO 规则有其固定的边界，难以反映世界经贸格局变化所导致的经贸利益分配诉求，也不能有效规制科技发展所催生的新的贸易模式。近年来国际经贸规则的新一轮调整，即是对这两类问题的回应，其中不乏对于科技创新政策具有潜在约束的条款和内容。本章在对与中国科技创新政策有关的国际争议进行梳理的基础上，着重探讨补贴规则调整、国有企业新规则、知识产权新规则与跨境数据流动规则，以及这些新规则对于中国科技创新政策的潜在影响。

第一节 中国科技创新政策的国际关注与争议

影响中国科技创新政策的国际经贸新规则，实际上可以从中国科技创新政策受到的国际关注与争议中找到线索。国际上对于中国科技创新政策的关注点与争议点，往往处在现行规则缺乏明确管辖的领域。一方面，其中一些争议直接构成了推动新规则制定的动力；另一方面，其他国家也倾向于在新规则中纳入对这些问题进行管辖的条款。

本节选取了能够较全面反映中国科技创新政策国际关注与争议的三份报告，即 WTO 对华贸易政策审议报告、美国 USTR 对中国履行加入 WTO 承诺的评估报告以及 2018 年美国对华“301 调查”报告，并详细梳理了其中有关科技创新政策的内容。其中，技术转让、技术贸易、海外技术并购等问题已经引发 WTO 争端或其他国家的单边措施。而知识产权保护、科技创新补贴、网络安全立法等问题，则与本章其余小节所述的补贴、国有企业、知识产权、跨境数据流动等新规则的制定密切相关。

一、对华贸易政策审议中的科技创新政策

贸易政策审议机制是 WTO 三大功能之一。由所有成员集体对各成员的贸易政策定期进行全面审议，以促进各成员切实遵守 WTO 规则、履行在 WTO 下作出的承诺、提高政策透明度。各成员接受贸易政策审议的频率取决于其在多边贸易体制中的重要性。中国与美国、欧盟、日本接受审议的频率最高，为每 2 年一次，其他成员为每 4 年或 6 年甚至更长时间一次。2016 年底，WTO 通过了关于贸易政策审议机制的改革方案，审议周期由此前的 2 年、4 年、6 年改为 3 年、5 年、7 年，2019 年开始实施。

贸易政策审议中，在 WTO 秘书处和接受审议成员政府分别发布的报告的基础上，其他成员均可以就接受审议成员的贸易及相关政策提出问题，接受审议成员将就这些问题作出答复。成员提出的问题往往都是其高度关注、存在疑问甚至质疑的政策问题。贸易政策审议的结果虽然不能作为启动争端解决程序的依据，也不能以此要求成员增加新的政策承诺，[①] 但对于未来的贸易摩擦和规则调整却具有较强的指示作用。

本节对中国 2016 年接受第 6 次贸易政策审议时其他成员较关注的有关科技创新政策的问题进行了总结和梳理。[②] 在此次审议中，中国共收到 34 个成员提出的 1964 个书面问题，关注的领域包括非关税措施、投资政策、国企补贴、知识产权、产能过剩等方面。[③] 其中所涉及的科技创新政策问题，主要集中在知识产权、科技创新补贴、网络安全立法以及技术性贸易壁垒等领域。

首先是知识产权相关政策。从质询情况来看，WTO 其他成员特别是发达成员对中国知识产权问题非常关注。其中既包括整体的知识产权保护环境，也包括与知识产权相关的投资或贸易环境，甚至还涉及国家科技计划实施中的知识产权归属和应用。除去 2018 年美国与欧盟已经在 WTO 中诉及的“强制技术转让”与

① 石广生．中国加入世界贸易组织知识读本［M］．北京：人民出版社，2002：48.

② 本书对于在中国第 6 次贸易政策审议中其他成员所提问题的引用主要参考资料为：WTO. Trade Policy Review Body – 20 and 22 July 2016 – Trade Policy Review – China – Minutes of the Meeting，WT/TPR/M/342，2016.

③ 中国商务部．王受文就世贸组织对华贸易政策审议接受采访［EB/OL］．中国商务部，http：//www. mofcom. gov. cn/article/ae/ai/201607/20160701364813. shtml，2016 – 07 – 23［2019 – 10 – 05］.

技术贸易中知识产权权利义务的不对等问题外，还有两个长期关注的问题：一是知识产权保护执法。WTO 秘书处发布的贸易政策审议报告认为，尽管近年来中国在行政和司法层面不断强化知识产权保护执法体系，但知识产权保护执法仍然是一个主要挑战。在 2016 年的审议中，美国、欧盟、日本、澳大利亚、泰国等成员就此提出了很多问题。欧盟较为关注中国近年来打击知识产权侵权的执法行动效果。日本较关注打击专利侵权的执法情况。泰国较关注打击版权侵权的执法情况。澳大利亚除了关注打击商标侵权的执法情况外，还特别询问了中国在网络环境下加强知识产权保护的措施。美国提出的问题最详细，包括中国在省、市、县层面的知识产权执法情况，涉及在线盗版、软件盗版等的版权执法数据，专利执法行动情况，版权和商标的行政执法趋势变化，以及涉及外国知识产权权利人的案件信息等。此外，美国还提到了某些未披露信息和商业秘密的保护情况，认为中国在新药审批方面可能存在有意对国内制药企业放松限制的行为。二是国家科技计划项目产生的知识产权的归属和应用。WTO 秘书处的报告指出，根据中国某些法律文件的规定，在申请外国或国际发明专利或实用新型专利前，如果技术方案的实质性内容是在中国境内产生或者从国家重大项目资助的研发活动中产生的，必须首先经过国家利益审查。而“实质性内容”的内涵并没有明确统一的规定。此外，对于从国家重大项目中产生的知识产权的应用，必须排他性地优先在中国大陆境内实施。与此相关的法律法规主要是《专利法》《科学技术进步法》《促进科技成果转化法》及《国家科技重大专项知识产权管理暂行规定》等。比如《专利法》第二十条规定，任何单位或者个人将在中国完成的发明或者实用新型向外国申请专利的，应当事先报经国务院专利行政部门进行保密审查。《国家科技重大专项知识产权管理暂行规定》第三十三条规定，重大专项产生的知识产权，应当首先在境内实施。欧盟和日本等成员对此问题较为关注，并进一步质询了有关“实质性内容”和“国家重大项目”的含义，中国近期是否有意愿修改相关规定，以及在现行法律体系下中国与外国企业通过联合研发项目获得的知识产权的所有权的归属等问题。

其次是科技创新补贴政策。科技创新类的补贴是其他 WTO 成员持续关注的另一个重要问题，这也从侧面反映出其他国家对于中国科技创新带动产业竞争力提升的危机感。2016 年审议中提出的问题主要包括战略性新兴产业及中央预算内投资补贴。一是战略性新兴产业的支持政策。WTO 秘书处报告认为，为了在经济新常态下加快结构性改革，中国政府采取了一系列措施来强化市场的作用，包括去产能、税制改革、利率和汇率市场化改革等，但在对关键和薄弱领域的信贷支持以及对战略性新兴产业的支持上，却“貌似指向了另一个方向”。巴西质询了战略性新兴产业的支持方式和政策。中国台北希望获知祖国大陆在“十三五”规划中指出的鼓励战略性新兴产业发展的更加具体的政策措施。美国则进行了更加详细的提问，特别是中国政府为发展战略性新兴产业设立的基金到底提供了多少资金支持，基金的具体名称、提供资金的数额和时间，以及是否向战略性新兴产业提供出口补贴或进口替代补贴。二是中央预算内投资补贴。美国针对发改委在2013年发布的《中央预算内投资补助和贴息项目管理办法》提出质疑，认为这些项目的实施局限在不发达地区和高新技术的产业化上，属于专向性补贴。根据该文件，投资补助和贴息资金重点用于市场不能有效配置资源、需要政府支持的经济和社会领域，所列的五类项目中确实包括“促进欠发达地区经济和社会发展的投资项目”和“推进科技进步和高新技术产业化的投资项目”。在2016年修订后的《中央预算内投资补助和贴息项目管理办法》中，关于这两类项目的表述分别修改为“农业和农村”与“重大科技进步”。

再次是网络安全立法相关政策。中国就网络安全问题出台的某些法律法规，引起了发达国家的担忧和质疑。这些成员在贸易政策审议中也对此提出质询。欧盟对《反恐怖主义法》第十八条的规定①提出疑问，包括提供“技术接口”在实际中如何操作，是否意味着要为中国执法机构开一个永久性的“后门”，以及如何确保以此提供的个人数据不会被权力机构滥用。美国对中国的《网络安全法（草案）》也非常关注，并希望中国政府将该法的管辖范围限定在国防基础设施领域，而不要应用在与国防基础设施无关的私营部门产品上。日本则就《网络安全法（草案）》、2014年银监会与科技部等部门发布的《关于应用安全可控信息技术加强银行业网络安全和信息化建设的指导意见》、2015年保监会发布的《保险机构信息化监管规定（征求意见稿）》提出质询，认为其中的数据本地化要求与中国在GATS下的承诺可能存在关联，尤其是中国如何确保这些措施的实施方式能够合理、公平，并符合GATS第6条的规定。发达国家对网络安全法律法规的担忧主要集中在两点上：第一点是转让源代码的要求。2017年6月1日开始实施的《网络安全法》中实际上并没有关于要求外国企业转让源代码的明确规定。

① 《反恐怖主义法》第十八条规定，“电信业务经营者、互联网服务提供者应当为公安机关、国家安全机关依法进行防范、调查恐怖活动提供技术接口和解密等技术支持和协助”。

引起外企担忧的主要是其中有关“网络安全认证和风险评估”、“国家安全审查”、为公安机关和国家安全机关提供“技术支持和协助”的条款。包括第十七条、第二十六条、第二十八条、第三十五条、第三十七条、第三十八条、第三十九条等。例如，第二十八条规定，“网络运营者应当为公安机关、国家安全机关依法维护国家安全和侦查犯罪的活动提供技术支持和协助”。第三十五条规定，“关键信息基础设施的运营者采购网络产品和服务，可能影响国家安全的，应当通过国家网信部门会同国务院有关部门组织的国家安全审查”。第三十八条规定，“关键信息基础设施的运营者应当自行或者委托网络安全服务机构对其网络的安全性和可能存在的风险每年至少进行一次检测评估，并将检测评估情况和改进措施报送相关负责关键信息基础设施安全保护工作的部门”。发达国家的担忧主要在于，“关键信息技术设施”的范围并不明确，“国家安全审查”和“安全评估”的内容也不明确，在法律执行过程中可能不得不向中国政府披露源代码及其他商业秘密来证明设备安全，国家安全审查还可能让中国政府可以深入接触企业的知识产权。第二点是数据本地化要求。《网络安全法》是目前为止提出这一要求的最高层级法律文件。其中第三十七条规定，“关键信息基础设施的运营者在中华人民共和国境内运营中收集和产生的个人信息和重要数据应当在境内存储。因业务需要，确需向境外提供的，应当按照国家网信部门会同国务院有关部门制定的办法进行安全评估”。发达国家对这一规定的担忧主要有两个：一个是“关键信息基础设施”的范围不明确，所以哪些公司需要将数据存储在中国也不明确。另一个是受影响的跨国公司将不能把用户数据集中存储在全球各地的数据中心，而要单独把中国用户的数据存储在中国境内的服务器上，导致成本增加。

最后是技术性贸易壁垒。其他成员对于技术性贸易壁垒提出的实质性质疑相对少一些。除了欧盟、加拿大、巴西、澳大利亚等成员关注了中国的标准化改革对贸易可能造成的影响外，美国还特别关注了中国在药品审批上的问题。美国针对国家食药总局在2016年发布的《关于解决药品注册申请积压实行优先审评审批的意见》提出质疑。该文件中划定了药品优先审评审批的范围，其中包括“列入国家科技重大专项或国家重点研发计划的新药注册申请”等。美国一方面要求中国澄清这些科技计划中涵盖的新药范围，另一方面认为该文件可能违反《TBT协定》的国民待遇和最惠国待遇义务。

二、《中国履行WTO承诺报告》中的科技创新政策

美国是中国最大的贸易伙伴国，也是中国最重要的外资来源地。同时美国也

是对中国政策合规性的监督最密切的国家。USTR 是负责美国贸易政策的最重要的行政机构，也是负责监督中国贸易政策合规性的最重要的机构。自中国加入 WTO 以来，USTR 每年都要向国会提交一份关于中国履行加入 WTO 承诺情况的报告。USTR 作为贸易政策的协调者，会同商务部、农业部、财政部、专利商标局、国务院等部门，收集有关中国加入 WTO 承诺履行的信息，汇总来自美国商界的抱怨。① 事实上，这些报告往往是以美国单方面的要求作为衡量中国政策是否合规的标准。根据 USTR 在 2017 年提交的《中国履行 WTO 承诺报告》，美国优先关注的事项中也有不少关于科技创新政策的问题，涉及知识产权保护、“安全可控”ICT 政策、技术转让、自主创新、战略性新兴产业以及技术标准政策等。②

一是知识产权保护。USTR 承认中国在知识产权保护上不断取得的进展，同时指出，中国知识产权保护和执法体制存在的不足依然给美国对中国的出口和投资造成了严重的阻碍。在 USTR 每年发布的对主要贸易伙伴的知识产权保护和执法情况的年度审查报告《特别 301 报告》中，自 2005 年以来，中国一直在“重点观察名单”之列。除假冒伪劣商品和在线盗版等长期存在的问题外，USTR 近年来重点关注的中国知识产权保护问题有两个：一个是商业秘密的保护。USTR 认为，中国在商业秘密保护方面存在重大不足，除了所谓的“与中国政府或军方有关系的”人员帮助中国企业窃取美国企业知识产权等数据信息等具体的问题外，中国的商业秘密保护政策还存在很多不足。例如，中国目前缺乏专门针对商业秘密保护的单独立法，也缺乏指导性的判决案例以确保商业秘密司法判决的一致性。一些涉及商业秘密保护的法律法规中存在管辖权模糊、证据获取难度大以及民事赔偿不足等问题。商业秘密保护还存在刑事执法方面的障碍。提交给政府监管机构、法院和其他部门的商业秘密和其他机密信息也得不到有效的保护。另一个是药品专利保护和市场准入。USTR 认为，中国存在药品专利侵权、用于获取药品上市许可的未披露试验数据或其他数据遭到不正当的商业化使用等问题。此外，中国的药品监管审批存在大量积压，阻碍了外国药品的市场准入。

二是“安全可控”ICT 政策。近年来，中国在网络和信息技术相关法律法规中开始强调“安全可控”“安全可信”的概念。例如，2014 年工信部《关于加

① 屠新泉. 中国加入 WTO 以来的美国对华贸易政策 [J]. 世界经济研究，2007 (11)：30 -36.

② 本小节对于 USTR 所关注的中国科技创新政策问题的引用主要参考了其所提交的《中国履行 WTO 承诺报告》：USTR. 2017 Report to Congress On China's WTO Compliance [R]. 2018.

强电信和互联网行业网络安全工作的指导意见》（工信部保〔2014〕368号）提出“推进安全可控关键软硬件应用”，2014年银监会《关于应用安全可控信息技术加强银行业网络安全和信息化建设的指导意见》（银监发〔2014〕9号）提出“优先应用安全可控信息技术”，《网络安全法》要求“推广安全可信的网络产品和服务”。USTR对中国在《国家安全法》《反恐怖主义法》《网络安全法》及某些部门规章中提出的ICT设备和商品、服务“安全可控”的要求表达了强烈的担忧。认为这会对从外国进口ICT产品和服务造成限制，带有在长期内实施进口替代的意图。2016年美国政府与中国政府讨论过的所谓“安全可控”的政策就有30多项。美国认为，“安全可控”一词似乎意味着产品或技术的知识产权必须是国内所有或在国内注册或者符合其他本地化要求的。美国的担忧主要有三个方面：首先，这些“安全可控”政策可能会对知识产权来源于其他国家的产品或服务造成市场准入障碍。例如，2016年11月国家信息安全标准化技术委员会发布了网络安全标准草案（TC－260）作为ICT产品安全程度的评判标准，美国就认为其测试方法中的很多基准（如一方披露敏感知识产权的程度、产品是否可以进行审计、产品研发和制造中包括核心知识产权的所有因素是否清楚且无争议）带有很大主观性，也是很多外国企业难以达到的。其次，这些政策可能会危害到外国企业的知识产权和商业秘密。《网络安全法》及相关措施可能在实践中要求相关企业披露关键知识产权。最后，“安全可控”政策也会对跨境数据流动造成限制，从而损害全球服务交付模式依赖云计算平台的美国知识产权密集型产业。

三是技术转让问题。USTR认为，中国在技术转让领域长期存在的一些问题依然没有解决，甚至愈演愈烈，开始将政府提供的优惠与技术本地化挂钩。一些政策将中国拥有或在中国开发的知识产权或者将核心知识产权披露给中国政府作为提供市场准入或其他政策优惠的条件。这些政策对外国所有的技术或知识产权造成歧视，同时还鼓励或强迫外企将技术转让给中国企业。另外，USTR专门提到了中国《技术进出口管理条例》中有关知识产权许可的限制。该条例对许可或转移至中国的外国技术施加了强制性的许可条款，包括强制规定中国相关方对被许可的外国技术的任何改良拥有所有权，而且还要求外国技术所有人承担中国被许可人的侵权责任，但相同的限制并未出现在两个中国企业或进行技术出口的中国企业的许可协议中。

四是自主创新政策。USTR认为，近年来旨在促进“自主创新”的政策是中国工业化政策的重要组成部分，但其中一些政策很容易对外国的产品和技术造成歧视。其一，2010 年要求中国政府将自主创新与政府采购脱钩的事件之后，在地方层面仍然存在一些挂钩的政策，需要进一步清理。其二，近年来密集出台的“安全可控”ICT 政策实质上具有歧视性的自主创新导向。其三，2015 年以来中国在制药领域试图通过监管和审批规定来促进自主创新的措施具有歧视性。例如，2015 年国务院《关于改革药品医疗器械审评审批制度的意见》（国发〔2015〕44 号）提出，对创新药实行特殊审评审批制度，加快审评审批列入国家科技重大专项和国家重点研发计划的药品，以及转移到境内生产的创新药。

五是战略性新兴产业支持政策。USTR 认为，中国某些战略性新兴产业支持政策属于禁止性补贴。一些中央政府和地方政府出台的政策，对于提供给战略性新兴产业的财政资助或其他政策优惠，施加了本地含量要求的条件。而地方政府层面出台的一些促进战略性新兴产业发展的政策属于进口替代补贴。2013 年以来各地方政府设立的战略性新兴产业发展专项资金，其政策透明度参差不齐，有些地方政府的此类信息很难公开获得。

六是技术标准政策。USTR 认为目前中国在技术标准方面存在两个重要的问题：其一，中国在标准制定的参与方面的政策具有歧视性。很多外资在华企业都不能以非歧视性的方式参与到标准制定中来。一些企业报告，中国政府会向希望参与标准制定过程的外企施加压力，要求它们以不利的条件进行知识产权许可或技术转让。其二，中国一直坚持在很多已经存在国际标准的高技术领域采用单独的国家标准。这在 3G 标准、4G 标准、Wi－Fi 标准和信息安全标准等方面已有先例。此外，USTR 专门提到了中国的生物技术审批问题。中国在生物技术审批上的进程非常缓慢，极大影响了外国生物技术产品的市场准入。2016 年中国为 11 种农业生物技术产品颁发了安全证书，但对另外 8 种产品的审批仍然遥遥无期，但在很多其他国家这些产品都已经被视为是安全的。

三、美国对华“301 调查”中的科技创新政策

2018 年 3 月，USTR 发布了对华“301 调查”报告①，认定中国在多个方面存在“不公平贸易行为”，包括利用合资要求和外资准入限制来迫使美国企业转让技术、针对外企对华技术许可强加不公平条件、支持本国企业在美国先进技术

① 本小节对于 USTR 所关注的中国科技创新政策问题的引用主要参考了其所发布的对华“301 调查”报告：USTR. Report on China’s Acts，Policies，and Practices Related to Technology Transfer，Intellectual Property，and Innovation［R］. 2018－03－22.

领域实施并购、利用网络对美国企业商业秘密进行窃取以及网络安全法存在不合理的“数据本地化”和“披露源代码”要求等，并认为中国的上述做法给美国每年造成至少500亿美元的经济损失，建议美国政府对中国采取多边诉讼、单边征税和实施投资限制等措施。这份报告中有关科技创新政策的内容主要有以下几个：

一是关于新能源汽车的补贴政策。USTR认为，《关于开展节能与新能源汽车示范推广试点工作的通知》（财建〔2009〕6号）、《财政部、科技部、工业和信息化部、发展改革委关于2016—2020年新能源汽车推广应用财政支持政策的通知》（财建〔2015〕134号）以及《财政部、科技部、工业和信息化部、发展改革委关于调整新能源汽车推广应用财政补贴政策的通知》（财建〔2016〕958号）等为在中国国内生产的新能源汽车提供了大量补贴，并且由于进口新能源汽车需要缴纳较高关税，使得外国新能源汽车生产商倾向于在中国国内生产，从而会诱使外国生产商向国内生产商转让技术。

二是对生物技术国际研发合作与海外并购的支持政策。例如，《“十二五”生物技术发展规划》提出“积极推进与大型跨国企业建立战略伙伴关系，合作开发新产品”“积极引导和支持有条件的科研机构和企业到国外建立研究开发机构，加强对引进技术的消化、吸收和再创新，充分利用国外优势资源”；《“十三五”生物技术创新专项规划》提出“促进国际技术转移”；《“十三五”农业农村科技创新专项规划》的“专栏7　农业生物制造”强调了对先进生物制造技术的需求；《“十三五”医疗器械科技创新专项规划》指出“组织工程、干细胞、单分子检测、基因编辑等前沿生物技术驱动面向再生医学、基因治疗、分子影像、精确诊断、精准治疗方向的新型医疗器械研发快速发展”，并提出“通过金融支持实现高端医疗器械的国际并购整合”。USTR认为，结合中国企业在美国实施生物技术领域并购的表现来看，这些文件引导了中国企业通过国际研发合作获取先进生物技术，并且将国际合作与海外并购作为获得新技术和新产品的手段。

三是为进行太阳能发电技术并购指出方向的政策文件。USTR以汉能为案例分析了中国在美国可再生能源部门的投资并购，认为汉能获取薄膜太阳能电池技术的努力与中国政府的政策目标完全一致。而《太阳能发电科技发展“十二五”专项规划》提出“突破在CIGS薄膜太阳能电池生产线方面的规模化关键设备设计与制造瓶颈”，则提供了明显的证据，汉能的负责人在讲话中也将公司成功获取这些技术归功于“当地党委与政府的强有力支持”。

四是对人工智能发展提供项目支持。“301 调查”报告指出，中国企业还通过在海外设立研发中心来获取技术，包括在硅谷设立研究中心和“人才基地”，直接资助或与学术机构进行合作，并通过政府项目积极招募顶尖人才。其中专门分析了科大讯飞从“863”计划获得项目支持，指出科大讯飞作为一家重要的人工智能初创企业，于 2016 年在硅谷设立了办公室。USTR 报告认为，这证明相关企业与中国政府存在联系，这种合作方式导致美国的先进技术流入中国。

五是鼓励集成电路发展的政策措施。USTR 认为，中国“十一五”“十二五”科技规划等都把集成电路作为国家优先发展的产业。“十三五”科技创新规划等文件提出了“攻克”“集成电路装备”等“关键核心技术”的说法，其他部门也出台了有关通过技术并购和技术转移提高国内产业竞争力的文件，而中国政府支持通过海外并购获取集成电路先进技术，对美国的产业竞争力和国家安全产生负面影响。USTR 同时指出，中国政府通过建立一些产业联盟和产业基金支持企业在先进技术领域获取关键技术。

六是支持企业“走出去”以获取技术的文件。USTR 认为，《国家中长期科学和技术发展规划纲要（2006—2020 年）》中专门有“支持我国企业‘走出去’，鼓励和支持企业在海外设立研究开发机构或产业化基地”的表述；《关于鼓励技术引进和创新，促进转变外贸增长方式的若干意见》（商服贸发〔2006〕13 号）有大量关于鼓励“走出去”以获取先进技术的内容，包括“通过建立境外研究与开发机构，充分利用国外科技资源”“为企业在境外设立研发中心提供必要的金融和外汇政策支持”等，表明中国企业“走出去”带有明显的获取国外先进技术的目的。

第二节　补贴规则调整与中国科技创新政策

2016 年美国特朗普政府上台以后，频繁启动单边贸易措施，持续阻挠 WTO 上诉机构大法官遴选，对 WTO 规则的权威造成了严重损害。在此期间，国际社会逐渐对 WTO 改革达成了共识，美国、欧盟、中国、日本等成员也陆续以声明或倡议的形式提出改革建议。而在有关 WTO 改革的提议中，补贴规则的调整是重要的议题之一。前文已述及，由于 WTO 对于补贴的界定范围较宽，很多类型的科技创新政策都属于补贴。因此，补贴规则的调整也很可能对中国未来科技创新政策的制定和实施产生影响。

一、WTO 改革中的补贴规则调整

在有关 WTO 补贴规则调整的讨论中，可以简单区分为两方：一方是以美国、欧盟、日本为代表的发达成员。2017 年 12 月 WTO 第 11 次部长级会议期间，美国、欧盟、日本发表了有关合作应对国际贸易问题的联合声明。截至 2019 年 7 月，美国、欧盟、日本共发表了 6 份三方联合声明。其中，2018 年 5 月发布的联合声明详细提出了有关 WTO 改革的建议，并专门附有关于补贴规则调整建议的附件。① 欧盟则在 2018 年 9 月单独发布了题为“WTO 的现代化：欧盟的未来方案”的文件，其中有部分内容也是关于 WTO 补贴规则的改革建议。② 另一方则是被发达成员视为主要补贴国的中国。中国在 2018 年 11 月发布了《中国关于世贸组织改革的立场文件》，简要提出关于 WTO 改革的基本原则和主张，但并没有给出具体的改革建议。③ 2019 年 5 月，中国正式发布了《中国关于世贸组织改革的建议文件》，就包括补贴在内的多项议题提出了建议。④

综合分析上述建议文件，发达成员对于补贴规则调整的诉求主要有三点：一是提高补贴透明度与通报义务。美欧日三方在联合声明中指出，一些 WTO 成员不遵守补贴通报义务，导致其他成员无法评估贸易影响。欧盟则在建议中指出，WTO 成员对补贴通报义务的履行情况很差（截至 2018 年 3 月，超过 90 个 WTO 成员没有作出任何通报），导致补贴规则的实施面临重大障碍。这些成员据此建议制定约束机制。例如，设立一种“可予反驳的推定机制”，如果一项补贴未被通报或被反向通报，则可推定其为补贴甚至导致严重侵害的补贴。又如，如果 WTO 成员持续实施产业补贴却未履行通报义务，则限制其在 WTO 理事会中担任

---

① USTR. Joint Statement on Trilateral Meeting of the Trade Ministers of the United States, Japan, and the European Union [EB/OL]. United States Trade Representative, https://ustr.gov/about-us/policy-offices/press-office/press-releases/2018/may/joint-statement-trilateral-meeting, 2018-05-31 [2019-10-05].

② WTO Modernization-Introduction to Future EU Proposals, Concept Paper [EB/OL]. European Commission, http://trade.ec.europa.eu/doclib/docs/2018/september/tradoc_157331.pdf, 2018-09-18 [2019-10-05].

③ 中国关于世贸组织改革的立场文件 [EB/OL]. 中国商务部, http://www.mofcom.gov.cn/article/jiguanzx/201812/20181202817611.shtml, 2018-11-23 [2019-10-05].

④ 中国关于世贸组织改革的建议文件 [EB/OL]. 中国商务部, http://www.mofcom.gov.cn/article/jiguanzx/201905/20190502862614.shtml, 2019-05-13 [2019-10-05].

主席或发言的权利。二是扩大“禁止性补贴”的认定范围。欧盟建议扩大禁止性补贴的清单，或者新增一条类似于《SCM 协定》第 6.1 条关于“严重侵害”推定的条款，严格约束无限责任担保、双重定价等补贴行为。美欧日在联合声明中建议，对于“最有害”的补贴类型，应当完全禁止，或者要求补贴国证明该补贴不会对其他国家造成商业损害。三是针对补贴制定新的救济规则。例如，美欧日在联合声明中建议，针对导致产能过剩的补贴提供更具针对性的救济措施。

中方对于补贴规则调整的建议也包括三点：一是恢复不可诉补贴并且扩大其认定范围。二是强化反补贴约束。包括澄清和改进补贴认定、补贴利益确定、可获得事实等相关规则，改进反补贴调查的透明度和正当程序，防止反补贴措施的滥用。三是给予发展中成员、中小企业和公共利益更多考虑。

二、补贴规则调整对中国科技创新政策的影响

美欧日等发达成员与中国对于补贴规则调整的建议明显有不同的侧重点。发达成员希望强化补贴纪律，严格约束补贴行为。中国则希望强化反补贴纪律，严格约束反补贴行为。如果分别按照发达成员或中国的建议改革 WTO 补贴规则，对于中国科技创新政策造成的影响也将截然不同。

如果按照发达成员的建议调整补贴规则，将对中国科技创新政策带来诸多挑战。一是对中国科技部门的管理工作造成较大压力。中国研发补贴的种类复杂，各级地方政府所实施的研发补贴更是数量庞大。截至 2019 年 7 月，中国科技创新政策已在 8 个 WTO 补贴争端中涉案，约占中国全部被诉案件的 1/5。如果严格遵守补贴通报义务，会对中国科技部门的管理工作造成较大压力，并加剧国际上对中国科技创新政策的关注和警惕。二是中国将需要对大量研发补贴政策进行调整。中国大量科技规划、科技计划、科技税收优惠、科技金融政策以及产业创新基金等都属于研发补贴。如果 WTO 补贴规则收紧，这些政策都将面临较大的调整压力。三是将提高中国高新技术企业和重大研发项目的摩擦与诉讼风险。目前中国已有部分高新技术企业和研发补贴项目受到发达国家的反补贴调查。在美国对华“301 调查”中，研发补贴也成为美方限制中国企业在美投资的借口。如果强化补贴约束与通报义务，将使更多高新技术企业甚至重大研发项目面临摩擦与诉讼风险。

如果按照中国的建议调整补贴规则，中国科技创新政策可以获得更多的实施空间。首先，大量科技创新政策都可以进入不可诉补贴的范围。根据《SCM 协定》第 8 条的规定，符合一定条件的研发补贴、对落后地区的补贴、保护环境的

补贴都属于不可诉补贴。但该条款已经在1999年失效。如果恢复不可诉补贴条款并扩大其范围，很多科技创新政策都可以被认定为不可诉补贴。中国也可以根据新的不可诉补贴的定义，调整科技创新政策的制定和实施。其次，可以缓解中国科技创新政策所受到的反补贴措施的打击。如果强化反补贴纪律，可以减少WTO成员对反补贴措施的滥用，包括减少反补贴调查的频率、降低征收的反补贴税率。对于包括科技创新政策在内的补贴政策来说，这可以缓解所受到的反补贴措施的打击。最后，可以减少补贴规则对某些类型的科技创新政策的约束。如果在补贴规则的改革中给予发展中成员、中小企业和公共利益更多考虑，针对中小企业的研发资助以及定位于维护公共利益的科技创新政策，将有可能在补贴的专向性认定或者不可诉补贴认定等问题上获得优待。

但总体来看，发达成员与中国的改革建议并不存在直接的冲突。禁止性补贴范围的扩大与不可诉补贴范围的扩大并不矛盾，补贴纪律的强化与反补贴纪律的强化也不矛盾。如果WTO补贴规则的改革最终采用折中方案，同时扩大禁止性补贴和不可诉补贴范围，强化补贴纪律与反补贴纪律，中国仍然可以通过政策调整来为科技创新政策创造空间。例如，减少可能导致产能过剩产业的补贴，同时增加研发补贴。减少一般意义上的专向性研发补贴，同时增加针对中小企业和资源环境类的研发补贴。

第三节　国有企业新规则与中国科技创新政策

国有企业在国家创新体系中的地位十分重要，是中国科技创新政策的重要承担者和实施者。首先，国有企业建设了许多重要的科研平台，承担了大量的科研活动。截至2015年末，中央企业有国家级研发平台596个，其中国家重点实验室90个，国家工程技术研究中心95个，国家工程实验室55个，国家工程研究中心54个，国家级企业技术中心302个。[①] 其次，国有企业的创新投入是全国创新投入的重要组成部分。2000—2014年，国有企业R&D经费内部支出由119.6

① 季晓南．国有企业是我国科技创新的主力军［J］．现代国企研究，2017（z1）：78.

亿元增长至 2942.1 亿元，占全国 R&D 经费内部支出的比例由 13.4% 提高到 22.6%。①

国有企业规则是近年来国际经贸规则调整中的一个重点。发达国家已经在单边投资措施领域专门针对外国国有企业增加了限制。在 WTO 改革中，国有企业规则的制定和调整也是发达经济体的重点诉求之一。在发达国家新近达成的一些优惠贸易协定（Preferential Trade Agreements，PTAs）② 中，国有企业规则也已经得到了显著的扩充和调整。这些调整虽然并没有正式多边化，但却代表了国有企业规则未来的发展方向，这对中国国有企业的运营可能带来的限制是毋庸置疑的。在科技创新政策方面，由于国有企业在中国科技创新体系中的重要地位，国有企业规则的调整也将对其带来重要的影响。

一、WTO 改革中的国有企业规则调整

在拟议的 WTO 改革中，欧盟提出的提案认为，“给予国有企业的补贴已由《SCM 协定》处理，与国家给予的任何其他补贴的处理方式相同”，因此应将调整重点放在国有企业自身给予的补贴上。在现行的 WTO 规则中，通过国有企业提供的补贴必须在国有企业被认定为“公共机构”的前提下才受《SCM 协定》的管辖。但 WTO 争端解决机构对于公共机构的认定保持一种谨慎的态度，十分重视对公权力的行使。③ 如果国有企业提供补贴时缺少“实际行使政府权力”的要件，往往不会被认定为“公共机构”。对此，欧盟的提案认为，“公共机构”的解释范围过于狭窄，使得大量国有企业不受《SCM 协定》的管辖。因此，欧盟建议澄清“公共机构”的构成，以便在个案中可以通过具体条款明确涉案企业是否行使了政府职能或者推行了政府政策，同时明确如何评判一成员是否对涉案企业行使实际控制权。此外，欧盟还建议提高国有企业中国家控制的水平和程度方面的透明度。

如果欧盟的提案得到落实，中国的国有企业在未来的运营中所受到的限制无疑会增加，但受限程度则取决于最终规则的具体条款。具体来说：第一，国有企

---

① 张赤东．国有企业在中高创新驱动力阶段波动停滞——基于企业创新驱动力指数的分析［J］．全球科技经济瞭望，2017，32（7）：58－69.

② 优惠贸易协定是指缔约方之间提供较为优惠的关税水平及市场准入的约束性协定。由于很多协定不仅仅限于某两个国家或某一个地区的国家，优惠贸易协定是比双边贸易协定、区域贸易协定更一般的术语。

③ 毛真真．国有企业补贴国际规则对比研究——从传统补贴规则到非商业支持规则［J］．河北法学，2017，35（5）：154－163.

业作为补贴接受方的行为不会受到影响。提案中并没有对国有企业接受政府补贴的相关规则提出调整建议。因此，如果按照提案，各级政府对于国有企业提供的研发补贴仍然受原来的《SCM 协定》规则的管辖。相关补贴涉案的风险不会因 WTO 规则的调整而改变。第二，国有企业作为补贴提供方所受限制会明显增加。一方面，如果制定具体的条款来澄清“公共机构”的构成，大量国有企业可能会更容易被认定为“公共机构”，从而导致国有企业为其他企业（包括国有企业）提供的产品、服务等更容易被认定为补贴，而上游的国有企业将在财政科技资金支持下所取得的研发成果提供给下游企业时，也更容易被认定为补贴。另一方面，如果新的规则要求提高各成员政府对于国有企业的控制水平和程度的透明度，并且增加新的条款来明确如何评判政府是否对国有企业行使实际控制权，中国不仅会面临公布大量国企信息的较大压力，也会导致更多的国有企业一旦涉入 WTO 诉讼，更容易被认定为“公共机构”，从而处于不利地位。

由于欧盟的提案仅仅代表了欧盟的初步意愿，而且提案中仅是提出了大致的改革方向，没有落实到具体的条款上，因此，中国仍然有很大的空间来与欧盟及其他 WTO 成员进行磋商，并在未来可能的谈判中争取回旋余地。但无论如何，未来通过国有企业实施的研发补贴都会受到更高程度的限制，而且可能会由于国有企业在产业链中的产业关联，对其他的企业产生连带限制。

二、优惠贸易协定中的国有企业规则

在发达国家早期缔结的优惠贸易协定中，国有企业规则已经存在。比如在 2005 年生效的《美国—澳大利亚自由贸易协定》和 2004 年生效的《美国—新加坡自由贸易协定》中，国有企业规则已经出现。但这时的国有企业规则均未独立成章，往往作为“竞争政策”章节的一部分内容而存在，而且具体的条款内容也较少。

在发达国家新近达成的一些优惠贸易协定中，国有企业规则出现了显著的调整和扩充。相应条款对缔约方国有企业呈现出前所未有的严格限制：一方面，国有企业规则从“竞争政策”章节中独立出来，形成单独一章。另一方面，国有企业规则的相应条款得到大幅的扩展，所涵盖的内容也明显更加细致。在这些协定中，国有企业规则的关键内容有三项：国有企业的定义、非歧视待遇和商业考虑因素（Commercial Considerations）、非商业支持（Non - commercial Assistance）。

（一）国有企业的定义

WTO 并没有针对国有企业制定专门的规则。与之相关的仅仅是约束国营贸易企业（State Trading Enterprises）的规则。WTO 虽然没有给出国营贸易企业的定义，但在相应的条款中却给出了国营贸易企业规则的适用范围。按照 GATT 第 17.1 条规定，缔约方如果“建立或维持一国营企业，无论位于何处，或在形式上或事实上给予任何企业专有权或特权，则该企业在其涉及进口或出口的购买和销售方面，应以符合本协定对影响私营贸易商进出口的政府措施所规定的非歧视待遇的一般原则行事”。关于解释第 17 条的谅解进一步阐明，“被授予包括法定或宪法权力在内的专有权、特殊权利或特权的政府和非政府企业，包括销售局，在行使这些权利时，它们通过其购买或销售影响进出口的水平或方向”。从上述条款中可以总结出国营贸易企业需同时具备的三个要素：一是拥有专有权、特殊权利或特权，二是其购买或销售活动影响进出口，三是政府企业或非政府企业。由此可见，国营贸易企业既不一定是国有企业，也不一定是专门从事进出口贸易活动的外贸企业。而 WTO 设定国营贸易企业条款的实质是限制成员国通过影响被授予特权的企业来干预进出口贸易。如果将 WTO 中的“国营贸易企业”与目前我们所讨论的“国有企业”的定义和范围进行对比：一方面，国营贸易企业的外围大于国有企业，它既可能是国有企业，也可能是被政府授予独占权、特殊权利或特权甚至享有政府特殊政策的各种集体、民营企业。[①] 另一方面，国营贸易企业条款仅用以约束这些企业可能影响进出口贸易的活动，在受约束的经营活动范围上又窄于我们所讨论的“国有企业”。

在以往的协定中，国有企业的定义比较模糊，甚至名称也不一致。例如，在《美国—澳大利亚自由贸易协定》中，国有企业（State Enterprise）是指“由缔约方任何层级政府所有的，或者通过所有权益控制的企业”。在《美国—新加坡自由贸易协定》中，则采用了“政府企业”（Government Enterprise）的概念。对于美方，“政府企业”定义为“由该缔约方任何层级政府所有的，或者通过所有权益控制的企业”；对于新方，“政府企业”则定义为“该缔约方拥有有效影响（Effective Influence）的企业”。这些定义都缺乏量化标准，对于“控制”或者“有效影响”等关键要素都没有作出进一步的解释。

在新近的贸易协定中，国有企业定义不够明确的问题得到了有效的解决。

---

① 何东霞．全面理解世贸组织“国营贸易企业”条款［J］．国际贸易问题，2003（5）：14－18.

TPP 将国有企业定义为，主要从事商业活动的企业，在该企业中缔约方直接拥有超过 50% 的股本，或者通过所有权益控制超过 50% 的投票权的行使，或者有权任命董事会或其他类似管理机构的大多数成员。从这一定义可以看出，国有企业的核心不是国“有”，而是国“控”。[①]

与以往的协定相比，TPP 定义的国有企业的范围并没有扩大。与 OECD 所定义的“国家占有全部、多数所有权或重要的少数所有权由国家掌握重要控制权的企业”[②] 相比，在实质范围上也是一致的。然而，由于 TPP 将国有企业的定义进行了量化和具体化，大大提升了国有企业规则的可操作性，为国有企业规则约束性的强化提供了条件。

（二）非歧视待遇和商业考虑因素

无论是相对于 WTO 现行规则，还是以往的优惠贸易协定，新近达成的优惠贸易协定在国有企业的非歧视待遇和商业考虑因素问题上都有显著的扩展。

WTO 中对于国有企业的非歧视待遇和商业考虑因素的规则也体现在 GATT 第 17 条“国营贸易企业”条款上。该条款实际是以商业考虑因素解释非歧视待遇义务［第 17.1（a）条］。第 17.1（b）条指出，“本款（a）项的规定应理解为要求此类企业……应仅依照商业考虑因素进行任何此类购买或销售，……并依照商业惯例给予其他缔约方的企业参与此类购买或销售的充分竞争机会”。但该条款中所述的“非歧视待遇”并没有明确是否包含国民待遇。在迄今为止的判例中，WTO 争端解决机构在判例中也明确承认国营贸易企业的非歧视待遇包含最惠国待遇，回避了对其是否涵盖国民待遇的问题。[③] 因此，大部分文献认为，其中的“非歧视待遇”仅指最惠国待遇。

在发达国家以往的优惠贸易协定中，早就普遍存在国有企业的非歧视待遇和商业考虑因素条款。比如，在《美国—韩国自由贸易协定》《美国—澳大利亚自由贸易协定》《美国—新加坡自由贸易协定》中，均有相似的条款。在这些协定中，国有企业的非歧视待遇和商业考虑因素条款虽然相比于 WTO 中缺乏规制的情况有所改进，但总体上还是较为宽泛。第一，非歧视待遇与商业考虑因素成为

---

① 韩立余.《跨太平洋伙伴关系协定》全译本导读［M］. 北京：北京大学出版社，2018：391.

② OECD Guidelines on Corporate Governance of State – Owned Enterprises［EB/OL］. OECD，http://www.oecd.org/daf/ca/oecd – guidelines – corporate – governance – soes – 2005. htm，2005［2019 – 10 – 05］.

③ 王秋雯. 国有企业规则在区域贸易谈判平台中的新发展与中国对策［J］. 国际贸易，2018（6）：61 – 66.

并列的条款关系，而不是像 WTO 的国营贸易企业条款那样，是解释与被解释的关系。第二，这种并列的条款关系主要出现在指定垄断（Designated Monopolies）条款中，但国有企业条款中往往仅有非歧视待遇规定，缺乏商业考虑因素的规定。比如在《美国—韩国自由贸易协定》和《美国—澳大利亚自由贸易协定》中，以及《美国—新加坡自由贸易协定》中的美国国有企业义务条款中，仅仅规定了国有企业/政府企业的非歧视待遇义务，而没有像在指定垄断条款中那样同时规定了商业考虑因素义务。但在《美国—新加坡自由贸易协定》中的新加坡国有企业义务条款中，却同时规定了新加坡国有企业的非歧视待遇义务和商业考虑因素义务。这可能是出于新加坡国有企业在整个经济中发挥重要作用的考虑，同时也反映出缔约双方在权力关系上的不对等。第三，国有企业的非歧视待遇规则明确涵盖最惠国待遇义务和国民待遇义务。美国所主导的各种贸易协定几乎均采用“最广义非歧视待遇”的立法模式，将国有企业的非歧视待遇解释为包括最惠国待遇和国民待遇。[①] 比如《美国—韩国自由贸易协定》《美国—澳大利亚自由贸易协定》《美国—新加坡自由贸易协定》中对此均有明确的阐释。第四，国有企业的非歧视待遇义务往往限定于国有企业的销售环节。比如在《美国—韩国自由贸易协定》和《美国—澳大利亚自由贸易协定》中，以及《美国—新加坡自由贸易协定》中的美国国有企业义务条款中，国有企业/政府企业的非歧视待遇义务均限定在“其货物和服务的销售”方面，《美国—澳大利亚自由贸易协定》甚至进一步将其限定在“其货物和服务面向所涵盖投资的销售”方面。但在《美国—新加坡自由贸易协定》中的新加坡国有企业义务条款中，却将新加坡国有企业的非歧视待遇义务同时适用于其“面向美国的货物、服务提供商及涵盖投资的购买和销售环节”。

在 TPP 中，国有企业的非歧视待遇和商业考虑因素条款得到了显著的扩展，从而变得比较完整。首先，同时涵盖非歧视待遇和商业考虑因素。只不过在 TPP 中国有企业商业考虑因素的条款［第 17.4 条 1（a）项］仍然比较宽泛，缺乏具体的标准。对于商业考虑因素的定义也与以往的优惠贸易协定类似，即“价格、质量、供应度、适销性、运输以及其他买卖条款和条件；或相关业务或产业中私有公司商业决策通常考虑的其他因素”。其次，国有企业的非歧视待遇义务同时涵盖国

① 王秋雯．国有企业规则在区域贸易谈判平台中的新发展与中国对策［J］．国际贸易，2018（6）：61－66.

民待遇义务和最惠国待遇义务。TPP 对此的规定并不是通过专门针对“非歧视待遇”的定义来实现的，而是将这两项义务的实质内容直接规定在条款中，要求国有企业提供的待遇不低于其给予“本国、其他缔约方或非缔约方”的企业（提供的同类货物或服务）的待遇。再次，国有企业的非歧视待遇义务同时适用于购买与销售环节。TPP 第 17.4 条 1（b）项规定了国有企业在购买货物或服务时的非歧视待遇义务，第 17.4 条 1（c）项则规定了国有企业在销售货物或服务时的非歧视待遇义务。最后，国有企业的非歧视待遇义务同时适用于货物、服务和投资企业。TPP 第 17.4 条 1（b）项要求缔约方国有企业在购买货物或服务时给予另一缔约方企业提供的货物或服务以及境内涵盖投资企业提供的货物或服务非歧视待遇，第 17.4 条 1（c）项则要求缔约方国有企业在销售货物或服务时给予另一缔约方企业以及境内涵盖投资企业。也就是说，TPP 中对于国有企业施加的非歧视待遇的义务，同时适用于货物、服务以及涵盖投资企业（的货物或服务）。

（三）非商业支持

非商业支持（也有文献译为“非商业援助”）在以往的优惠贸易协定中并没有出现过，TPP 却在国有企业章节中用较大的篇幅制定了非商业支持条款。有文献指出，相对于以往的贸易和投资协定，TPP 国企规则最大的变化是出现了非商业援助制度。[①] 非商业支持条款实际所要规制的是针对国有企业的补贴问题。由于 WTO 中的《SCM 协定》已经对补贴问题作出了系统的规定，TPP 中的非商业支持条款也就不可避免地与《SCM 协定》存在联系。

一方面，非商业支持条款在很大程度上源于对《SCM 协定》的移植和复制。《SCM 协定》对于补贴所规定的五项要素（公共机构、财政资助、授予利益、专向性、不利影响）均在非商业支持条款中有对应的文本表述。TPP 对于“非商业支持”的定义本身就包含了财政资助、授予利益和专向性三项要素。第一，TPP 将“非商业支持”定义为“仅因政府对国有企业的所有权或控制而对国有企业提供的援助”，其对“援助”的解释与《SCM 协定》中“财政资助”的阐释大致相同。第二，对于“援助”的文本阐释中还附加了相当于《SCM 协定》中“授予利益”的内容。包括“其条件比企业可获得的商业条件优惠的”贷款、贷款保证或者其他种类融资、“与私人投资者的通常投资实践不一致的”股本投

---

① 陈汉，彭岳. TPP 关于国有企业的规则研究［J］. 北京化工大学学报（社会科学版），2018（1）：58－64.

资、“比该企业可以获得的商业条件优惠的”除一般基础设施外的商品或服务等。而“比商业条件优惠”“与私人投资者的通常投资实践不一致”等通常就是WTO争端解决机构用于判定一项措施是否存在“授予利益”的标准。第三，“非商业支持”定义中的“仅因政府对国有企业的所有权或控制”即相当于《SCM协定》中的“专向性”。根据“非商业支持”的定义，“仅因政府对国有企业的所有权或控制”是指，缔约方、缔约方的政府企业或国有企业明确将援助限于缔约方的国有企业；提供的援助主要为该缔约方的国有企业使用；对缔约方的国有企业提供不成比例的大量援助；提供援助时通过行使自由裁量权偏惠缔约方的国有企业。这与《SCM协定》第2条“专向性”的规定基本相同，同时涵盖了“专向性”条款中的“法律专向性”标准和“事实专向性”标准。第四，虽然TPP非商业支持条款中并没有专门针对“公共机构”作出定义，但其实际表述内容也可与《SCM协定》相对应。《SCM协定》将补贴定义为“由政府或任何公共机构提供的财政资助，……”。而TPP第17.6条则分别在第1款和第2款规定，“任何缔约方”以及“其政府企业和国有企业”不能对国有企业提供非商业支持。“任何缔约方”以及“其政府企业和国有企业”就是非商业支持条款所约定的非商业支持的提供者，对应于《SCM协定》中的“公共机构”，只不过范围有所差别而已。第五，TPP在第17.7条与第17.8条分别规定了“不利影响”（Adverse Effects）和“损害”（Injury）的具体形式和判断标准，这与《SCM协定》第5条与第6条的“不利影响”（Adverse Effects）和“严重侵害”（Serious Prejudice）也极为相似。

另一方面，相对于《SCM协定》，非商业支持条款也存在一些重要的差别和调整。这些差别和调整才是TPP专门制定非商业支持条款的意义所在。第一，显而易见，非商业支持条款限于针对国有企业的补贴。而《SCM协定》适用于针对所有境内企业的补贴。第二，非商业支持条款扩大了补贴提供主体的适用范围。TPP第17.6条第2项要求各缔约方保证“其政府企业和国有企业”不能对国有企业提供商业支持，从而将政府企业和国有企业直接认定为补贴提供主体。这与WTO争端解决机构仅在国有企业行使政府职能时才将其认定为“公共机构”的做法相比，明显扩充了补贴提供主体的适用范围，也简化了相应的认定程序。第三，非商业支持条款将管辖范围扩大到服务贸易和境外投资企业。《SCM协定》仅仅适用于针对境内企业的补贴，并且在贸易类型上限于针对货物贸易的补贴。而TPP中的非商业支持条款则将其管辖范围扩展到针对服务贸易企业和境外投资企业的补贴。TPP 第 17.6 条第 1 项和第 2 项所约束的为国有企业提供支持所针对的事项类型，不仅涵盖“国有企业生产或销售货物”，还包括“国有企业从缔约方境内向另一缔约方提供服务”，以及“通过在另一缔约方境内或任何其他缔约方境内的涵盖投资企业，在另一缔约方境内提供服务”。这就将服务贸易中两种最重要的交付类型（即跨境交付与商业存在）涵盖在内。TPP 第 17.6 条第 3 项约束的是缔约方“向另一缔约方境内涵盖投资企业”的“国有企业生产或销售货物”提供的非商业支持，则是将针对境外的国有企业提供的补贴涵盖在内。第四，非商业支持条款简化了补贴的认定程序。有文献认为，TPP 的非商业支持条款省略了“利益”存在与否的判断①，变相放松了援助的认定标准②。但本书认为，“授予利益”的判定已经涵盖在 TPP 对“非商业支持”的定义中，即“其条件比企业可获得的商业条件优惠”或“与私人投资者的通常投资实践不一致”。尽管如此，由于非商业支持条款将财政资助、利益授予及专向性直接置于定义中，相当于简化了认定补贴的步骤，使得未来可能的诉讼或反补贴措施的实施变得更加容易。

总体来看，与《SCM 协定》相比，TPP 非商业支持条款对国有企业补贴的限制程度大幅强化了。这种限制的强化可以归为两类：第一类是对于国有企业作为受补贴方的限制。这类限制的强化主要是通过扩大规则管辖范围和简化补贴认定程序实现的。非商业支持条款不仅涵盖了《SCM 协定》原有的可能对货物贸易产生扭曲作用的补贴，还把可能对服务贸易产生扭曲作用的补贴和针对境外国有企业的补贴纳入管辖范围。受此条款限制，提供跨境业务的国有服务企业，以及在境外投资设立的国有性质的企业，都很难再接受大规模的政府补贴。第二类是对于国有企业作为补贴提供方的限制。这类限制的强化主要是通过扩大补贴提供主体的适用范围实现的，相当于扩大了《SCM 协定》中“公共机构”的认定范围。非商业支持条款并不考虑国有企业是否是行使政府职能而提供补贴，而是直接将国有企业认定为提供非商业支持的主体。受此限制，即便是不受政府指导而发生的国有企业之间的商业交往，也会受到非商业支持条款的管辖。如果国有企业以低于市场条件的价格为其他国有企业提供资金、土地、电力等生产要素，

① 毛真真．国有企业补贴国际规则对比研究——从传统补贴规则到非商业支持规则［J］．河北法学，2017，35（5）：154－163.

② 王秋雯．国有企业规则在区域贸易谈判平台中的新发展与中国对策［J］．国际贸易，2018（6）：61－66.

将很容易被认定为非商业支持。

三、国有企业新规则对中国科技创新政策的影响

对于在WTO改革和优惠贸易协定中出现的国有企业新规则，如果这些规则实现多边化，对于中国科技创新政策的影响将是不容忽视的。从微观层面看，大量的国有企业在国际创新竞争中会更难获得政府的支持；从中观层面看，中国对于国有企业的创新支持会受到更严格的限制；从宏观层面看，利用国有企业建设国家创新体系的大量政策措施都会受到约束。

首先，对于国有企业接受研发补贴所施加的限制水平更高，限制范围更大。其一，由于国有企业定义的明晰化和国有企业补贴认定的简化，针对国有企业补贴的诉讼或救济措施的可操作性得到了很大程度的提升。针对国有企业的研发补贴更容易在争端解决机制下被诉，而接受研发补贴的国有企业也更容易在进入其他缔约方的国内市场时受到反补贴调查，并在诉讼结果和反补贴调查结果上处于更加不利的地位。例如，2018年某项政策规定，“鼓励和支持中央企业参与国家重大科技项目”，并且指出“可按照‘一企一策’原则制定管理、投入和知识产权分享机制”。这在《SCM协定》下尚存在构成专向性补贴的风险，在新规则下更容易被认定为“非商业支持”。其二，更多类型的国有企业都进入了新规则的管辖范围。在原有规则下，制造类的国有企业已经受到较大程度的补贴约束。在新规则下，对于服务类的国有企业来说，开展国际业务，也会受到新规则的约束。因而，针对服务类型的国有企业提供的服务补贴显然也会受到新规则的约束。在全球数字经济迅速发展和制造业服务化的产业发展趋势下，这对于中国国有企业主动“走出去”开拓国际市场、参与国际竞争来说，更是一个影响较大的负面因素。一方面，全球数字经济的迅速发展使得很多高技术企业都涉入了服务领域。另一方面，在制造业服务化趋势下，很多制造企业也开始转向为客户提供服务以获取利润。TPP非商业支持条款规定，“一缔约方国有企业在该缔约方境内提供服务，不认为造成不利影响”，虽然豁免了在境内开展业务的服务类国有企业接受补贴的限制，但反过来看也是鲜明地限制了这类企业拓展国际业务的能力。

其次，针对上游国有企业的研发资助可能会导致下游国有企业受到限制。由于新规则扩大了《SCM协定》中“公共机构”的认定范围，将国有企业直接认定为非商业支持的提供主体，使得国有企业之间的商业交往也受到非商业支持条

款的管辖。因此，如果上游国有企业以比市场优惠的条件为下游国有企业提供产品、服务或者生产要素，就会被认定为“非商业支持”。而如果按照很多国家目前实施反补贴调查的习惯思路，以“第三国”标准来衡量“市场条件”，那么即便上游国有企业以国内市场的正常价格为下游国有企业提供投入品，也很容易被认定为“非商业支持”。在这种情况下，如果上游国有企业接受了研发资助，进而为下游国有企业提供了与该研发相关的产品或服务，那么不仅上游国有企业会受到新规则的限制，下游国有企业也会因此而受到新规则的限制。

最后，国有企业将更难实施由政府指导的创新支持措施。非歧视待遇和商业考虑因素条款的出现和扩展，直接造成了对于国有企业自身运营的限制。特别值得注意的是，这种限制并不需要像非商业支持条款那样考虑对其他国家产业的不利影响。只要国有企业的商业交往没有完全遵守商业考虑，而是考虑了就业需求、经济发展等商业之外的公共政策目标，即便其未造成对外国商品和投资者的歧视性待遇，也构成对于国际经贸义务的违反。[①] 受此影响，国有企业将很难参与到政府指导的创新政策中。举例来说，指导国有航空公司和航空租赁企业购买国产大飞机的行为，以及在公共外交中指示国有企业购买某一缔约方大飞机的行为，都可能被认定为与非歧视待遇和商业考虑因素条款不符。

第四节　知识产权新规则与中国科技创新政策

近年来知识产权规则的调整主要是通过优惠贸易协定的方式展开的。其中，ACTA 与 TPP 是两个最重要的协定。一方面，其缔约方成员较多，且大多数都是发达经济体，整体的经贸体量较大。另一方面，其在规则调整方面较为显著。具体从规则上来说，由于这些协定的缔约方均是受《TRIPS 协定》约束的 WTO 成员，因而其知识产权规则的调整均反映为“TRIPS - plus”义务。

一、ACTA 知识产权规则的“TRIPS - plus”义务

ACTA 的协定名称虽然是“反假冒”（Anti - Counterfeiting），但其所保护的知

① 王秋雯．国有企业规则在区域贸易谈判平台中的新发展与中国对策［J］．国际贸易，2018（6）：61 - 66.

识产权类型与《TRIPS 协定》是一样的。ACTA 第 5 条对“知识产权”定义的范围是“《TRIPS 协定》第二部分第 1 节至第 7 节所规定的所有种类的知识产权”。

ACTA 涵盖了大量具有“TRIPS - plus”特征的规则。所谓“TRIPS - plus”特征主要有三种情况：一是设定比《TRIPS 协定》更高的标准，二是引入《TRIPS 协定》不包含的规则，三是将《TRIPS 协定》中的任择性义务转变成强制性义务。

ACTA 的主要内容是知识产权执法方面的条款，对缔约国所施加的大量“TRIPS - plus”义务同样也集中在知识产权执法领域。因此，更具体地看，ACTA 主要对应的是《TRIPS 协定》第三部分“知识产权的实施”（第 41 条至第 61 条）的内容。有文献指出，ACTA 所代表的从实体权利向执法实践的重心转移，反映的是国际知识产权保护的新趋势。①

ACTA 的第二章“知识产权执法的法律框架”是其最核心的部分，最主要的“TRIPS - plus”规则也集中在这一部分。根据协定的内容，其中的“TRIPS - plus”规则可以分为民事执法、边境措施、刑事程序、数字环境下的知识产权执法四类。

（一）民事执法

ACTA 在民事执法上的“TRIPS - plus”义务主要体现在“禁令”（Injunctions）、“临时措施”（Provisional Measures）、“赔偿费”（Damages）与“其他救济”（Other Remedies）等条款中。

第一，ACTA 在实质上扩大了禁令和临时措施的适用范围。根据《TRIPS 协定》第 44 条的规定，禁令虽然适用于第三方，但同时也要求，“如受保护的客体是在一人知道或有合理的根据知道从事该客体的交易会构成知识产权侵权之前取得或订购的，则各成员无义务”授权司法机关实施禁令。也就是说，《TRIPS 协定》的禁令不适用于善意第三方。《TRIPS 协定》第 50 条则完全没有涉及临时措施对第三方的适用。据此可以推定这类措施仅适用于侵权嫌疑人。② 而 ACTA 第 8 条和第 12 条分别规定了缔约方授权司法机关“在适当情况下”对第三方实施禁令和临时措施的义务，同时却没有对于“适当情况”的内涵作出界定。因此，ACTA 在实质上将禁令和临时措施的适用范围扩大到了善意第三方。这将使得侵

---

① 袁真富，郑舒姝．《反假冒贸易协定》（ACTA）：制度评价及其国际影响［J］．国际贸易问题，2012（7）：164 - 176.

② 杨鸿．《反假冒贸易协定》的知识产权执法规则研究［J］．法商研究，2011（6）：108 - 116.

权争端中的权利人可借助司法资源限制乃至排除更多的相关方，并能更轻易地在更大范围内阻止有争议的产品进入市场。①

第二，ACTA 加强了赔偿费的惩罚性。根据《TRIPS 协定》第 45.2 条的规定，各成员“可”（May）授权司法机关责令侵权人退还利润和/或支付法定赔偿。而在 ACTA 中，这两项《TRIPS 协定》中的任择性义务都变成了强制性义务。ACTA 第 9.2 条规定，至少在版权或邻接权侵权与假冒商标的情况下，各缔约方“应”（Shall）授权司法机关责令侵权人向权利持有人支付利润。ACTA 第 9.3 条进一步要求，各缔约方至少在侵犯版权或邻接权与假冒商标的情况下，还“应”建立包括法定赔偿等其中一项或多项内容的制度。

第三，ACTA 加强了其他救济措施的惩罚性。与《TRIPS 协定》相比，ACTA 在其他救济方面也强化了惩罚性。这种惩罚性的强化主要表现在两方面：一方面，ACTA 收紧了其他救济措施的选择空间。ACTA 将本可供缔约方司法机关选择的两个选项（“清除出商业渠道”与“销毁货物”）之一的“清除出商业渠道”删除，从《TRIPS 协定》规定的“责令将侵权货物清除出商业渠道，……或下令将其销毁”转变为“责令销毁货物”。另一方面，ACTA 在该项措施中并不考虑第三方利益。《TRIPS 协定》第 46 条要求，“在考虑此类请求时，应考虑侵权的严重程度与给予的救济以及第三方利益之间的均衡性”。而在 ACTA 中，并没有出现类似的表述。

（二）边境措施

ACTA 在边境措施上的“TRIPS - plus”特征最为明显。ACTA 在几项关键的条款中作出了超出《TRIPS 协定》范围或程度的规定。

第一，扩大了边境措施的适用范围。在 ACTA 中，边境措施适用于更多类型的知识产权的保护。根据《TRIPS 协定》第 51 条的规定，各成员仅需要对假冒商标或盗版货物采取边境措施。但在 ACTA 中，边境措施适用于除专利和未披露信息之外的所有知识产权类型。ACTA 在第 13 条正文中规定，“缔约方在知识产权边境执法的规定中，不应对不同知识产权构成不合理歧视”，同时又在第 13 条的注释中指出，“专利和未披露信息的保护不属于本节的范围”。ACTA 第 5 条（h）款规定，“知识产权是指《TRIPS 协定》第三部分第 1 节至第 7 节所规定的所有种类的知识产权”。而根据《TRIPS 协定》第三部分涵盖的知识产权类型，

① 杨鸿.《反假冒贸易协定》的知识产权执法规则研究［J］. 法商研究，2011（6）：108 - 116.

除商标、版权、专利、未披露信息外，还包括地理标识、工业设计和集成电路布图设计。据此可以推知，ACTA 边境措施适用的知识产权类型比《TRIPS 协定》增加了地理标识、工业设计和集成电路布图设计。此外，在 ACTA 谈判过程中，谈判方曾将专利纳入边境措施保护范围内，最终在社会团体的抗议之下将其排除。[①] 事实上，专利侵权较难判断，很难由海关官员通过对商品进行表面观察予以认定，[②] 如果将专利也纳入边境措施保护范围，将极大提高海关工作的难度和成本。

第二，增加了边境措施可以适用的贸易环节，同时提高了执法要求。《TRIPS 协定》第 51 条对各成员施加了使权利持有人能够申请要求海关中止放行进口的侵权货物的义务，同时规定各成员“可”制定关于海关中止放行自其领土出口的侵权货物的相应程序，但并没有提及对于转运的侵权货物的海关措施。而 ACTA 第 16 条则规定，“应”使海关可对进出口的侵权货物中止放行，同时规定各缔约方“可”制定使海关对转运的侵权货物中止放行或扣留的程序。因此，与《TRIPS 协定》相比，ACTA 一方面将缔约方制定海关当局可中止放行出口侵权货物程序的任择性义务变成强制性义务，另一方面增加了缔约方制定海关当局可中止放行或扣留转运侵权货物的程序的任择性义务。

第三，赋予海关当局主动采取措施的权力，并且降低了边境措施的启动门槛。首先，《TRIPS 协定》并没有强制缔约方赋予海关当局主动采取措施的权力，而仅仅是在第 58 条针对主管机关“依职权的行动”作出规定。也就是说，缔约方并没有义务授权主管机关主动采取边境措施，但如果缔约方对主管机关给予这种授权，则需要遵守《TRIPS 协定》第 58 条的规定。而根据 ACTA 第 16.1 条的规定，缔约方必须赋予海关当局主动对涉嫌侵权的进出口货物中止放行的权力。其次，在《TRIPS 协定》中，海关当局主动对货物中止放行的前提是“已取得初步证据证明……知识产权正在被侵犯”（《TRIPS 协定》第 58 条）。而在 ACTA 中，海关当局仅需认为货物“涉嫌”侵权即可采取行动（ACTA 第 16 条）。最后，在《TRIPS 协定》中，海关当局及相关人员需要为救济措施承担责任。《TRIPS 协定》第 58 条（c）项规定，“只有在采取或拟采取的行动是出于善意的情况下，各成员方可免除公共机构和官员采取适当救济措施的责任”。而在

① 廖丽．国际知识产权新趋势：TRIPS－PLUS 知识产权执法研究［M］．北京：中国社会科学出版社，2015：148.

② 薛虹．十字路口的国际知识产权法［M］．北京：法律出版社，2012：126.

ACTA 中，并不存在类似表述，因而海关当局及相关人员并没有为不适当的主动行动证明善意或承担责任的义务。总体来看，与《TRIPS 协定》相比，ACTA 不仅增加了要求缔约方赋予海关当局针对进出口侵权货物主动采取措施的权力，降低了边境措施的启动门槛，同时还免除了主管机关错误执法的责任。

（三）刑事程序

ACTA 在刑事程序上的“TRIPS - plus”义务并不复杂，但却比较关键。主要有两条：一是有关“商业规模”的定义，二是有关刑事程序的适用范围。

第一，降低了刑事程序和处罚的门槛。《TRIPS 协定》第 61 条虽然要求“各成员应规定至少将适用于具有商业规模的蓄意假冒商标或盗版案件的刑事程序和处罚”，却没有对“商业规模”作出定义。在美国诉中国知识产权案（DS362）中，专家组将“商业规模”解释为“典型或通常的商业活动的量的大小或程度”,① 据此认定中方的相关法律规定并没有违反《TRIPS 协定》。而 ACTA 第 23.1 条除了作出与《TRIPS 协定》第 61 条相似的规定外，还对“商业规模”作出了定义。ACTA 第 23.1 条规定，“具有商业规模的行为至少包括那些出于直接或间接经济或商业利益而实施的商业行为”。与《TRIPS 协定》相比，ACTA 增加了“商业规模”的定义，事实上大大缩减了被诉方的抗辩空间；与 DS362 案中的专家组裁决相比，ACTA 没有提及“量的大小或程度”，只要被认定为出于经济或商业利益，无论规模大小，都会被认定为具有“商业规模”。这实质上大大降低了“商业规模”的定义门槛，迫使各缔约方强化针对知识产权侵权的刑事执法。

第二，扩大了刑事程序的适用范围。《TRIPS 协定》第 61 条仅要求成员对蓄意假冒商标或盗版案件的刑事程序和处罚作出规定，并没有强制各成员针对其他类型的知识产权侵权作出刑事规定。而 ACTA 第 23 条扩大了刑事程序的适用范围。根据 ACTA 第 23.2 条，缔约方还有义务对故意进口和在国内使用侵权标签或包装的行为规定刑事程序和处罚。

（四）数字环境下的知识产权执法

在《TRIPS 协定》达成之时，互联网的普及和应用还远远没有达到今天的程度，知识产权的保护也局限在实体领域。因此，《TRIPS 协定》中并没有关于数字环境中的知识产权保护的规定。而目前知识产权侵权行为越来越多地涉入到数

① 杨鸿.《反假冒贸易协定》的知识产权执法规则研究［J］. 法商研究，2011（6）：108 - 116.

字环境中。以中国为例，据相关机构统计，2015 年至 2017 年北京、上海两地的著作权侵权案件中，涉及信息网络传播权的案例占比已超过 50%。[①] 在这种背景下，ACTA 专门增加了“数字环境下的知识产权执法”一节，实际上整节都属于“TRIPS - plus”的义务。其中，较为值得关注的是技术措施和电子权利管理信息与网络服务提供者等内容。

一是对技术措施和电子权利管理信息的保护。ACTA 第 27. 5 条规定，“各缔约方应提供充分法律保护和有效法律救济以制止规避有效技术措施的行为”。第 27. 7 条规定，“为了保护电子权利管理信息，各缔约方应……提供充分法律保护和有效法律救济”。有文献指出，ACTA 对于技术措施和权利管理信息的保护过于宽泛，使得权利人的控制能力从技术蔓延到法律，将损害公众获得知识和信息的权利。[②]

二是关于网络服务提供者的条款。ACTA 第 27. 4 条规定，“如果权利持有人提交一份商标或版权或有关权利被侵权的合法充分的主张，并且如果（权利持有人）寻求信息是为了知识产权的保护或实施，缔约方可根据国内法律法规，规定主管机关有权命令网络服务提供者向权利持有人迅速披露足以确认将账户用于被控侵权的用户信息”。该条款虽然仅为任择性的义务，但仍具有不可忽视的意义。一方面，这将推动越来越多的国家对作为潜在诉讼第三方的网络服务提供者施加提交证据的义务。另一方面，不仅该条款在其他条约中极为罕见[③]，这次也是该条款首次出现在一项具有较大影响力的贸易协定中。

二、TPP 知识产权规则的“TRIPS - plus”义务

TPP 中的知识产权章节（第 18 章）也有较多的“TRIPS - plus”条款。除了与 ACTA 类似的更为严格的执法条款外，TPP 在很多实体性条款上也有明显的“TRIPS - plus”特征。在 TPP 谈判期间，就有文献根据泄露的草案文本进行了分析，认为 TPP 草案文本与 ACTA 中的很多内容存在重复，甚至还具有“ACTA - plus”特征[④]。也有文献认为，TPP 中的知识产权部分是一个比 ACTA 更全面的

---

① 网络侵权案占半数 个案判赔额仍偏低［EB/OL］. http://ip.people.com.cn/n1/2019/0111/c179663 - 30517077.html，2019 - 01 - 11［2019 - 10 - 05］.

② 薛虹. 十字路口的国际知识产权法［M］. 北京：法律出版社，2012：144 - 145.

③ 杨鸿.《反假冒贸易协定》的知识产权执法规则研究［J］. 法商研究，2011（6）：108 - 116.

④ Sell S K. TRIPS Was Never Enough：Vertical Forum Shifting，FTAs，ACTA，and TPP［J］. Journal of Intellectual Property Law，2011（18）.

TRIPS“升级版”[①]。

（一）条约要求

与《TRIPS 协定》相比，TPP 涵盖了大量的条约要求。《TRIPS 协定》在条款中提及了《巴黎公约》（1967）、《伯尔尼公约》（1971）、《罗马公约》和《关于集成电路的知识产权条约》。《TRIPS 协定》第 1.3 条在定义“其他成员的国民”时，提到“假设所有 WTO 成员均为这些公约的成员”，但《TRIPS 协定》并没有要求 WTO 成员提前加入这些协定。而 TPP 要求各缔约方批准或加入的协定包括：《专利合作条约》（1979 年修订）、《巴黎公约》（1967）、《伯尔尼公约》（1971）、《马德里议定书》（1989）、《布达佩斯条约》（1980 年修订）、《新加坡条约》（2006）、《国际植物新品种保护条约》（1991 年修订）、WCT 以及 WPPT。由于 WPPT 实际就是以《罗马公约》为基础发展起来的，因而 TPP 的条约要求中并不包含《罗马公约》。WPPT 第一条就规定，“本条约的任何内容均不得减损缔约方相互之间依照《罗马公约》已承担的现有义务”。此外，由于《有关集成电路知识产权条约》自 1989 年签署以来尚未生效，TPP 的条约要求中也没有涵盖该条约。

（二）商标保护

一是突破了《TRIPS 协定》允许各成员将“视觉上可感知”作为商标注册条件的规定。《TRIPS 协定》第 15.1 条规定，“各成员可要求，作为注册的条件，这些标记应为视觉上可感知的”。TPP 第 18.18 条则针锋相对地规定，“缔约方不得将标记应为视觉上可感知的作为注册的条件”，并要求缔约方允许声音商标与气味商标的注册。

二是延长了商标保护期限。《TRIPS 协定》第 18 条将商标的首次注册及每次续展的期限规定为“不少于 7 年”。TPP 第 18.18 条则将这一期限延长为“不少于 10 年”。

三是强化了对驰名商标的保护。《TRIPS 协定》第 16.2 条和第 16.3 条以《巴黎公约》（1967）第 6 条之二为基础，规定了对于驰名商标的保护义务。《TRIPS 协定》第 16.3 条规定，“《巴黎公约》（1967）第 6 条之二在细节上作必要修改后应适用于与已注册商标的货物或服务不相类似的货物或服务”。而 TPP 第 18.22 条第 2 款则规定，“《巴黎公约》（1967）第 6 条之二应比照适用于与驰

① 张乃根．试析 TPP 知识产权条款的 TRIPS 追加义务［J］．海关与经贸研究，2016，37（4）：15－28.

名商标的货物或服务不相同或不相似的货物或服务上，无论该驰名商标注册与否”。据此放宽了对于驰名商标的保护范围。除此之外，TPP 第 18.22 条第 1 款还要求缔约方在驰名商标的保护义务上放宽对驰名商标的认定条件。

（三）专利与商业秘密保护

1. 专利保护

一是增加了可授予专利的客体。TPP 第 18.37 条第 2 款要求缔约方将“已知产品的新用途、使用已知产品的新方法，或使用已知产品的新工艺”纳入可授予专利的范围，第 4 款规定“专利至少可授予源自于植物的发明”。这些均是《TRIPS 协定》中没有的条款。有文献认为，这些新规定削弱了缔约国决定可授予专利的范围的灵活性①。另有文献指出，明确“已知产品的新用途”的可专利性会加剧医药领域的“常青专利”（Ever Green Patent）现象②。

二是新增了在延迟情况下调整专利保护期的可能性。《TRIPS 协定》所规定的专利保护最低期限是自申请之日起 20 年。针对知识产权的授予或注册流程可能造成的实际保护期限的缩短，《TRIPS 协定》第 62.2 条要求各成员“允许在一合理期限内给予或注册该权利，以避免无根据地缩短保护期限”。由于该条款并没有对“合理期限”作出界定，这实际是一条较为宽松的规定。针对这一问题，TPP 第 18.46 条进一步要求，在专利局不合理延迟的情况下，要为专利所有人提供调整专利保护期的途径，同时对“不合理的延迟”作出了界定。TPP 第 18.48 条还专门针对药品专利保护作出了类似规定，要求各缔约方“提供调整专利保护期的可能性，以补偿专利所有人因市场许可程序造成有效专利保护期不合理的缩短”。

三是新增了宽限期条款。与《TRIPS 协定》相比，TPP 专门新增了宽限期条款。TPP 第 18.38 条要求各缔约方为专利申请提供宽限期义务，即“在确定某一发明是否具有新颖性或是否包含创造性步骤时”不应考虑“在申请日以前 12 个月内发生在该缔约方境内”由专利申请人或从专利申请人获得信息的人所公开披露的信息。

2. 商业秘密保护

在《TRIPS 协定》和 TPP 中，涉及商业秘密的概念主要有三个：“商业秘密”（Trade Secrets）、“未披露信息”（Undisclosed Information）以及“未披露的

---

① 庄媛媛，卢冠锋．TPP 与 TRIPS 知识产权规则比较研究［J］．亚太经济，2016（3）：82－85.

② 谢青轶．《跨太平洋伙伴关系协定》（TPP）的专利条款研究［J］．知识产权，2016（1）：127－133.

试验或其他数据”（Undisclosed Test or Other Data）。《TRIPS 协定》第 7 节“对未披露信息的保护”中，专门在其中第 39.3 条涉及“未披露的试验数据或其他数据”。从内容看，该条款的规制对象与 TPP 第 18 章知识产权第 F 节“未披露的实验或其他数据”的规制对象相同。而 TPP 第 18.78 条“商业秘密”中特别指出，“在本章中，商业秘密至少包括《TRIPS 协定》第 39.2 条规定的‘未披露信息’”。据此，在本节论述的范围内，“商业秘密”的范围涵盖了“未披露信息”，而“未披露信息”则涵盖了“未披露的试验或其他数据”。在商业秘密保护方面，TPP 的“TRIPS－plus”义务主要包括三项。这三项义务均具有重要的意义。

一是新增了对侵犯商业秘密的刑事处罚义务。《TRIPS 协定》第 61 条仅仅要求各成员对“具有商业规模的蓄意假冒商标或盗版案件”制定刑事处罚规定，对于其他类型的知识产权侵权案件的刑事处罚仅是任择性义务。而 TPP 则专门在知识产权执法章节纳入了针对商业秘密的刑事处罚条款。TPP 第 18.78 条第 2 款和第 3 款分别列出了各缔约方应规定刑事处罚的侵犯商业秘密的行为和情形。例如，“故意获取存储在计算机系统中的商业秘密”等。这表明 TPP 缔约方（特别是美国）对于侵犯商业秘密的高度重视，并希望大幅提高侵权成本。

二是将国有企业纳入商业秘密条款中。在《TRIPS 协定》中，作为“对未披露信息的保护”的一般条款，第 39.2 条规定，应可以防止商业秘密被窃取或不正当使用。其中并未提及与国有企业相关的内容。而 TPP 则针对性地将国有企业纳入商业秘密条款中。TPP 第 18.78 条第 1 款是其商业秘密保护的一般条款，要求各缔约方应保证自然人和法人享有法律手段，可以防止商业秘密被不正当地“向他人（包括国有企业）披露或被他人获取或使用”。

三是提高了未披露试验数据保护的力度和可操作性。《TRIPS 协定》第 39.3 条仅是一般性地规定了对新型药品与农业化学物质产品的未披露试验数据的保护义务，并没有规定具体的保护期限。TPP 第 18.47 条和第 18.50 条分别对农业化学物质产品和新型药品的未披露试验数据规定了至少 10 年和 5 年的保护期。对于生物制剂，TPP 第 18.51 条要求缔约方比照新型药品未披露数据的保护，提供至少 8 年（或有效市场保护条件下 5 年）的保护期。据此，TPP 为未披露试验数据提供了比《TRIPS 协定》更加具体和可操作的保护。

（四）工业设计保护

TPP 扩大了对工业设计保护的范围。在《TRIPS 协定》第 25 条和第 26 条的基础上，TPP 第 18.55 条将工业设计的保护延伸到“被包含在某物件中一部分的设计；或，如适用，在物件作为整体的情况下，与该物件一部分有特别关联的设计”。

此外，TPP 还鼓励各缔约方完善工业设计制度，以提高跨境取得权利的便利性。TPP 第 18.56 条规定，各缔约方“将适当考虑批准或加入”1999 年在日内瓦缔结的《工业品外观设计国际注册海牙协定》。而在 1995 年达成的《TRIPS 协定》中显然不可能提及该协定。

（五）版权和相关权保护

一是延长了版权与相关权的保护期限。根据《TRIPS 协定》第 12 条的规定，对于版权和相关权的保护期限为不少于 50 年。具体来说，除摄影作品或实用艺术品外，只要一作品的保护期限不以自然人的生命为基础计算，则自该作品经授权出版起不少于 50 年，或者在创作后 50 年未经授权出版的，为自该作品完成起不少于 50 年。TPP 将这一保护期限延长至不少于 70 年。根据 TPP 第 18.63 条的规定，如果以自然人的生命为基础计算作品、表演及录音制品的保护期，则不应少于作者终生及其死亡后 70 年；如果不以自然人的生命为基础计算，则为首次经授权出版起不少于 70 年；自创作完成起 25 年内未经授权出版的，为自创作完成起不少于 70 年。

二是新增了对技术保护措施（Technological Protection Measures）和权利管理信息（Rights Management Information）的保护义务。为应对数字环境下的新需求，TPP 在版权与相关权章节新增了对于技术保护措施和权利管理信息的保护义务。TPP 第 18.68 条要求各缔约方“提供适当的法律保护和有效的法律救济措施”，以制止规避技术保护措施的行为。TPP 第 18.69 条要求各缔约方“提供适当有效的法律救济措施，以保护权利管理信息”。

（六）知识产权执法

TPP 在知识产权执法方面也规定了很多超出《TRIPS 协定》的要求。在民事和行政程序及救济、临时措施、边境措施、刑事程序和处罚等方面，TPP 不仅制定了大量的“TRIPS - plus”条款，甚至在部分条款中提出了比 ACTA 更为严格的要求，对缔约方施加了更具约束力的义务。

1. 民事和行政程序及救济

在《TRIPS 协定》中，“民事和行政程序及救济”是其“知识产权的实施”部分的第二节，共有 8 条、12 款。在 TPP 中，“民事和行政程序及救济”则集中为知识产权章的 I 节“执法”中的第 18.74 条，共 17 款。总体来看，在“民事和行政程序及救济”部分，TPP 比《TRIPS 协定》进一步强化了对权利人利益的保护。

一是细化了赔偿费条款,《TRIPS 协定》第 45 条仅是简单规定,司法机关有权责令侵权人向权利持有人支付“足以补偿其因知识产权侵权所受损害的赔偿”。TPP 则在 18.74 条第 4 款进一步列举了确定赔偿数额的考虑因素,包括“利润损失、根据市场价格或者建议零售价格所估算出的侵权商品或服务的价值”。

二是强化了权利持有人获得信息的权利。《TRIPS 协定》第 47 条规定,“各成员可规定,司法机关有权责令侵权人将生产和分销侵权货物或服务过程中涉及的第三方的身份及其分销渠道告知权利持有人”。TPP 则将这种任择性义务转变为强制性义务。TPP 第 18.74 条第 13 款规定,“缔约方应规定,其司法机关有权应权利持有人的正当要求,……责令侵权人或涉嫌侵权嫌疑人……向权利持有人或向司法机关提供由侵权人或涉嫌侵权人所拥有或控制的信息”。

三是新增了法定赔偿与附加赔偿制度条款。TPP 第 18.74 条第 6 款和第 7 款,分别针对涉及版权与相关权侵权和假冒商标的案件,要求各缔约方建立法定赔偿或附加赔偿制度,第 8 款和第 9 款进一步对法定赔偿与附加赔偿作出了规定。《TRIPS 协定》第 45.2 条中虽然提到“在适当的情况下,各成员可授权司法机关责令其退还利润和/或支付法定的赔偿”,但建立法定赔偿制度或附加赔偿制度,却是超出《TRIPS 协定》的新义务。此外,TPP 不仅在第 18.74 条第 9 款规定,在适用附加赔偿时应考虑“遏制将来发生类似侵权行为的需要”,同时还在“附加赔偿”的备注中规定,“附加赔偿可包括惩罚性赔偿”。因此,这四项新增条款不仅提高了对权利持有人的救济力度,还强化了对于侵权一方的惩戒力度。

四是制定了更加严厉的补救条款。与《TRIPS 协定》第 46 条的“其他补救”(Other Remedies)相比,TPP 规定了更加严厉的补救措施。一方面,针对侵权货物,《TRIPS 协定》规定,司法机关有权责令将侵权货物“清除出商业渠道,……或下令将其销毁”;TPP 却删除了“清除出商业渠道”的选项,在第 18.74 条第 12 款规定,至少对于盗版商品和冒牌商品,司法机关有权责令“销毁侵权商品”。另一方面,针对用于制造侵权货物的材料和工具,《TRIPS 协定》规定,司法机关有权责令将其“清除出商业渠道”;TPP 却新增了“销毁”的选项,在第 18.74 条第 12 款规定,司法机关有权责令将其“销毁或清除出商业渠道”。

此外,值得注意的是,TPP 在禁令救济方面与《TRIPS 协定》保持了一致。TPP 第 18.74 条第 2 款,要求各缔约方规定其司法机关有权适用“与《TRIPS 协定》第 44 条相符的禁令救济”。这表明,在禁令救济的问题上,TPP 并没有遵照 ACTA 的“TRIPS - plus”义务条款,而是退回到《TRIPS 协定》的管辖边界上来。

2. 临时措施

《TRIPS 协定》第 50 条对于临时措施的规定共有 8 款，TPP 第 18.75 条却将其缩减为 3 款。条款的缩减并没有弱化对知识产权的保护，而是进一步提高了知识产权权利人的利益，同时鼓励司法机关对侵权行为采取更加果断的临时措施。

一是减少了对司法机关执法的约束。《TRIPS 协定》第 50 条第 1 款和第 2 款赋予了司法机关采取不做预先通知的临时措施的权利，但同时也为此设定了前提，即"任何延迟可能对权利持有人造成不可补救的损害"或"存在证据被销毁的显而易见的风险"。但 TPP 第 18.75 条第 1 款删掉了这些前提，相当于赋予了司法机关更加灵活的采取快速处理方式的权利。

二是赋予了司法机关新的执法权力。TPP 第 18.75 条第 3 款赋予了司法机关在部分案件中责令"没收或扣押涉嫌侵权的商品、材料和工具"以及"封存与侵权有关的书面证据的原件或复印件"的权力。这是对各缔约方新增的超出《TRIPS 协定》以外的义务，有利于各缔约方的司法机关加大对侵权行为的打击力度。

三是减少了申请人的部分义务。《TRIPS 协定》第 50 条第 5 款规定，"执行临时措施的主管机关可要求申请人提供确认有关货物的其他必要信息"。但该条款并未出现在 TPP 的文本中。

四是削弱了对被告方的保护。《TRIPS 协定》第 50 条为被告方提供了一定程度的保护。其中第 4 款为被告方提供了获得通知的权利以及对临时措施提出审查要求的权利。第 6 款规定，在一定条件下，应被告请求，应将临时措施撤销或终止生效。第 7 款规定，如果临时措施被撤销或失效，或者不存在侵权，则司法机关有权责令申请人对被告提供适当补偿。但 TPP 并没有纳入这三项条款。

3. 边境措施

一是扩大了针对商标侵权的打击范围。《TRIPS 协定》第 51 条所规定的"海关中止放行"措施针对的对象主要是涉嫌"假冒商标或盗版的商品"（Counterfeit Trademark or Pirated Copyright Goods）。TPP 第 18.76 条第 1 款则扩大为涉嫌"假冒商标或混淆性相似商标或盗版的商品"（Counterfeit or Confusingly Similar Trademark or Pirated Copyright Goods），增加了构成"混淆性相似商标"的商品。一方面，边境措施对于涉嫌"混淆性相似商标"商品的适用是很多美式 FTA 的"TRIPS－plus"特征之一。《美国—韩国自由贸易协定》《美国—澳大利亚自由贸易协定》以及美国与墨西哥、加拿大在2018年新达成的USMCA均有类似条款（《美国—韩国自由贸易协定》第18.10条第19款；《美国—澳大利亚自由贸易协定》第17.11条第19款；USMCA第20.84条第1款）。另一方面，“混淆性相似商标”的纳入扩大了边境措施打击商标侵权的范围。在美国商标法中，假冒商标是最严重的商标侵权行为。[①] 根据《TRIPS协定》第51条的注释，假冒商标是货物“未经许可而载有的商标与此类货物已有效注册的商标相同，或其基本特征不能与此种商标相区分，并因此在进口国法律项下侵犯了所涉商标所有权人的权利”。而根据美国《兰哈姆法》第34条第4款，假冒商标是指，仿冒与他人注册商标相同或者在实质上难以区别开来的标记；将该种仿冒标记用于相关的商品或服务商；这种使用有可能混淆、误导或欺骗消费者。[②] 由此可见，假冒商标是较为容易判断的。而“混淆性相似商标”的判断难度却较高。“混淆”与“相似”是美国、日本、欧盟等经济体的商标法中判断侵权的标准或测试因素，中国2013年对商标法的修改也引入了“混淆可能性”的判断标准。[③] 也就是说，TPP将“混淆性相似商标”纳入条款中，是在原有“假冒商标”侵权的基础上，增加了边境措施所打击的商标侵权的类型。有文献指出，由于对“混淆性相似商标”的判别需要专业的法律鉴别能力，该“TRIPS－plus”条款的要求超出了海关官员的专业水平，也会加大执法负担。[④] 另有文献认为，由于仿制药很可能要使用与品牌药相似的标识，该条款可能导致对过境仿制药品的扣押。[⑤]

二是增加了边境措施可以适用的贸易环节。《TRIPS协定》要求将海关中止放行程序适用于进口环节的侵权货物。同时其第51条允许各成员制定针对出口环节侵权货物的海关中止放行程序。但并没有提及对于转运环节侵权货物的边境措施。TPP第18.76条第5款则要求将主管当局依职权启动的边境措施适用于进口、出口和转运三个环节。这不仅超出了《TRIPS协定》所规定的义务，也超出了ACTA所规定的义务。

三是将认定侵权的准据法从进口国法扩展到出口国法和过境国法。《TRIPS

① 李明德．美国知识产权法（第二版）［M］．北京：法律出版社，2014：616.

② 李明德．美国知识产权法（第二版）［M］．北京：法律出版社，2014：617.

③ 王太平．商标侵权的判断标准：相似性与混淆可能性之关系［J］．法学研究，2014（6）：162－180.

④ 廖丽．美国知识产权执法战略及中国应对［J］．法学评论，2015（5）：130－139.

⑤ 梁意．论“TRIPS－plus”边境措施及其合法性问题——以《TPP知识产权草案》为视角［J］．国际商务（对外经济贸易大学学报），2015（2）：95－105.

协定》第52条规定，“任何启动第51条下程序的权利持有人需要提供充分的证据，以使主管机关相信，根据进口国法律，可初步推定权利持有人的知识产权受到侵犯”。据此，认定侵权的准据法是进口国国内法。由于TPP将边境措施的适用环节扩展到出口和过境环节，认定货物侵权的准据法也发生了调整。TPP第18.76条第2款规定，“权利持有人……需要提供充分的证据，以使主管机关相信根据规定该程序的缔约方的法律，可初步推定权利持有人的知识产权受到侵犯”。因此，在进口、出口或转运环节认定侵权的准据法将分别是进口国、出口国或转运国的国内法。《TRIPS协定》与TPP分别对“冒牌货物”与“盗版货物”的注释也明确体现出了这种变化。《TRIPS协定》对“冒牌货物”与“盗版货物”的定义中分别提及“在进口国法律项下侵犯了所涉商标所有权人的权利”“在进口国法律项下构成对版权或相关权利的侵犯”。TPP对“冒牌货物”与“盗版货物”的定义则分别提及“根据规定有本节程序的缔约方法律，侵犯了有关商标所有人的权利”“根据规定有本节程序的缔约方法律，构成对版权或相关权的侵犯”。因此，认定货物侵权的准据法就由国内法这一个法律体系扩展到了包括国内法和过境国法在内的两种法律体系。[①]

四是免除了主管机关依职权行动的限制条件。《TRIPS协定》对于主管机关依职权的行动附加了一些限制条件。《TRIPS协定》第58条（b）项与（c）项分别规定了主管机关迅速向进口商告知中止放行行动的义务、中止放行应遵守的时限、应被告请求进行审查或听证的义务以及主管机关及官员为不适当的主动行动应负的责任。而TPP中并没有类似条款。TPP第18.76条第5款仅简单规定了各缔约方赋予主管当局依职权行动的权利的义务，却没有附加任何限制条件。这明显降低了主管机关主动启动边境措施的门槛，赋予了其依职权的行动较高的主动权。

4. 刑事程序和处罚

一是降低了刑事程序和处罚的门槛。TPP除了规定与《TRIPS协定》类似的“对具有商业规模的故意假冒商标或侵犯版权或相关权的案件适用刑事程序和处罚”的义务之外，还对“商业规模”作出定义，显著降低了刑事程序和处罚的门槛。TPP第18.77条第1款规定，就故意侵犯版权或相关权而言，“具有商业

① 梁意．论“TRIPS－plus”边境措施及其合法性问题——以《TPP知识产权草案》为视角［J］．国际商务（对外经济贸易大学学报），2015（2）：95－105.

规模”至少包括“为商业利益或财务收益而实施的活动”以及“并非为商业利益或财务收益目的而实施，但对版权或相关权权利持有人在市场上的利益造成了实质性损害的重大行为”。该定义不仅远远超出了美国诉中国知识产权案（DS362）中专家组对“商业规模”的解释，也超过了ACTA对“商业规模”的定义范围。这实际上是移植美国国内法中“商业规模”定义的结果，① 大大强化了TPP缔约方对于侵犯版权或相关权的行为实施刑事处罚的义务。

二是扩大了刑事程序和处罚的适用范围。《TRIPS协定》第61条仅要求对蓄意假冒商标或盗版案件的刑事程序和处罚作出规定，并没有强制各成员针对其他类型的知识产权侵权作出刑事规定。而TPP大幅扩展了刑事程序和处罚的适用范围。根据TPP第18.77条第2款、第3款、第4款，缔约方还有义务对故意进口或出口冒牌商品或盗版商品的行为、故意进口和在国内使用侵权标签或包装的行为、未经授权而在电影院对放映的电影作品进行复制从而严重损害权利持有人的市场占有的行为规定刑事程序和处罚。

（七）互联网服务提供者

为了应对数字环境下的知识产权保护问题，TPP也制定了相应的规则，均是《TRIPS协定》没有涉及的内容。例如，TPP第18.71条第2款规定，“各缔约方确认，第18.74条（民事和行政程序及救济）、第18.75条（临时措施）和第18.77条（刑事程序和处罚）规定的执法程序应同等适用于数字环境下的商标侵权行为、版权和相关权侵权行为”。除此之外，TPP有关数字环境下知识产权保护的条款集中在第18章J节“互联网服务提供者”。与ACTA第五节对于数字环境下知识产权执法的相对分散的规定相比，TPP第18章J节主要对互联网服务提供者（Internet Service Providers）在应对版权与相关权侵权方面的权利和义务进行规制。这一节的相关内容基本上沿袭了美国《数字千年版权法》的相关规定。② 其中影响较大的内容有三点：

一是为互联网服务提供者设立避风港的条款。TPP第18.82条要求缔约方为互联网服务提供者设立避风港（Safe Harbours），在符合某些条件的情况下免除互联网服务提供者因版权侵权行为而承担的金钱赔偿责任。

二是要求互联网服务提供者移除侵权材料的条款。TPP通过避风港条款对互

① 张乃根．试析TPP知识产权条款的TRIPS追加义务［J］．海关与经贸研究，2016，37（4）：15-28.
② 韩立余．《跨太平洋伙伴关系协定》全译本导读［M］．北京：北京大学出版社，2018：415.

联网服务提供者规定了移除版权侵权材料的义务。TPP 第 18.82 条第 3 款要求缔约方规定互联网提供者享受避风港的资格条件。其中（a）项特别指出，资格条件之一是，“互联网服务提供者在实际知道存在版权侵权或者相关事实或情节使其意识到侵权明显时，……迅速移除存储在其网络或系统内的材料或拒绝对该材料的访问”。该义务不仅超出了《TRIPS 协定》的范围，也超出了 ACTA 的规定。

三是要求互联网服务提供者提供侵权者有关信息的条款。TPP 第 18.82 条第 7 款规定，“各缔约方应依据其法律制度，……规定司法或行政程序，使已经提出了在法律上充分的版权侵权请求的版权所有人，能迅速从互联网服务提供者处获得提供者所拥有的可识别被控侵权者的信息”。该条款的基本内容虽然与 ACTA 第 27.4 条类似，但存在重要差别。从适用范围上看，TPP 第 18.82 条第 7 款仅适用于版权与相关权的侵权，而 ACTA 第 27.4 条还适用于商标侵权。从条款约束力上看，ACTA 第 27.4 条规定的仅是任择性义务，缔约方可以选择执行或不执行，TPP 第 18.82 条第 7 款却是强制性义务，缔约方必须制定相应的法律法规。

三、知识产权新规则对中国科技创新政策的影响

ACTA 与 TPP 的谈判主要由发达经济体主导，中国、印度、巴西等新兴经济体并没有被邀请参加谈判，这本身就引起了 WTO 中很多发展中成员的担忧。例如，在 2010 年的 TRIPS 理事会上，中国与印度表达了对于 ACTA 可能造成协定冲突、损害 WTO 协定权利义务的平衡与灵活性、扰乱转口贸易、损害政府自由分配知识产权执法资源的权利等问题的担忧，得到了大多数 WTO 成员的支持。①

综合来看，这些协定所包含的知识产权新规则对中国科技创新政策的影响主要表现在三个方面：

第一，中国向协定区域内出口的产品可以享受更高水平的知识产权保护。《TRIPS 协定》并没有像 GATT 第 24 条与 GATS 第 5 条那样设定有关优惠贸易协定的例外，所以，WTO 成员通过加入区域或双边协定而提供给第三方的更高标准知识产权保护必须适用《TRIPS 协定》最惠国待遇原则和国民待遇原则，进而向所有其他 WTO 成员的国民提供同等水平的保护。也就是说，假定 ACTA 或

① 廖丽．国际知识产权新趋势：TRIPS－PLUS 知识产权执法研究［M］．北京：中国社会科学出版社，2015：152.

TPP 生效的话，不参与谈判的国家可以在协定成员国内获得“TRIPS - plus”标准的知识产权保护。因此，这实际上可能会增加中国创新产品向这些区域的出口，以及从中国向这些区域的高技术产业投资与跨境技术转移。

第二，中国向协定区域内出口的产品要受到更加严格的知识产权约束。在这方面，从中国出口的存在侵权嫌疑的产品必然受到不利影响。中国目前仍然被视为假冒盗版商品的主要来源地之一。据美国海关和边境保护署（CBP）统计，2013 财年美国海关扣押侵权商品的价值总额为 17.435 亿美元，其中有 11.809 亿美元来自中国，占 68%。[①] 随着更多的国家接受新的知识产权规则，这类产品的出口将会受到更严格的限制。特别是，如果考虑到知识产权新规则参与国在全球贸易中所占到的比重，其影响更加值得重视。ACTA 谈判完成时，主要谈判国与中国的双边贸易占中国进出口的一半以上，中国与 ACTA 主要谈判国的出口贸易占出口总额的近 60%。[②] 在美国退出以前，TPP 占到全球贸易额的 40%，同时也占到中国出口份额的 40% 以上。[③] 在美国退出 TPP 后，其他 11 个国家重新签署的 CPTPP 仍然占到全球出口额的 17%。[④]

知识产权新规则对于中国贴牌加工产业的影响可能更加直接。自改革开放以后，加工贸易一直是中国最重要的对外贸易方式，大量的加工贸易又是以贴牌加工为主。[⑤] 2001 年时，中国出口总额中加工贸易出口所占的比重就已经超过 55%。2007—2009 年，中国约 90% 的家电企业、70% 的玩具企业都在做贴牌加工。[⑥] 近年来，随着中国向全球价值链的上游移动，并将原材料和零部件采购从国外供应商转向国内供应商，加工贸易所占的比例已经大幅下降，大量的贴牌加工企业也逐渐向自主品牌生产转变。但加工贸易和贴牌加工产业仍然在中国对外贸易中占据重要地位。根据中国商务部的数据，2018 年加工贸易占中国总出口的份额约为 1/3。由于知识产权新规则扩大了知识产权的保护范围，对贴牌加工

① 洪俊杰，石丽静，孙乾坤，等．国际知识产权新规则对我国的挑战及应对［J］．国际贸易，2015（6）：32 - 36.

② Free Software Foundation. Speak out against ACTA［EB/OL］. http：//www. fsf. org/campaigns/acta/，October5，2019visited.

③ 王孝松，何欣悦．TPP 达成对中国贸易发展的影响探究［J］．经济理论与经济管理，2016（3）：86 - 100.

④ 刘向东，李浩东．中国提出加入 CPTPP 的可行性与实施策略分析［J］．全球化，2019（5）：57 - 69.

⑤ 李辉．企业防范定牌加工的商标侵权问题研究［J］．经济与管理，2007，21（1）：76 - 78.

⑥ 易健雄．OEM 商标侵权纠纷处理的态度选择［J］．知识产权，2009，19（5）：23 - 28.

产业带来了更高的侵权风险。一方面，新规则不再对善意第三方的侵权责任进行区分。如果委托方涉嫌侵权，贴牌加工企业很可能也要承担同样的侵权责任。另一方面，边境措施适用范围的扩大进一步增加了贴牌加工产品的侵权风险。因为各国都有独立的商标注册制度，很少有企业会在所有国家都拥有注册商标，即使在进口国和出口国都合法注册的商标也有可能未在过境国注册。[①] 即便贴牌加工产品在委托方所在地、加工方所在地和消费方所在地拥有合法注册商标，也可能在中转时面临商标侵权风险。

仿制药产业也很可能受到知识产权新规则的影响。中国仿制药市场规模庞大，2016 年仿制药品（化药）的销售金额为 680 亿美元，占整个中国药品（化药）销售市场的 64%。[②] 中国目前也有 6000 多家药企以生产仿制药为主。[③] 但中国自身的仿制药产业却由于研发能力不足、技术人才缺乏、制度不完善等，与美国、印度等仿制药强国存在较大差距。近年来，中国发布了多项重要的政策文件，希望推动国内仿制药产业的发展。2018 年 4 月发布的《国务院办公厅关于改革完善仿制药供应保障及使用政策的意见》（国办发〔2018〕20 号）提出，“促进仿制药研发，……更好地满足临床用药及公共卫生安全需求，加快我国由制药大国向制药强国跨越”，并就促进仿制药研发、推动仿制药产业国家化等作出了部署。2018 年 12 月，国家卫生健康委、国家发展改革委、科技部等九部门联合制定了《关于加快落实仿制药供应保障及使用政策工作方案》（国卫体改发〔2018〕53 号），要求“加强仿制药技术攻关”“加快提高上市药品质量”。2019 年 6 月，国家卫生健康委发布了第一批鼓励仿制的药品目录，以引导企业研发、注册和生产。然而，知识产权新规则却会对仿制药的生产和贸易造成一定程度的障碍。一方面，新规则对于未披露试验数据和生物制剂的保护，会阻碍仿制药的上市。例如，根据 TPP 第 18.54 条，如果某药品同时受到专利保护和数据保护，即便其专利保护期先于数据保护期届满，剩余的数据保护期仍然有效，在此期间，仿制药仍然无法上市。[④] 另一方面，近年来德国、荷兰等欧盟国家以侵犯知识产权为由频繁扣押过境仿制药，已经对仿制药的过境贸易造成了较大的不确定

---

① 杨鸿.《反假冒贸易协定》的知识产权执法规则研究［J］. 法商研究，2011（6）：108－116.

②③ 吴久鸿，李洪. 仿制药在美国和印度的生产及使用情况对中国的启示［J］. 中国药物经济学，2018，13（7）：107－115.

④ 张宇萌. TPP 框架下药品试验数据法律保护研究［D］. 重庆：西南政法大学硕士学位论文，2017：32.

性。而知识产权新规则可能导致这些国家对过境仿制药采取更加严格的强制措施。

第三，随着新规则中相应条款和标准的扩散，中国在提升自身的知识产权保护标准方面将受到越来越大的压力。理论上说，即便 TPP 或 ACTA 某成员实施更高标准的知识产权保护，协定外的其他国家也只需向该成员提供达到《TRIPS 协定》标准的知识产权保护即可，并没有义务提供对等的保护水平。也就是说，假定 TPP 或 ACTA 生效的话，不参与谈判的国家可以在协定成员国内获得“TRIPS - plus”标准的知识产权保护，却不需要受到这些协定的直接约束。这些协定的“TRIPS - plus”标准不会自动向非成员扩散。然而，“TRIPS - plus”标准的扩散却有可能以间接的方式实现。首先，ACTA 或 TPP 的成员在未来的优惠贸易协定谈判中会向其贸易伙伴提出对等的知识产权保护要求，逐渐将保护水平提高到《TRIPS 协定》之上。其次，一旦双边协定的数量足够多，网络足够浓密，足以整合并可能提升双边主义带来的好处的话，发展中国家就会参与到整合知识产权制度的多边谈判和努力中去。① 因此，在发达经济体的持续推动下，这些“TRIPS - plus”条款在未来很有可能融入多边贸易规则中。

在中国已签署的自贸协定中，几乎都对知识产权保护问题有所涉及，但相应的保护标准和要求基本均未超过《TRIPS 协定》所规定的水平。② 而未来的谈判中可能会有贸易伙伴要求中国提供“TRIPS - plus”标准的保护水平。或者随着“TRIPS - plus”条款的逐步多边化，中国将被迫进行知识产权保护方面的法律法规改革和调整。

实际上，随着中国企业自身的创新能力不断提升，加强知识产权保护也符合中国进一步深化体制改革、改善营商环境和维护企业利益的需要。2018 年 4 月，中国领导人在博鳌亚洲论坛的演讲中指出，“加强知识产权保护，……是完善产权保护制度最重要的内容，也是提高中国经济竞争力最大的激励。对此，外资企业有要求，中国企业更有要求”。在 2019 年 4 月的第二届“一带一路”国际合作高峰论坛上，中国领导人也强调，“中国将着力营造尊重知识价值的营商环境，全面完善知识产权保护法律体系，大力强化执法，……完善商业秘密保护，依法严厉打击知识产权侵权行为”。在近年来的具体措施上，中国加快推进商标法、专利法、著作权

---

① 张伟君. TPP 等区域贸易协定中 TRIPS - plus 条款对 WTO 成员的影响［J］. 东方法学，2016（1）：84 - 95.

② 庄媛媛，卢冠锋. TPP 与 TRIPS 知识产权规则比较研究［J］. 亚太经济，2016（3）：82 - 85.

法等的修订工作，重点对知识产权侵权行为加大惩罚力度。例如，全国人大常委会在2019年4月通过了对《中华人民共和国商标法》的第四次修订，大幅提高了商标侵权的赔偿额度，将恶意侵犯商标权的赔偿数额由原来的“一倍以上三倍以下”修改为“一倍以上五倍以下”，并将法定赔偿额上限从300万元提高到500万元。2018年底提交全国人大常委会审议的《中华人民共和国专利法修正案（草案）》，也将完善侵权的惩罚性赔偿制度、提高专利侵权成本作为重点修订内容。

总体上看，中国在知识产权保护的很多方面已经达到了TPP或ACTA的标准。有文献指出，中国知识产权保护法律与ACTA的差距并不大。[①] 也有文献认为，TPP的大多数“TRIPS－plus”义务在中国已经基本实施或将要实施。[②] 例如，TPP第18.78条要求各缔约方针对商业秘密保护规定刑事程序和处罚，中国《刑法》第二百一十九条即规定了“侵犯商业秘密罪”。TPP第18.80条规定，“各缔约方应采用或维持适当的法律、法规、政策、命令、政府发布的指南或行政或执行条例，规定其中央政府机构只能使用受版权和相关权保护、不侵权的计算机软件”，而中国国务院办公厅在2013年印发的《政府机关使用正版软件管理办法》（国办发〔2013〕88号）已经明确规定，“各级政府机关的计算机办公设备及系统必须使用正版软件，禁止使用未经授权和未经软件产业主管部门登记备案的软件”。在数字执法措施方面，中国也因加入了《国际互联网公约》而基本达到了ACTA的要求。[③] 此外，中国在知识产权保护的部分领域甚至超出了TPP的标准。例如，在边境措施方面，《TRIPS协定》与TPP均只要求对侵犯商标权或版权及相关权利的商品采取措施，而《中华人民共和国知识产权海关保护条例》还对专利权提供保护。

然而，在知识产权新规则中一些较为关键的“TRIPS－plus”义务方面，中国还存在较大的差距。特别是在各类知识产权的保护期限方面，中国还难以达到新规则的标准。例如，TPP第18.63条将版权及相关权的保护期限从《TRIPS协定》的50年延长到70年，而中国《著作权法》第二十一条所规定的保护期限仍然为50年。又如，对于未披露信息的保护，中国实际上通过单独承诺承担了超

---

① 尚妍.《反假冒贸易协定》的几个基本问题［J］．暨南学报（哲学社会科学版），2014，36（12）：92－99.

② 张乃根.试析TPP知识产权条款的TRIPS追加义务［J］．海关与经贸研究，2016，37（4）：15－28.

③ 尚妍.《反假冒贸易协定》的几个基本问题［J］．暨南学报（哲学社会科学版），2014，36（12）：92－99.

过《TRIPS 协定》一般要求的义务。《TRIPS 协定》第 39 条仅要求各成员对药品或农业化学品的未披露实验数据或其他数据提供保护，并没有规定具体的保护期限。但中国在《中国加入工作组报告书》第 284 段明确承诺，对药品或农业化学品的未披露试验数据或其他数据提供 6 年保护期。与该承诺相一致，《中华人民共和国药品管理法实施条例》（2016 年 2 月 6 日修订）第三十四条与《农药管理条例》（2017 年 2 月 8 日修订）第十五条分别规定了对于“含有新型化学成分药品”和“含有新化合物的农药”的未披露试验数据和其他数据的 6 年保护期限。然而，知识产权新规则提出了更高的标准。TPP 第 18.47 条要求缔约方对农业化学品的未披露试验数据或其他数据提供至少 10 年的保护期，TPP 第 18.51 条则专门针对生物制剂的未披露试验数据或其他数据规定了 8 年的保护期。在农业化学品的数据保护方面，中国目前提供的保护期限与 TPP 规定的保护期限还有明显的差距。在生物制剂的数据保护方面，中国目前并没有明确的规定。2018 年 4 月国家药品监督管理局发布的《〈药品试验数据保护实施办法（暂行）〉征求意见稿》虽然提出对“在中国境内获批上市的创新治疗用生物制品”给予 12 年数据保护期，但对于“利用在中国开展的国际多中心临床试验数据在中国申请上市时间晚于在其他国家/地区申请上市的，根据情况给予 1 至 5 年数据保护期，晚于 6 年的不再给予数据保护期”“对于使用境外数据但无中国患者临床试验数据申请新药上市的，给予上述计算方法 1/4 时间的数据保护期”“补充中国临床试验数据的，给予 1/2 时间的数据保护期”。如果依据此规定，对于境外药企来说，其在大部分情况下所能获得的生物制剂数据保护期仍少于 8 年。此外，在驰名商标的扩大保护、出口或过境环节针对假冒商标或盗版商品的海关措施、对于假冒商标或侵犯版权案件降低刑事处罚门槛等方面，中国也达不到 TPP 或 ACTA 所规定的标准。

第五节　跨境数据流动规则与中国数据本地化政策

2017 年 9 月，美国向 WTO 贸易服务委员会提交了关于中国实施跨境数据流动限制政策的文件，主要针对中国《网络安全法》《国家安全法》《个人信息和重要数据出境安全评估办法（征求意见稿）》和《信息安全技术数据出境安全评估指南（草案）》等法律法规中有关对跨境数据流动进行安全审查、评估并强制将数据在境内存储和处理的规定。美国认为，这些规定会严重阻碍跨境数据流动，对外国供应商产生不利影响，并要求中国暂缓发布和实施有关的最终措施。

美国提出的指责主要基于三个方面的理由：第一，这些规定的适用范围和影响范围非常广泛，不仅管辖所有的网络运营者，而且对很多网络服务供应商，特别是依赖跨境交付和商业存在模式的服务提供商产生影响。第二，这些规定中有关“关键信息基础设施”和“国家安全”“公共利益”的定义非常模糊。一方面，给予相关机构难以预测和节制的审查权限，可能在评估之后彻底阻断跨境数据传输；另一方面，给受审查实体带来繁重的义务要求，鼓励或强制数据本地化。第三，对于隐私保护的实现，存在其他的替代选择，比如 APEC 跨境隐私规则和第三方评估等。

中美在数据本地化问题上的争议，实际上是关于跨境数据流动规制方式的选择的争议。而关于跨境数据流动规制方式的竞争，不仅反映在单边选择和双边协商层面，也已经进入到多边规则制定的框架中。2019 年 1 月，中国、美国、欧盟等 76 个 WTO 成员签署了《关于电子商务的联合声明》，启动了有关电子商务议题的谈判。从中国、美国、欧盟三方的谈判提案来看，跨境数据流动规制方式是一个显著的分歧点。

一、跨境数据流动的三种规制方式

“跨境数据流动”在现有文献中有很多表述方式，如 Transborder Data Flows、Transborder Flows of Personal Data、International Information Transfer、Cross – Border Data Flows、Cross – Border Flows of Personal Data 等。这一概念最早是 20 世纪 70 年代由 OECD 科学技术政策委员会（CSTP）下设的计算机应用工作组（CUG）提出的。[①]“跨境数据流动”最权威的定义出自 1980 年 OECD 发布的《关于隐私保护与个人数据跨境流动的指南》（*Guidelines Governing the Protection of Privacy and Transborder Flows of Personal Data*，以下简称“指南”）。“指南”第 1 条第 3 款将“个人数据跨境流动”（Transborder Flows of Personal Data）简明定义为“跨越国境的个人数据移动”，第 2 款则将“个人数据”定义为“任何与已被识别或

① Pipe G R. International Information Policy：Evolution of Transborder Data Flow Lssues［J］. Telematics & Informatics，1984，1（4）：409 –418.

可识别的个人（数据主体）有关的信息”。事实上，由于在跨境数据流动问题上最重要最具争议的就是个人数据的跨境流动，因而目前的绝大部分文献都以“跨境数据流动”代指“个人数据跨境流动”。本书也沿循惯例，并将研究范围限定在“个人数据跨境流动”。此外，在该领域的文献中，往往将“数据”与“信息”“资料”等说法混用，实际意义并没有本质区别。

关于跨境数据流动的“规制”，本书也采用较为宽泛的定义。既包括专门限制跨境数据流动的法律法规，也包括要求跨境数据的输出、接收、处理或存储方采取某些特定措施的规则。因此，无论是一国单方面制定的限制本国个人数据流出的法律法规，还是国际层面达成的关于跨境数据流动的规范或标准，都属于本节所研究的“规制”的范围。这些“规制”所要解决的问题主要有两个：一是在多大程度上以及如何确保在跨境数据流动条件下的个人隐私保护，二是在多大程度上以及如何允许数据的自由流动。总体来看，目前的规制方式主要有三种。

（一）欧洲（欧盟）方面的跨境数据流动规制

由于历史、文化、制度等方面的原因，欧盟比其他地区更加重视个人隐私保护。欧洲是个人信息保护法的发祥地。德国黑森州在 1970 年制定了世界上最早的个人信息保护法，瑞典在 1973 年颁布了世界上第一部国家级个人信息保护法。欧洲在立法保护个人隐私上的领先并不是局部现象。1973 年至 1984 年全球共有 13 个国家制定了数据保护法，其中 8 个都是欧洲国家。①

欧盟一向认为，个人信息上的权利是基本人权，必须通过立法予以确认和给予相当的保护。② 这也构成了欧盟在跨境数据流动规制上的基本立场。1981 年欧洲委员会（The Council of Europe）通过的《有关个人数据自动化处理的个人保护公约》（*Convention for the Protection of Individuals with Regard to Automatic Processing of Personal Data*，以下简称《公约》）、1995 年欧洲议会（The European Parliament）和欧盟理事会（The Council of European Union）通过的《关于涉及个人数据处理的个人保护以及此类数据自由流动的第 95/46/EC 号指令》（*Directive on the Protection of Individuals with Regard to the Processing of Personal Data and on the Free Movement of Such Data*，以下简称《指令》）和 2016 年欧洲议会与欧盟理事会通过的《统一数据保护条例》（*General Data Protection Regulation*，GDPR，以下

① Pipe G R. International Information Policy: Evolution of Transborder Data Flow Issues [J]. Telematics & Informatics, 1984, 1 (4): 409 - 418.

② 齐爱民. 拯救信息社会中的人格：个人信息保护法总论 [M]. 北京：北京大学出版社，2009：173.

简称《条例》）分别是欧盟在不同阶段的标志性法律文件，其前后差异也反映了欧盟规制的演进方向（见图7－1）。这三份文件的约束力逐渐增强，隐私保护标准逐步提高，操作条款也越来越具体。

1981年的《公约》是欧洲第一个针对跨境数据流动进行规制的区域性法律文件。《公约》的内容主要包括数据保护的基本原则、跨境数据流动规则和缔约国之间的相互协作。其中第12条第2款要求缔约国不能仅仅以隐私保护为由限制跨境数据流动，第3款对某些类型数据的国内立法作出了例外规定，但同时要求在其他缔约国提供“相同程度保护”的条件下仍然要确保跨境数据自由流动。说明在这一时期，欧共体对跨境数据流动的关注点主要是各国的国内法造成的数据流动障碍。同时值得注意的是，《公约》还没有强调后来的“第三国”或“非缔约国”的概念，特别是《公约》的“最后条款”还对非欧洲委员会成员国的加入作出了开放性的规定。

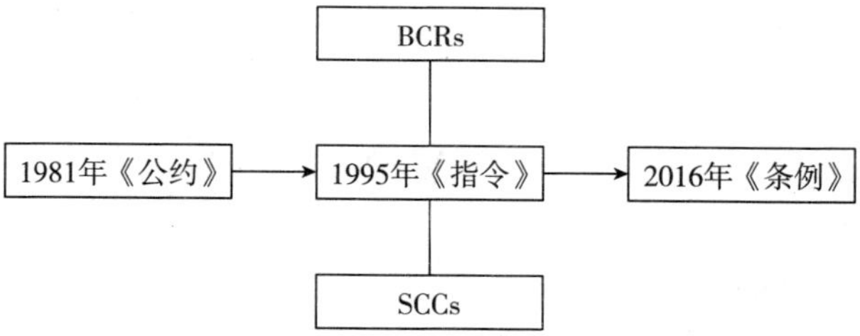

图7－1　欧洲（欧盟）跨境数据流动规制方式的演进

1995年的《指令》虽然在数据保护的原则等方面对《公约》进行了借鉴，但却在更多的内容上显现了差异。首先，《指令》具备了法律约束力，其中第32条要求所有欧盟成员国在指令通过后的三年内将其中的规定转化为国内法。其次，《指令》规定了更加宽泛的适用范围、更加具体的对象定义、更加严格的数据处理标准和全面的数据保护机制，体现出欧盟对个人隐私保护的高度重视。再次，《指令》在跨境数据流动上的立场变得十分鲜明，在强调区域内数据自由流动的同时，对向区域外的数据转移作出严格规制。一方面，《指令》第1条就规定“各成员国不得以个人权利和自由（特别是隐私权）保护为由限制或者禁止成员国之间个人数据的自由流动”，却并没有像《公约》一样随后作出例外规定。另一方面，《指令》第四章专门作为“向第三国转移个人数据”章节，并在其中第25条规定"只有在第三国确保提供适当保护水平时，才能将个人数据向第三国转移"。当然，《指令》也为向不能提供充分保护水平的第三国转移数据作出了特殊安排，目前在欧盟成员国与第三国之间普遍使用的标准合同条款（Standard Contractual Clauses，SCCs）和约束性公司规则（Binding Corporate Rules，BCRs）就是这种安排的产物。最后，《指令》还要求各成员国指定一个以上公共机构作为拥有相关监督权、调查权、干预权和诉讼权的独立监管机构。《指令》与《公约》之间的这些差异在很大程度上反映了从"欧共体"经济一体化向"欧盟"政治一体化的转变，各成员国公共政策的协调统一已经成为欧盟的目标。

2016年欧洲议会和欧盟理事会通过了《条例》，《条例》在2018年正式实施并彻底取代了《指令》。与《指令》相比，《条例》的篇幅更长，并对内容进行了大量增删和修正。其中：第一，《条例》在所有成员国范围内直接具有法律约束力，不再像《指令》那样需要成员国进行转化。第二，《条例》使得数据保护标准更加严格和具体。不仅进一步明确了个人数据的范畴，增加了数据主体的更正权、被遗忘权等一些新权利，还对数据处理者新增了大量保护义务。第三，《条例》谋求更大的域外效力，试图将管辖范围扩大到部分设立于欧盟境外的主体。第四，在向第三国或国际组织转移个人数据方面，《条例》增加了更多可实现个人数据跨境转移的条件或情形。① 第五，《条例》引入了数据保护专员制度，要求在数据处理由公共机构实施等情形下，数据控制者和数据处理者必须指定一名具备专业素养、充足资源和充分独立性的数据保护专员，负责监督、建议并与监管机构进行协作。《条例》与《指令》的这些差异，不仅是《指令》近十年实践的经验转化，也是对近年来信息通信技术迅速发展和广泛应用背景下大规模数据生产、存储、转移和处理的回应，更反映了欧盟希望通过构建"数字单一市场"提升数字经济竞争力的愿望。

（二）亚太（美国）方面的跨境数据流动规制

美国与欧盟在个人信息保护上的基本立场明显不同。美国政府和实务界更多地主张以自律规范保护个人信息，认为强硬的法律结构将"不可避免地阻碍商业活动"②，反对将个人信息之上的权利作为基本人权对待，也反对立法规范个人

① 高富平．个人数据保护和利用国际规则：源流与趋势［M］．北京：法律出版社，2016：135.

② ［英］戴恩·罗兰德．信息技术法［M］．武汉：武汉大学出版社，2004：308.

信息处理行为①。因此，美国并没有制定统一的个人信息保护法，而是对私人行业采取分散立法的模式，并奉行以市场为主导、以行业自治为中心的信息隐私政策。② 这种立场从根本上决定了美国在跨境数据流动规制上的态度，即更加看重数据自由流动和经济利益。

与欧盟相比，美国在参与跨境数据流动规制方面是相对落后的。在《指令》出台前，美欧曾就《指令》可能造成的双边数据流动障碍展开了长时间谈判。当时曾有文献指出，美国已经在事实上与欧洲大部分的信息隐私规则分道扬镳，而随着全球进入“信息社会”，美国将不得不面临在这一领域由其他经济体制定规则的局面。③ 但事实表明，美国在该领域仍然获得了一定程度的话语权，并且依靠其在亚太地区的政治经济影响力推动构建了有别于欧洲的规制体系。APEC 隐私框架与跨境隐私规则、《美国—韩国自由贸易协定》以及 TPP 中的相关章节就是这种话语权的体现。考虑到美国在 OECD 中的地位，以及《指南》对 APEC 隐私框架的影响，《指南》也可以看作美国主导的规制演进路线的起点（见图 7－2）。总体来看，美国借助亚太区域经济合作不断推广自身的规制理念和规制模式，使得这一规制体系逐渐获得了执行力和约束力。

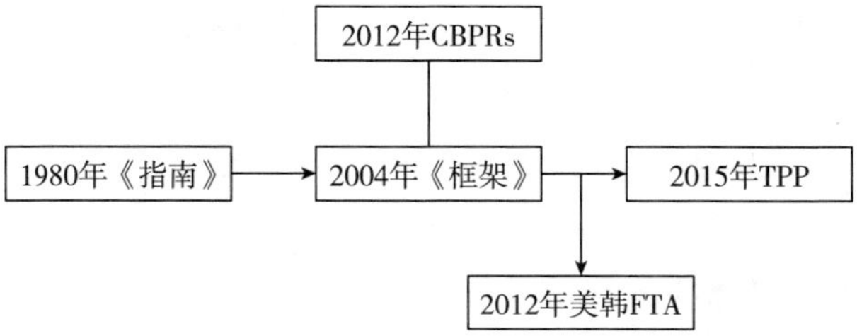

图 7－2 亚太（美国）跨境数据流动规制方式的演进

OECD 的“指南”带有明显的美国主张的痕迹。比如在总则部分第 5 条专门规定，“在联邦制国家的特殊情况下，对准则的遵守可以受联邦内部分权制度的影响”，显然就是为美国量身定制的例外。与欧洲方面的《公约》特别是《指

---

① 齐爱民．拯救信息社会中的人格：个人信息保护法总论［M］．北京：北京大学出版社，2009：173.

② 孔令杰．个人资料隐私的法律保护［M］．武汉：武汉大学出版社，2009：145.

③ Trubow G B. European Harmonization of Data Protection Laws Threatens U. S. Participation in Trans Border Data Flow［J］. Journal of Architecture & Building Science，1992，52（1）：159.

令》相比，《指南》对数据自由流动的重视显然要超过个人隐私保护。或者说，“指南”实际上是把隐私保护作为促进数据自由流动的手段。《指南》的第三部分“国际应用基本原则：自由流动与法律限制”所强调的均是避免对跨境数据流动造成限制。比如第16条要求成员国采取合理恰当的措施确保个人数据跨境流动，第17条要求成员国避免限制本国与其他成员国间的个人数据跨境流动，第18条又进一步规定，“成员国应避免以保护隐私和个人自由的名义制定超过了保护需要并造成个人数据跨境流动障碍的法律、政策和做法”。

2004年通过的APEC隐私框架（APEC Privacy Framework）是亚太地区达成的第一份关于跨境数据流动规制的区域性指导文件。由于APEC的21个经济体中有7个同时也是OECD的成员，OECD《指南》对于隐私框架的制定起到了重要作用①。隐私框架在前言部分特别提及，“本框架与1980年OECD指南的核心理念是一致的”。隐私框架与《指南》同样重视数据的自由流动，比如在第四章要求成员经济体“采取一切合理及适当的步骤避免和消除任何不必要的信息流动障碍”。在最核心的数据保护原则方面，隐私框架的九项原则基本可以与《指南》的八项原则一一对应（见表7-1）。当然，在秉承《指南》的核心理念与原则之外，隐私框架也呈现出一些显著差异。一是向实践操作的大幅扩展。隐私框架用了很长的篇幅对框架的执行进行规制，涵盖了国内执行应考量的措施和国际执行的规范。二是较强的区域性。整个框架都将“促进亚太地区的电子商务”作为目标。而第32条在明确了成员的执行自主权之后，仍然强调要“使APEC地区的隐私保护途径趋于一致”。三是带有更加明显的美国规制的特征。隐私框架中数次提及要在隐私保护中发挥“行业自律”的作用，并强调公私部门的相互合作。此外，APEC隐私框架虽然同《指南》一样不具有法律约束力，但以此为基础构建的跨境隐私规则体系（Cross-Border Privacy Rules，CBPRs）已经在2012年正式启动，并且引入了隐私执法机构和问责代理机构，因而对加入的企业形成了实际约束作用。CBPRs也是为数不多的获得美国加入和支持的数据保护倡议之一②。

---

① OECD. The Evolving Privacy Landscape: 30 Years After the OECD Privacy Guidelines [R]. OECD Digital Economy Papers, 2011.

② UNCTAD. Data Protection Regulations and International Data Flows: Implications for Trade and Development [R]. 2016.

表 7-1 APEC 隐私框架与 OECD“指南”的数据保护原则对照

APEC 隐私框架	OECD“指南”
预防损害（Preventing Harm）	—
通知（Notice）	说明目的（Purpose Specification）
收集限制（Collection Limitation）	收集限制（Collection Limitation）
个人信息的使用（Uses of Personal Information）	使用限制（Use Limitation）
可选择（Choice）	个人参与（Individual Participation）
个人信息的完整性（Integrity of Personal Information）	数据质量（Data Quality）
安全保护（Security Safeguards）	安全保护（Security Safeguards）
查询及更正（Access and Correction）	—
负责任（Accountability）	负责任（Accountability）
—	开放性（Openness）

近年来，美国又开始在自由贸易协定（FTAs）谈判中引入跨境数据流动的内容。这一方面是因为 FTAs 具有较强的法律约束力，另一方面是因为美国更容易借助政治经济实力在这些“一揽子”协议中推广规则。2012 年达成的《美国—韩国自由贸易协定》第一次在 FTAs 的电子商务章节纳入了跨境数据流动规则，第 15.8 条规定“成员方应努力避免对跨境电子信息流动施加或维持不必要阻碍”。[①] 2015 年在美国主导下达成的 TPP 中，也专门引入了“商业信息跨境自由传输条款”。虽然这些条款均没有对跨境数据流动规则作出足够具体的规定，但却对美国在该领域的话语权具有重要意义。一方面，这是第一次在美国的主导下将跨境数据流动规则纳入具有法律约束力的协议中。另一方面，这表明其他缔约国能够在一定条件下接受美国的“跨境数据自由流动”主张。

（三）其他国家对跨境数据流动的单边规制

几十年来，在美国与欧盟分别主导的跨境数据流动规制体系之外，还有很多国家以单边的方式对跨境数据流动进行规制。20 世纪七八十年代时，很多发展中国家认为跨境数据流动会损害自身的主权、隐私权以及社会、文化和政治完整性[②]。于是通过限制出口数据的类型、实施歧视性的技术标准等方式阻碍本国数据向境外转移。例如，巴西在 20 世纪 70 年代设立了“数据处理活动协调委员会”（CA-

① 韩静雅．跨境数据流动国际规制的焦点问题分析［J］．河北法学，2016，34（10）：170-178.

② Burton P F，Romano G，Rimmer S，et al. Transborder Data Flow：A Review of Issues and Policies［J］. Library Review，1988，37（3）：27-37.

PRE)，任何国际数据通信连接的建立必须事先得到 CAPRE 的批准。[①] 与此同时，部分发达国家也出于经济原因限制跨境数据流动。例如，20 世纪 80 年代时加拿大的《银行业法案》(*Banking Act*) 要求在加拿大经营的银行必须将基本记录放在境内，使得跨国银行在进行集中化处理服务时必须首先在加拿大境内处理原始数据。[②]

近年来，这种单边规制现象更加普遍，而且以发展中国家最为突出。例如，马来西亚在 2010 年要求将本国人的数据存储在本地服务器中，印度从 2011 年开始严格限制“敏感个人数据或信息”向境外转移，印尼在 2012 年要求公共服务提供商将数据中心放在境内，尼日利亚在 2013 年要求信息通信技术公司必须将所有注册用户和消费者数据存储在国内。[③] 其原因可能有三个：一是信息通信技术的发展、应用和扩散使得跨境数据流动规模迅速扩大，二是大部分发达国家已经加入了美欧的规制体系，单边规制措施受到约束，三是发展中国家由于信息技术水平相对落后，在保护国家信息安全和国内相关产业方面面临更大的压力。

二、中国近年实施的数据本地化政策

2011 年以来，为了保护国家网络安全与公众隐私，中国也加强了对跨境数据流动的规制，出台了大量的数据本地化政策。数据本地化（Data Localization）是指政府要求对在境内收集的个人数据的存储和处理必须在境内进行，不允许将个人数据向境外自由转移。数据本地化的政策形式有多种，包括禁止将信息向境外发送、要求在信息跨境传输之前必须征得数据主体同意、要求在境内存留信息副本、对数据输出进行征税等。[④]

中国出台的数据本地化政策的范围逐渐扩大，效力层级也不断提升。较早的数据本地化要求出现在部门性或指导性的文件中。2011 年中国人民银行发布《关于银行业金融机构做好个人金融信息保护工作的通知》，要求对在中国境内收集的个人金融信息的储存、处理和分析必须在境内进行。2014 年国家卫生计生委发布《人口健康信息管理办法（试行)》，禁止将人口健康信息存储在境外的服务器中。2013 年开始实施的《信息安全技术——公共及商用服务信息系统

① Damon L J. Freedom of Information versus National Sovereignty: The Need for a New Global Forum for the Resolution of Transborder Date Flow Problems [J]. Fordham Intl L. j, 1986.

② Pipe G R. International Information Policy: Evolution of Transborder Data Flow Issues [J]. Telematics & Informatics, 1984, 1 (4): 409-418.

③④ Chander A, Lê U P. Data Nationalism [J]. Emory Law Journal, 2015 (64): 679-704.

个人信息保护指南》是中国第一个个人信息保护国家标准，在第5.4.5条简要规定，“未经个人信息主体的明示同意，或法律法规明确规定，或未经主管部门同意，个人信息管理者不得将个人信息转移给境外个人信息获得者”。

从2014年开始，数据本地化要求出现在统一性的国家立法中。虽然2015年出台的《反恐怖主义法》并没有提出数据本地化要求，但在2014年发布的《反恐怖主义法（草案）》中曾提出，“在中国境内提供电信业务、互联网服务的，应当将相关设备、境内用户数据留存在中国境内，拒不留存的不得在中国境内提供服务”。2016年通过的《网络安全法》则规定，关键信息基础设施的运营者必须将在境内运营中收集和产生的个人信息和重要数据存储在境内。2017年4月，国家互联网信息办公室发布《个人信息和重要数据出境安全评估办法（征求意见稿）》，其中第二条规定，“网络运营者在中华人民共和国境内运营中收集和产生的个人信息和重要数据，应当在境内存储。因业务需要，确需向境外提供的，应当按照本办法进行安全评估”。该规定将适用于向境外转移数据量超过1000GB的企业，以及含有或累计含有50万人以上的个人信息的企业。

显然，数据本地化政策既不同于欧盟侧重隐私保护的跨境数据流动规制方式，也不同于美国侧重数据自由流动的跨境数据流动规制方式。其他国家对于中国数据本地化政策的质疑，本质上也是源于这种规制方式的差异。

三、跨境数据流动规制的“三难选择”

从全球范围看，针对跨境数据流动的规制存在“三难选择”的问题。即“良好的数据保护”“跨境数据自由流动”和各国政府的“数据保护自主权”不可能同时达成（见表7－2）。

表7－2　跨境数据流动规制的“三难选择”

	良好的数据保护	跨境数据自由流动	数据保护自主权
情境1	√	×	√
情境2	×	√	√
情境3	√	√	×

在情境1中，如果各国政府享有充分的数据保护自主权，同时又将良好的数据保护作为目标，那么各国就会制定严格的国内数据保护法。一方面，数据保护法往往会直接限制本国数据向境外转移；另一方面，不同数据保护法之间的差异

也会对跨境数据流动造成障碍。

在情境2中，如果各国政府享有充分的数据保护自主权，同时又将跨境数据自由流动作为目标，那么很多国家会出于发展国内相关产业的考虑而竞相放松数据保护标准，吸引国外数据流入，形成“数据天堂”，最终导致整体数据保护水平下降。

在情境3中，如果既要达成良好的数据保护，又要确保跨境数据自由流动，那么就必须使各国放弃数据保护自主权，转而将这种权力让渡给一个超主权的机构，或者通过协定的方式形成统一的约束力。也就是说，只有放弃“数据保护自主权”，才可能同时实现“良好的数据保护”与“跨境数据自由流动”。

“三难选择”存在的根本原因在于，跨境数据流动既是国内问题也是国际问题，因而同时涉及国内政策和国际协调。但各国的政策目标及政策措施之间存在天然差异，并会为此相互竞争。所以，除非以强制性约束力保证各国政策的协调，否则在差异性的政策目标上就只能顾此失彼。

前述三种情境可以用现实中的情况做类比。情境1与情境2分别近似于欧盟和美国的跨境数据流动规制体系。欧盟以《指令》为基础确立了数据保护自主权，并将个人隐私保护作为首要目标，但从欧盟向区域外的数据转移却受到了严格限制。美国的数据保护自主权体现为长期确立的行业自律机制，同时又致力于跨境数据自由流动，但国内的数据保护水平却并不高。情境3则近似于欧盟区域内的情况，《指令》或《条例》在保护个人隐私的同时，确保了成员国间的数据自由流动，但前提条件是各成员国将《指令》转化为国内法或直接接受《条例》的约束力，即成员国放弃数据保护自主权。假如将情境3扩大到全球层面则意味着，“良好的数据保护”与“跨境数据自由流动”同时达成的条件是全球建立统一的、有强制约束力的数据保护机制。

事实上，这三种情境已经大致显示了全球层面跨境数据流动规制的演进框架。虽然情境3是规制演进的理想目标，但在此之前，仍然会表现为情境1与情境2之间的竞争。竞争将主要围绕“良好的数据保护”与“跨境数据自由流动”两个目标之间的权衡展开。

四、数据本地化政策与WTO及美、欧规则的协调

首先，数据本地化政策与跨境数据自由流动的方向明显相反。跨境数据自由流动要求针对跨境数据传输消除所有不必要的限制，以确保商业交易的利益能够实现。数据本地化政策则以“国家安全”和“公共利益”为目标，优先考虑禁

止可能带来危害的跨境数据传输。

其次，数据本地化政策与隐私规制也存在重大差别。虽然这两类规制方式都主张对跨境数据传输进行限制，但限制程度和限制基准却是不同的。隐私规制一般是以数据保护法（隐私法或个人信息保护法等）为基础，根据隐私保护的原则和标准对跨境数据流动进行限制。数据本地化政策却并不考虑数据的接收、处理或存储方的隐私保护条件，往往对数据跨境转移实施绝对的限制，或者要求建立或使用本地的基础设施或服务器。①

最后，数据本地化政策在 WTO 现行规则下具有较大的操作空间。美国在屡次双边交涉未果的情况下，将中国的数据本地化政策提交至 WTO 贸易服务委员会而不是争端解决机构，就说明 WTO 对此较难实施管辖。虽然美国提出数据本地化政策损害了中国在 GATS 下承诺的市场准入和国民待遇义务，并认为存在更不容易造成贸易扭曲的替代政策（因而可能构成技术性贸易壁垒），但如果诉诸争端解决，该政策的合规性在技术上的判定难度较高，中国的抗辩空间也较大。例如，政策的适用仅局限在关键基础设施等十分有限的领域，而有关识别相关领域关键基础设施的政策文件特别指出，要通过咨询专家意见来提高识别的“准确性、合理性和科学性”；相关政策文件并没有针对中国与外国的产品（服务）作出区分，也没有在其他国家的产品（服务）之间作出歧视性规定，所有适用对象都遵循同样的技术标准和要求；中国还可以援引“国家安全”例外进行抗辩。

同时还需要重视的是，虽然欧盟与美国分别主导推动了两种迥异的跨境数据流动规则，但紧密的经贸联系和数据传输需要使得双方不得不就该问题展开频繁的直接接触，在激烈竞争的同时，也达成了一些妥协与融合。未来如果两方的融合加深，就很可能形成权威性的全球跨境数据流动规则，对于数据本地化政策构成更直接的压力和挑战。

一方面，美欧为维持双边数据流动而达成了“安全港”与“隐私盾”的妥协方案。《指令》第 25 条禁止成员国向不能提供“充分保护水平”的第三国转移个人数据，美国却不属于能够提供“充分保护水平”的国家，《指令》第 26 条提供的例外规定也无法解决由此造成的从欧盟向美国转移数据的障碍。为此，美国与欧盟经过漫长谈判于 2000 年达成了妥协性的解决方案，即《美欧安全港

---

① U. S. Chamber of Commerce. Business Without Borders—The Importance of Cross – Border Data Transfers to Global Prosperity ［R/OL］. https：//www. uschamber. com/report/business – without – borders – importance – cross – bcrder – data – transfers – global – prosperity，2014 ［2019 – 10 – 05］.

协议》（U. S. – EU *Safe Harbor Framework*）。美国的商业机构只要能够制定并遵守符合安全港原则的隐私保护政策，就可以加入“安全港”并被认定为达到了《指令》所要求的“充分保护水平”，进而可以接收和处理来自欧盟的个人数据。“安全港”方案通过双边协议的方式赋予行业自律以法律效力，暂时调和了欧盟统一立法与美国自律保护之间的矛盾。但在“棱镜门”事件发生后，2015 年欧洲法院裁定作为《美欧安全港协议》基础的“欧盟 2000/520 号决定”无效，直接阻断了跨大西洋数据流动的主要渠道。随后，美欧双方经过紧急谈判磋商和多次修改，于 2016 年达成了规制双方数据流动的新的妥协方案——《欧美隐私盾协议》（EU – U. S. *Privacy Shield Framework*）。

另一方面，美欧开始通过 BCRs 与 CBPRs 互认尝试进行局部融合。约束性公司规则（Binding Corporate Rules，BCRs）是欧盟《指令》为向不能提供充分保护水平的第三国转移数据作出的特殊安排。BCRs 的法律基础是《指令》第 26 条，它是针对总部或者子公司在欧盟的跨国企业而制定的规则体系，[①] 为在第三国不能达到“充分保护水平”的情况下跨国企业内部的跨境数据流动提供了渠道。跨境隐私规则体系（Cross – Border Privacy Rules，CBPRs）是以 APEC 隐私框架为基础建立的跨境数据流动体系。CBPRs 类似于美国的行业自律体系，它是“规范 APEC 成员经济体企业个人信息跨境传输活动的自愿的多边数据隐私保护计划”[②]。从 2012 年开始，欧盟与 APEC 就组成了联合工作组，希望促进两个体系之间的互通，进而为欧洲与亚太区域间的跨境数据流动提供便利。这是美欧两种规制方式之间通过对等谈判进行局部融合的首次尝试。目前来看，这项工作的进展较为缓慢，在 2014 年发布了一项关于两个体系异同的参考性文件，并在 2015 年宣布将开发一份企业同时加入两个体系的联合申请表。

第六节　国际经贸规则调整与科技创新的政策空间

国际经贸规则的每一次大规模调整都会对各国政策空间产生影响。从 GATT

① 弓永钦，王健．个人数据跨境流动立法对我国数据外包业务的影响［J］．国际经济合作，2016（4）：20 – 25.

② 弓永钦，王健．APEC 跨境隐私规则体系与我国的对策［J］．国际贸易，2014（3）：30 – 35.

到 WTO 的转变就是规则调整导致政策空间缩小的先例。而新一轮国际经贸规则的调整，同样将对各国政策空间产生影响。由于近年来全球科技竞争的加剧，科技创新政策在此次规则调整中将受到更显著的影响。

一、从 GATT 到 WTO：第一轮规则调整与政策空间挤压

自“二战”结束以来，以 GATT/WTO 为基础的多边贸易体制一直是国际经贸规则的核心。多边贸易体制在 1995 年从 GATT 向 WTO 的转变是国际经贸规则经历的第一次重大调整。这次调整不仅使多边贸易体制变得更加稳固、更有约束力，同时也是第一次对各成员的国内政策空间产生了重要影响。

1947 年至 1994 年，GATT 共经历了八轮多边贸易谈判（见表 7－3）。关税减让是前七轮谈判的主要内容。在第六轮谈判（肯尼迪回合）中才首次涉及非关税壁垒问题。第七轮谈判（东京回合）则产生了只对签字方生效的一些非关税措施协定，包括《SCM 协定》、《TBT 协定》、GPA 等。总体来看，GATT 的条款长期以来变化不大，其与随后进行的诸轮多边贸易谈判主要规制的是“边境”贸易壁垒自由化问题。[①] 由于 GATT 所处理的主要是“边境”问题，因此其对各成员国内政策的干涉也非常少。

表 7－3　GATT 八轮谈判的关税减让成果

实施期	达成的回合/会议	加权的关税减让（%）	基期
1948 年	日内瓦（1947 年）	－26	1939 年
1950 年	安纳西（1949 年）	－3	1947 年
1952 年	托奎（1950—1951 年）	－4	1949 年
1956—1958 年	日内瓦（1955—1956 年）	－3	1954 年
1962—1964 年	狄龙回合（1961—1962 年）	－4	1960 年
1968—1972 年	肯尼迪回合（1964—1967 年）	－38	1964 年
1980—1987 年	东京回合（1973—1979 年）	－33	1976 年
1995—1999 年	乌拉圭回合（1984—1994 年）	－38	1988 年

注：表中的关税减让是指工业国工业产品的最惠国关税减让。

资料来源：WTO. World Trade Report 2007 [R].

① [美] 约翰·H. 巴顿. 贸易体制的演进 [M]. 北京：北京大学出版社，2013：94.

GATT的最后一轮谈判（乌拉圭回合）以及在此基础上建立的WTO则是“二战”结束以后国际经贸规则第一次大范围侵占各成员的国内政策空间。WTO的规制范围要比GATT大得多，也开始影响那些传统上主要属于成员国内规制事项的政策。首先，GATT的规制范围主要局限在货物贸易领域，而WTO的规制范围则扩张到服务贸易、知识产权以及投资政策等领域。服务贸易由于服务交易过程的特殊性，特别是在“商业存在”和“自然人流动”等交付模式下，涉及大量的国内规制事项。① 知识产权与投资政策本身就属于国内政策的规制事项。《TRIMs协定》甚至还带有限制发展中国家制定自身发展政策能力的意图。② 其次，单纯比较GATT1947与GATT1994的内容也可以发现，GATT1947仅仅规范了与货物贸易有关的关税壁垒措施，GATT1994的管辖范围远远超过了GATT1947，如技术性贸易壁垒、政府采购、反倾销、海关估价等。③ 最后，《SCM协定》等规则进一步对成员通过实施补贴推动本国经济结构转型的政策施加了限制。乌拉圭回合协议达成以后，国际经贸规则成功地将规制范围延伸到各国国内政策制定的领域。

二、从WTO到TPP：新一轮规则调整与政策空间挤压

2008年国际金融危机以后，全球主要经济体兴起一轮谈判签署优惠贸易协定（PTAs）的热潮。世界贸易大国纷纷参与到双边和区域贸易协定谈判中，不仅推动全球区域经济一体化更广泛发展，而且使区域经济集团日趋“大型化”④。其中以美国和欧盟主导的TPP、TTIP等大型区域协定最受关注。虽然在2016年经过美国大选和英国脱欧等“逆全球化”事件后，TPP与TTIP发展一度受阻，但新一轮国际经贸规则调整已经展开。美国依然坚持在重谈NAFTA等事项中加入新的规则，欧盟也在2016年10月与加拿大签署了CETA。

近年PTAs热潮的背后是WTO建立之后的新一轮国际经贸规则调整进程。这

---

① 根据GATS的规定，服务贸易的提供模式包括四种：模式一为跨境交付（Cross－Border Supply），指从一个成员境内向另一成员境内提供服务；模式二为境外消费（Consumption Abroad），指一个成员的消费者到另一成员境内消费服务；模式三为商业存在（Commercial Presence），指一个成员的服务提供者在另一成员境内通过商业存在提供服务；模式四为自然人移动（Movement of Personnel），指一个成员的服务提供者在任何其他成员境内通过自然人的存在提供服务。

② ［美］约翰·H.巴顿.贸易体制的演进［M］.北京：北京大学出版社，2013：94.

③ ［英］阿姆里塔·纳利卡.权力、政治与WTO［M］.北京：外语教学与研究出版社，2007：207.

④ 陆燕.国际贸易新规则：重构的关键期［J］.国际经济合作，2014（8）：4－8.

些 PTAs 已经涵盖了从关税减让、便利化措施、服务贸易到政府采购、竞争政策、知识产权、劳工与环境等诸多领域，不仅在规则的广度和深度上都超过了 WTO 现行规则，而且其调整范围进一步从传统的边境措施向边境后措施扩展。也就是说，签署这类 PTAs 的国家的国内政策空间进一步受到了挤压。这种挤压事实上已经根植在这轮调整的动因中。一方面，现有的国际贸易规则和贸易政策仍停滞在 20 世纪，已经无法适应以全球价值链为代表的新贸易模式的要求。[①] 而以中间品贸易为核心、以垂直专业化和生产过程地域分散化为特征的全球价值链对各国国内政策环境的要求比传统贸易更高。另一方面，新一轮规则调整由发达经济体主导推动，而发达经济体关注的重点早已向边境后措施转移。多哈回合谈判虽然仍然以农业和非农产品市场准入为重点，但美国、欧盟等谈判签署的协定早已大幅扩展了管辖范围。在 2001 年以来已经生效的区域贸易协定（RTAs）中，除了美国—多米尼加共和国（CAFTA－DR）仍然以关税和市场开放为重点，其余 10 个都包括投资政策、服务、劳工和环境问题、知识产权、海关程序、政府采购以及争端解决机制等条款。[②]

从这一轮规则调整的未来发展来看，多边化仍然是其最终方向。首先，多边化本来就是很多区域贸易安排的最终目标。目前，美欧签署的区域贸易协定约占全球区域贸易协定的 1/3，直接推动了区域贸易安排的发展。[③] 而区域合作并非美国的最终目标，它不过是美国在其相对实力下降背景下，在全球层面推动其贸易标准、获得影响国际经济规则能力的政策工具而已。[④] 其次，这一轮规则调整大体上仍然延续了 WTO 自由市场的思想基础。TPP 在方向上仍然是自由化和市场化，仍然体现了 WTO 的基本原则和精神。[⑤] 再次，影响国际贸易体制的能力仍然主要掌握在发达经济体手中。国家在贸易体制的能力与其市场能力密切相关——那些有能力威胁关闭本国广阔市场或能够为其他国家提供市场准入机会的

---

① 陆燕．国际贸易新规则：重构的关键期［J］．国际经济合作，2014（8）：4－8.

② 付丽．美欧国际贸易规则重构战略及其对中国的影响［J］．国际经济合作，2017（1）：56－59.

③ 尹政平，杜国臣，李光辉．多边贸易体制与区域贸易安排的关系与前景［J］．国际贸易，2017（7）：11－15.

④ 沈铭辉．自由贸易协定与多边贸易体系——基于美国贸易战略的洞察［J］．天津社会科学，2014（6）：80－84.

⑤ 唐宜红，符大海．经济全球化变局、经贸规则重构与中国对策——“全球贸易治理与中国角色”圆桌论坛综述［J］．经济研究，2017（5）．

国家，在多边贸易体制中就能居于主导地位。[①] 简单来说，进口规模仍然是多边贸易体制的权力基础。根据 WTO 的数据，2018 年美国与欧盟（从区域外）的货物进口规模共占到全球的 31.5%，商业服务进口规模则占到 33.4%，中国的这两项数值分别是 13.6% 和 12.4%。最后，从历史上看，乌拉圭回合谈判成果在一定程度上就带有区域贸易安排多边化的成分。NAFTA 几乎打破了贸易政策的政治界限，将大量之前的贸易协定从未关注过的国内事项纳入到调整范围之中。而 NAFTA 的签署大大强化了美国在多边贸易谈判中的要价能力，进而使得 NAFTA 中的很多内容体现在乌拉圭回合谈判成果和 WTO 中。因此，这一轮由 PTAs 所承载的新一轮国际经贸规则调整很可能在未来成为新的多边规则，而其对签署方国内政策空间的侵蚀也将通过多边贸易机制产生更广泛的约束力。

三、国际经贸规则调整方向与中国科技创新政策的“软约束”

一方面，本轮规则调整与全球科技创新竞争格局有密切的关系。发达经济体推动国际经贸规则调整的动力来自自身比较优势的变化。在第一轮国际经贸规则调整中，WTO 管辖范围在 GATT 模式基础上发生巨大变化的原因之一就是，以美国为首的发达国家生产模式和比较优势已经从工业品的生产转向服务业和知识产权。[②] 而新一轮规则调整的背景则是发达经济体比较优势的进一步变化。随着以中国为代表的新兴经济体的崛起，发达经济体在工业制造等领域的优势被进一步削弱。2010 年中国在世界制造业增加值中的占比（18.9%）已经超过了美国（18.2%），成为世界最大的制造国。[③] 发达国家从倡导自由贸易理论转向更多地鼓吹公平竞争理论，隐含有借国际经贸规则重构加强对发展中国家的约束、维护自身竞争优势的初衷。[④] 而随着科技创新方面的比较优势在发达经济体竞争力中的地位进一步凸显，发达经济体必然希望进一步限制新兴经济体实施科技创新政策的能力。

另一方面，中国自身科技创新政策的演进也与本轮国际经贸规则的调整存在关联。科技与经济的结合是中国历次科技创新政策出台高峰期所关注的中心问题。[⑤] 在第一轮规则调整中，即便不考虑中国未加入 WTO 的事实，中国的科技

---

① ［美］约翰·H. 巴顿．贸易体制的演进［M］．北京：北京大学出版社，2013：94.

② ［英］阿姆里塔·纳利卡．权力、政治与 WTO［M］．北京：外语教学与研究出版社，2007：208.

③ 经合组织发展中心．世界变革中的产业政策［M］．上海：上海人民出版社，2015：85.

④ 陈德铭．经济危机与规则重构［M］．北京：商务印书馆，2014.

⑤ 李哲．从“大胆吸收”到“创新驱动”——中国科技政策的演化［M］．北京：科学技术文献出版社，2017：6.

创新政策体系建设也才刚刚开始，科技创新政策本身与经济活动的联系并不紧密。但在当前新一轮规则调整中，中国不仅成为全球最重要的经济体和贸易体之一，其本身的科技创新政策体系也已经与贸易、财税、金融、政府采购、知识产权等领域有了千丝万缕的联系。因而，本轮规则调整对中国科技创新政策空间的影响将是空前的。

在新的国际经贸规则最终确立之前，中国科技创新政策面临的“软约束”将增多。从近年来备受争议的一些科技创新政策来看，这些政策有三个明显的特征：一是很难提取出整体证据。例如美国“301 调查”所关注的强制技术转让问题，很难找到政府发布的政策文件证据，即便存在实例，也属于地方政府的个别行为，因而不可能在 WTO 中提起诉讼。二是往往处于现行规则管辖范围之外。例如自主推行国家技术标准、数据本地化政策等问题，WTO 现行规则难以对这类政策的制定构成直接约束。三是处于涉及国家安全和公共利益的模糊领域。例如网络安全立法、数据本地化政策等，即便提起诉讼，中国也有很大的抗辩空间。对此，发达国家只能通过施加“软约束”来尽可能地限制相关政策的力度和范围。首先是在 WTO 框架中提起非正式申诉，一方面对中国施加压力，另一方面寻找更多的盟友。其次是在双边对话等平台中直接施加外交压力，或者与其他问题挂钩处理。例如以其他利益（如 BITs 谈判）为代价诱使或胁迫中国中止相关政策。再次是通过国内救济措施进行反制。例如采取对华反补贴调查、“301 调查”等单边措施。最后是尽快推动将这类政策纳入新规则的管辖范围。

随着规则调整的推进，其对中国科技创新政策的约束将先后在三种市场实现。首先是在发达国家市场。由于越来越多的协定使得更多的国家提高了协定标准，限制性的制度措施逐渐明晰。受中国科技创新政策支持的企业在进入这些国家的市场时将面临直接的限制，包括技术并购、技术转移等方面的限制，以及反补贴调查、知识产权审查等救济措施。其次是在第三方市场。随着越来越多的发展中国家加入新协定，相应的规则会向这些第三方市场蔓延。例如加入 CPTPP 的发展中国家就会执行更高标准的知识产权保护措施。中国企业进入这些市场或者中国与这些国家洽签双边协定时，就将面临更高的标准或更高的要价。最后是在中国本土市场。新规则的最终目标是完成多边化。随着更多的国家加入新协定，新规则的多边化也将成为大势所趋。届时中国面临的将不再是是否接受新规则的问题，而是何时接受新规则的问题。而多边化之后的新规则自然会形成对中国科技创新政策的直接约束。

第八章　结论与建议

第一节　主要结论

WTO 规则是目前对中国科技创新政策造成影响的最主要的国际经贸规则。除最惠国待遇、国民待遇、透明度等基本原则外，《SCM 协定》、《TRIPS 协定》、《TRIMs 协定》、《TBT 协定》、《SPS 协定》、GPA 中的部分条款，以及《中国加入议定书》和《中国加入工作组报告书》中的部分内容，都可以约束中国科技创新政策的制定和实施。多哈回合谈判中涉及的相关议题，以及 TPP、ACTA、TTIP、TISA 等近年来较有影响力的诸边、区域与双边协定（谈判）中，则包含了可能约束科技创新政策的国际经贸新规则，如新的补贴规则、国有企业规则、知识产权规则及跨境数据流动规则等。

总体上看，中国科技创新政策体系与国际经贸规则的协调并不是静态的，而是随着时间的推移呈现出显著的变化趋势。两者据以运行的理念和原则的契合程度是决定外在协调度的根本因素，中国科技创新政策与经济活动相结合的程度、国际高技术产业的竞争及政策决策主体的变化则会造成客观影响。从中国科技创新战略的演化进程看，在经济建设战略、科教兴国战略、自主创新战略和创新驱动战略四个阶段，协调问题分别呈现出萌芽期、潜伏期、爆发期和转型期的特征。此外，不同时期中国科技体制改革的方向和重点也对科技创新政策与国际经贸规则的协调产生了不同程度的影响。

在具体政策与 WTO 规则的协调问题上，中国的科技规划、科技计划、科技税收、科技金融、创新产品政府采购和知识产权六类政策也表现出不同的特点。科技规划虽然由于不涉及具体的实施细则而不容易直接产生合规问题，但“规划”本身带有的计划属性也为其配套政策的合规性留下了隐患，并可能在补贴类争端中被作为不利证据；科技计划与 WTO 规则协调的问题主要也是补贴问题，计划项目授予产业的广泛性与组织实施的竞争性直接影响到补贴争端中“专向性”的认定，同时其也是决定科技计划是否合规的关键；科技税收政策与 WTO 规则协调的问题包括非歧视待遇和补贴问题，非歧视待遇是科技税收政策较容易产生违规问题的领域，科技税收政策构成违规补贴的风险则主要来自税收优惠对象的“专向性”；科技金融政策主要涉及补贴问题，但由于实施主体主要是市场主体，存在的违规风险要低于科技税收政策，不同类型的科技金融政策在违规风险上也有所差别，在构成“专向性”和“不利影响”等要件的条件下，财政补贴政策的违规风险较高，科技信贷与担保政策也存在一定程度的违规风险，科技保险政策的违规风险则相对较低；虽然中国还没有加入 GPA，创新产品政府采购也要接受最惠国待遇义务和补贴规则的约束，中国政府（包括国有企业）采购供商业销售为目的的货物或服务也需要遵守国民待遇原则；中国知识产权保护政策基本以《TRIPS 协定》为标准，但仍存在被诉的可能，更重要的是，发达国家以诸边、区域和双边协定的形式达成了比《TRIPS 协定》更高标准的知识产权规则，而中国的保护标准与之相比显然存在更大的差距。从中国加入 WTO 以来科技创新政策被诉的案件来看，中国科技创新政策的被诉频率正在迅速提高，不仅涵盖了大量的政策类型，也涉及了中央和地方政府出台的科技创新政策，而补贴、国民待遇和知识产权是被诉的重点问题。

在美国对华反补贴调查中，中国科技创新政策也被大量涉及，包括相关发展规划、科技创新类财政资助、在科技园区内提供的政策优惠、高科技企业税收优惠及高科技产品出口补贴等。调查机构在科技创新补贴的认定和项目补贴率的裁定中对于“不利可得事实”和“外部基准”的频繁使用，都使得中国涉案企业处于更加不利的地位。而 WTO 对于美国对华反补贴调查的相关裁决，可以在理论上对美方形成一定程度的约束。

发达国家在科技创新政策与 WTO 规则的协调上有一些经验教训值得中国研究借鉴。例如，可以通过细致的政策设计，利用政府购买服务等方式实施研发补贴；涵盖大量产业和企业的科技计划项目可以避免 WTO 补贴规则的约束；货物贸易中国民待遇的政府采购例外的空间并不宽松；《TRIPS 协定》所规定的不仅是各成员知识产权保护的最低标准，同时也规定了防止滥用知识产权措施、保障合法贸易的义务，中国可以充分利用这些规则应对过度扩张的“TRIPS - plus”

趋势；虽然国内监管和规制等非关税壁垒的实施已经受到 WTO 现行规则的约束，WTO 也允许成员采取差异化的监管思路，但应注意监管的公平性和一致性。

近年来中国科技创新政策在国际上受到了较多的关注与争议，主要集中在知识产权保护、科技创新补贴、网络安全立法、强制技术转让及自主创新和战略性新兴产业政策等方面。但这些政策要么难以取证，要么不受现行规则管辖。因而发达国家主要以“软约束”的形式对中国施压，并推动制定将这些问题纳入管辖范围的国际经贸新规则。具体如，在 WTO 改革中推动补贴规则的调整，在贸易协定中设立国有企业新规则和知识产权新规则。中国实施的数据本地化政策也面临美国、欧盟分别主张的跨境数据流动规则的压力。而随着国际经贸规则的新一轮调整的逐步展开，中国科技创新的政策空间很可能进一步受到挤压。

第二节　相关建议

基于前文的分析，中国应进一步调整和完善科技创新政策。一方面，应注意新出台政策与国际经贸规则的协调，充分利用现行规则的政策空间，并针对竞争趋于激烈的重点产业构建摩擦预警和应对机制。另一方面，应顺应规则调整的大趋势，在新规则谈判中重新定位科技创新，同时扩大高新技术产业领域的市场准入。在更高层面上，中国可在全球科技创新治理领域主动引领规则制定，推动建立全球科技创新治理体系。

一、注意新出台政策的合规性

中国新出台的科技创新政策受其他国家及在华商业团体关注的程度较高。一方面是因为近年来科技创新在国家整体发展战略和政策体系中的分量越来越重，另一方面是因为对于新政策的搜集和取证难度逐步降低。从整个科技创新政策体系来说，注意新出台的政策与现行规则的协调十分重要。

一是尽量保证科技创新政策的合规性。基础研究离市场端较远，较不容易违反现行规则，中国本身的基础研究能力又相对薄弱，因而应继续提高基础研究的经费投入和政策支持力度。在保证政策绩效的前提下，尽量采取普惠型和功能性的科技创新政策，减少部门导向型或产业性的科技创新政策。避免出台具有明显违规特征的科技创新政策，比如带有明显歧视性的科技税收政策，或者出口补贴与进口替代补贴类的科技创新政策。在实施科技创新补贴时，尽量扩大补贴的产业种类和企业范围，设定综合性的经济、社会和环境目标，同时应避免按产业对补贴资金进行切割。

二是提高补贴类科技创新政策的规范性。补贴类政策在诉讼中的评判环节较多，对证据的要求也较高，因而应尽量提高这部分科技创新政策的规范性，增加取证难度。在政策文件中减少“重点支持”“资金支持”“财税支持”“信贷支持”等容易构成补贴嫌疑的表述。减少以公开的法律、法规和规定的形式实施的补贴，发挥各部门和地方政府的自由裁量权，提高补贴的多样化和复杂度。加强对地方政府的协调，防止因对项目的竞争而在公开信息中将补贴显性化。

三是利用不同类型政策在合规问题上的差异。经前文分析已知，不同类型的科技创新政策在与 WTO 规则的协调上存在显著的差异。科技税收政策较容易在国民待遇方面违规，违规之后也较容易被发现。补贴类科技创新政策则相对不容易违规，即便违规，诉讼难度也高一些。而同样作为补贴类政策，科技金融政策就比直接的科技类财政补贴更具规范性。因此，可以利用不同类型政策之间的转换确保科技创新支持的稳定性和持续性。例如，在 2004 年美国诉中国集成电路增值税案（DS309）磋商后，中国虽然取消了针对国产集成电路的增值税优惠，却转而设立了集成电路产业研究与开发专项资金，对集成电路产业发展的支持非但未减弱反而增强了。[①]

二、充分利用现行规则的政策空间

现行 WTO 规则虽然在很多方面对国内政策的制定和实施造成了约束，但仍然留下了一定的政策空间。这一方面是在乌拉圭回合中部分成员（尤其是发展中成员）尽力争取的成果，另一方面也是谈判时为尽早达成协议而相互妥协的结果，此外还有当时的技术水平和环境限制等原因。中国应充分利用现行规则的政策空间制定科技创新政策。

一是利用现行规则的合法例外。GATT 第 20 条规定了一般例外，其中（b）项“为保护人类、动物或植物的生命或健康所必需的措施”与（g）项“与保护

① 李成钢．世贸组织规则博弈：中国参与 WTO 争端解决的十年法律实践［M］．北京：商务印书馆，2011：286.

可用尽的自然资源有关的措施”均是可以在能源、环境、生物医药类科技创新政策的制定中利用的条款。GATT 第 21 条所规定的安全例外则可以在互联网和信息技术类科技创新政策的制定中加以利用。此外，WTO 各具体条款中的例外同样可以利用。

二是利用现行条款的表述模糊之处。WTO 中有一些条款的表述较为模糊。这类条款的具体含义和管辖范围往往需要专家组和上诉机构在争端解决中加以澄清。例如，GATT 第 3.8 条和《SCM 协定》有关“专向性”的规定均是由多份争端解决报告加以阐释和澄清的。因此，如果在制定科技创新政策时利用这种模糊性的条款，就将有更高的政策灵活性，在诉讼中也有更大的抗辩空间。同时也应跟踪争端解决机构对这些条款的解释，为可能的诉讼争取主动。

三是利用现行规则无法管辖的领域。服务补贴、政府采购服务、推动制定统一的技术标准等均是现行规则无法管辖的领域，可以用这类政策替代某些存在违规风险的科技创新政策。

四是学习借鉴其他成员的政策先例。研究借鉴其他国家利用规则空间制定科技创新政策的成功案例。例如，英国通过技术计划为空客研发生产提供补贴的政策，被认定为不具有专向性。又如，在欧盟诉美国飞机税收优惠措施案（DS487）中，美国为波音公司提供减税优惠却成功抗辩，被上诉机构认定为不属于进口替代补贴的做法，同样值得学习借鉴。

三、以产业为核心构建预警和应对机制

无论在 WTO 争端解决中还是其他类型的经贸摩擦中，产业利益都是争议与摩擦的核心。产生争议与摩擦的最根本原因往往是国家间产业利益的冲突。例如，美国在 WTO 中针对中国的大部分诉讼都是由国内相关产业推动发起的。又如，美国对华反补贴调查的发起方式有两种：一是调查机构自主发起，二是申请方代表国内产业提出申请。但即便是调查机构自主发起，也主要是出于国内产业利益的考虑。而在科技创新政策最容易涉及的补贴问题上，产业利益影响也是诉讼中的重要环节。因此，中国在处理科技创新政策与国际经贸规则协调的问题上，最有效的方式应当是以产业为核心构建预警和应对机制。

一方面，并不需要专门以合规为目标对现行的科技创新政策进行大规模的排查式清理。中国已经在加入 WTO 时专门进行过大规模的政策法规清理工作，绝大部分不符合 WTO 规则的文件已经终止，近年又针对自主创新政府采购等政策

专门下发文件要求地方政府进行清理。目前的科技创新政策，总体上与现行国际规则是相适应的。即便存在违规情况，其他国家也会综合考虑诉讼的收益和成本，不会专门针对某些影响较小的政策提起诉讼。

另一方面，应围绕具体产业，依托行业协会或产业联盟构建针对国际经贸规则诉讼与摩擦的防范、预警和应对机制。一是收集汇总政策信息。提前搜集和梳理产业发展过程中（包括研发、生产、销售、出口等环节）接受的各类支持性科技创新政策信息。二是跟踪国际竞争动态。跟踪研判本产业在各主要市场的竞争情况，对于中国产品占市场份额增速较快的情况尤其要重点关注。同时注意国外主要竞争者和相关国家对中国产业的关注，以及相关政府机构和利益团体的政策主张与游说动向，跟踪评估对方提起诉讼或发起摩擦的可能性。三是及时了解国外竞争者的政策支持动态。提前搜集主要国家同类产业接受政策支持的信息，包括政府补贴、税收优惠、金融支持等。四是对于诉讼或摩擦采取灵活的应对手段。对于关系国家重大战略利益的产业，应主动将国际规则作为维护自身利益的工具。对于规则上有抗辩空间的案件，应及时组织应诉，同时考虑在前期信息收集和分析研究的基础上实施反诉，加强谈判地位和反制能力。对于涉案政策有明显瑕疵及政策调整负面影响可控的案件，可以通过磋商解决。

四、在新规则谈判中重新定位科技创新

中国应高度重视新一轮的国际经贸规则调整，并将其视为加入 WTO 之后第二次获取全球化红利的机遇。考虑到全球高技术竞争的加剧，以及中国自身科技实力的显著增强，应当在新规则谈判中重新定位科技创新。中国加入 WTO 时的谈判目标主要有两个，以开放换市场、以规则促改革。一方面通过互惠谈判获得稳定的外部市场，另一方面通过多边承诺提前锁定改革方向。而基于当前的全球竞争形势和自身发展条件，中国在新一轮规则谈判中应纳入另外两个目标，即以开放换规则、以规则促创新。一方面以庞大的内部市场作为谈判筹码，提高对规则制定的影响力，另一方面注意新规则对增强本国创新竞争力的影响，为创新驱动发展战略的实施争取有利的外部环境。

一是要注意事关科技创新利益的规则调整动向。例如，标准的协调对于科技创新带来的贸易利益的影响不断增大。目前产品标准的协调对于出口的影响甚至

比关税更加重要。[①] 当前区域协定谈判中的标准协调不仅有利于抢占未来多边标准的主导权，而且本身就会产生贸易转移效应。又如，当前的全球化逐渐进入“数字全球化”阶段[②]，跨境数据流动成为全球化的重要驱动力量，对流入数据的使用将是获取全球化红利的主要方式，数字平台则将成为打造国家竞争力的重要载体。中国应更加重视有关跨境数据流动的规则制定，从关注生产网络转向关注数字网络，从重视产品出口转向重视数据流入。

二是在规则谈判中为科技创新争取政策空间。欧洲、北美以及部分亚洲经济体的历史经验表明，政府为激励科技创新发挥了强有力的战略性协调作用。而当前发达经济体在国际经贸规则调整中过于强调高标准和自由化，并不顾及其他经济体的发展阶段、承受能力以及推进科技能力赶超的政策需要。不仅通过技术出口管制和外资安全审查限制对中国的技术转移，而且通过更加严密的监督和更高标准的规则制定限制中国自主创新战略的实施。首先，中国可以联合其他新兴经济体，呼吁发达经济体在竞争政策、知识产权、政府采购、投资争端解决等相关规则的调整中为发展中国家的科技创新留下合理的政策空间。其次，研判规则制定的开放力度，主动接纳部分规则，提升开放水平。当前的规则制定虽然主要由发达经济体发起和推动，但并不意味着这些规则全部对中国不利。创新全球化趋势加速，全球市场的进一步开放仅仅是时间与节奏的问题，消极被动的作为只能加剧被边缘化的风险。最后，将更多精力放在针对新问题的规则制定上，积极利用自身优势争夺主导权。这部分规则的制定更多地涉及技术层面的规制和监管方式，相比于单纯地提高准入和给予公平待遇，中国具有更高的议价能力。

三是根据自身比较优势的变化调整谈判目标。在当前的规则调整中，清晰地辨认自身利益所在对于中国来说仍是一个挑战。其原因在于中国现阶段发展条件的变化速度较快，不仅处于从中等收入向高收入跃迁的时期，而且正在经历国内经济发展方式的转变和产业结构的调整，此外还受到资源环境因素更强力的约束。因此，把握自身比较优势的变化，特别是在一些技术性较强的规则领域认清自身的利益，对于中国参与和影响规则调整具有重要意义。例如，在目前的跨境数据流动规制的方式选择上，存在显著的差异化现象，这是各国基于自身信息技

① 世界贸易组织秘书处．世界贸易报告2012：贸易和公共政策［M］．北京：中国商务出版社，2013.

② McKinsey Global Institute. Digital Globalization：The New Era of Global Flows［R/OL］. http：//www. mckinsey. com/business – functions/digital – mckinsey/our – insights/digital – globalization – the – new – era – of – global – flows，2016 – 03［2019 – 10 – 05］.

术水平和隐私保护意识，追求规制净收益最大化的结果。[①] 而由于中国公众的隐私保护意识迅速增强，跨境数据流动对于中国潜在的贸易和产业利益也在增加，中国应从数据本地化政策逐渐转向隐私规制。又如，在电子商务和数字贸易领域，中国已经具备了较强的竞争力，而 CPTPP 等协定的规则仍然存在规制和监管不足的问题。中国应利用电商行业竞争优势，借助“一带一路”和国内自贸区建设等平台，加紧探索适应新型贸易模式的认证、通关、征税和结算方式，以及无纸化贸易、网上消费者保护、对离境电商企业的监管认证等电子商务规则。

四是要将高新技术产业和战略性新兴产业的利益反映在规则谈判中。在中国贸易政策与产业政策的形成过程中，政府在信息、利益反馈和协调能力上的不足导致即便是强制性制度变迁也存在与实践的脱节。[②] 在规则谈判中，这种不足不仅影响了通过谈判获得利益的精准度，而且影响了中国的规则供给能力（即提出提案和具体规则的能力）。中国应借鉴美国产业团体参与国际经贸规则谈判咨询工作的方式，广泛邀请高新技术企业和创新型企业对规则调整和规则设计进行评估和给出建议，更多将高新技术产业和战略性新兴产业的利益反映在规则谈判中。

五、扩大高新技术产业领域的市场准入

当前中国科技创新的国际环境呈现出向负面发展的趋势，“中国技术民族主义论”不断升温。根本原因是中国科技创新能力和高新技术产业竞争力的迅速提升对发达国家构成了竞争威胁。而 2008 年金融危机以来世界经济增长始终没有重回快速增长的轨道，国际贸易增长长期低迷，对原有市场空间的竞争激化，则是外部的客观原因。中国如果在部分高新技术产业领域扩大开放，一方面可以提高利用内外资的质量，加快向全球价值链中高端攀升，另一方面也有利于缓解国际舆论的压力，营造互利共赢的局面。

一是优先扩大对内开放，打造公平竞争的内部环境。目前各地区的行政机关思想僵化，地方保护主义盛行，巧立名目地设置各种显性和隐性的地区壁垒，使得地区间贸易难度甚至要大于对外贸易。[③] 应推动地方政府削减为保护本地区高新技术产业而设置的地区壁垒，打通内贸流通渠道，降低地区间的贸易成本。同

---

① 黄宁．数据本地化的影响与政策动因研究［J］．中国科技论坛，2017（9）：161－168.

② 田玉红．WTO 框架下中国贸易政策与产业政策的协调［M］．北京：人民出版社，2009：116.

③ 余淼杰，王宾骆．对外改革，对内开放，促进产业升级［J］．国际经济评论，2014（2）：49－60.

时应逐步放开要素市场，降低电信、能源、金融等行业的准入门槛，发挥民间资本的作用，降低高新技术产业的投入成本，增强产业配套能力，吸引企业用本土中间品替代进口中间品，获取更大的价值链收益。

二是进一步扩大对外开放，完善营商环境。对于中国明显具备较强竞争力的高新技术产业应进一步扩大市场准入。例如，对竞争力比较强的通信设备制造产业和计算机产业可以加大开放力度，并把贸易政策、外资政策和自主创新政策结合起来，处理好市场保护和利用国外先进技术之间的关系。[①] 对于中国与国外存在较大技术差距的高新技术产业则应分步骤放宽外资准入。降低关键零部件的进口关税，同时鼓励外商在中国投资设立零部件制造企业和上游服务企业。鼓励外企利用中国的人力资本积累扩大在华研发创新活动，以公平的政策环境促使内外资企业良性有序竞争、加强研发创新投入。

六、推动构建全球科技创新治理体系

当前，处理各国间经济关系的全球经济治理体系已经相对成熟，“逆全球化”对于多边经济体制的破坏也可以通过规则调整的方式来修补。但各国间的技术关系却没有一个有效的全球科技创新治理体系来处理。特别是发达国家与新兴国家之间围绕技术竞争的博弈缺乏多边管控。实际上，随着创新要素的全球分布更加分散，创新已经不能单独依靠某一个主体而独立完成了，一个国家创新能力的提升离不开与其他各国的知识交互与研发合作。因此，建立起一个全球科技创新治理体系，已经具备了较高的必要性和可行性。中国以建设世界科技强国为发展目标，理应把握创新全球化的发展趋势，主动推进全球科技创新治理体系的建设和完善。这不仅有助于构建新型国际关系，也有助于化解国际摩擦。

第一，推动探讨建设全球科技创新治理框架。从制度基础、管辖范围等基础要素开始探讨建设全球科技创新治理框架。在整体规划上，该治理框架应致力于使创新主体、创新基础设施、创新资源、创新环境等能够在多边层面上相互支持和协调，并从全球视角构建包容性的创新标准。在具体任务上，该治理框架应负责协调全球科技创新政策的衔接，完善全球科研人员流动的便利化机制，设计国际研发合作的融资、实施与成果转化计划，以及优化全球科研基础设施的开放和共享模式等。

---

① 中国世界贸易组织研究会．深化改革图发展［M］．北京：中国商务出版社，2011：134.

第二，通过扩大开放来强化全球知识溢出和技术转移。管控科技创新的保护主义倾向，反对为提升本国科技优势而对知识溢出或技术转移设置障碍。推动各国进一步放宽涉及高技术产品与服务的贸易和投资限制。推动各国进一步扩大科技计划的对外开放水平，尤其是面向发展中国家的开放水平。促进高技术人才在国家间的双向跨境流动。推动世界主要国家通过协调性的财政激励措施和其他创新政策为国际科技合作和知识跨境传播提供支持。

第三，加强对发展中国家的科技援助。以实质性的举措扩大在发展中国家中的科技援助影响力。例如，为更多的发展中国家和最不发达国家举办技术培训班，邀请更多的管理和技术人员来中国参加学习和交流；加大力度实施国际科技特派员项目，开展技术合作研究、技术转移、技术咨询等各类科技服务活动；帮助发展中国家和最不发达国家建设高科技园区，创办科技型企业或技术经济合作组织；等等。

参考文献

［1］艾素君．论服务贸易补贴的多边规则［J］．国际商务，2009（4）：88－95.

［2］蔡鹏鸿．TPP 横向议题与下一代贸易规则及其对中国的影响［J］．世界经济研究，2013（7）：41－45.

［3］蔡彤娟，郭小静．TPP 到 CPTPP：中国面临的新挑战与对策［J］．区域与全球发展，2019（2）：5－16.

［4］曹建明，贺小勇．世界贸易组织（第二版）［M］．北京：法律出版社，2004.

［5］陈宝明．低碳贸易壁垒发展趋势及我国的对策［J］．中国科技论坛，2012（9）：32－35.

［6］陈德铭．经济危机与规则重构［M］．北京：商务印书馆，2014.

［7］陈福利．中美知识产权 WTO 争端研究［M］．北京：知识产权出版社，2010.

［8］陈汉，彭岳．TPP 关于国有企业的规则研究［J］．北京化工大学学报（社会科学版），2018（1）：58－64.

［9］陈劲．科学、技术与创新政策［M］．北京：科学出版社，2013.

［10］陈岩．国际贸易理论与实务［M］．北京：清华大学出版社，2007.

［11］程信和．WTO 规则与中国市场经济法制——比较经济法研究的当务之急［J］．中山大学学报（社会科学版），2000，40（4）：28－34.

［12］邓德雄．国外对华反补贴研究：政策转变、影响及对策［M］．北京：中国商务出版社，2010.

［13］邓婉君，张换兆．对《政府采购协议》下中国保护本国产业和支持本土创新的建议［J］．中国科技论坛，2012（4）：25－29.

［14］东艳．全球贸易规则的发展趋势与中国的机遇［J］．国际经济评论，

2014（1）：45－64.

［15］都毫．美国反补贴调查中的“不利可得事实”规则评析［J］．上海对外经贸大学学报，2012，19（5）：38－43.

［16］对外贸易经济合作部世界贸易组织司．中国加入世界贸易组织法律文件［M］．北京：法律出版社，2002.

［17］冯洁菡，李蔚然．印度仿制药品过境运输争端案评析——以理事会1383/2003条例与TRIPS协议为视角［J］．法学杂志，2011，32（12）：39－42.

［18］冯洁菡．印度仿制药品过境运输争端适用GATT第5条的分析［C］．WTO法与中国论丛（2011年卷），2010.

［19］冯远．中国应对外国技术性贸易壁垒的法律和政策措施［J］．财贸经济，2007（8）：76－81.

［20］付丽．美欧国际贸易规则重构战略及其对中国的影响［J］．国际经济合作，2017（1）：56－59.

［21］付亦重．服务补贴的理论渊源及经济效应［J］．国际经贸探索，2010（7）：73－76.

［22］高富平．个人数据保护和利用国际规则：源流与趋势［M］．北京：法律出版社，2016.

［23］高建明．新中国科技政策的演进及特色［J］．长沙理工大学学报（社会科学版），2014，29（2）：21－26.

［24］弓永钦，王健．APEC跨境隐私规则体系与我国的对策［J］．国际贸易，2014（3）：30－35.

［25］弓永钦，王健．个人数据跨境流动立法对我国数据外包业务的影响［J］．国际经济合作，2016（4）：20－25.

［26］古祖雪．后TRIPS时代的国际知识产权制度变革与国际关系的演变——以WTO多哈回合谈判为中心［J］．中国社会科学，2007（2）：143－146.

［27］郭力生．中国是履行TBT协定透明度规则的模范代表［J］．WTO经济导刊，2016（12）：53－55.

［28］郭寿康，史学清．WTO协定的首次修订——Trips协定第31条之修改［J］．海南大学学报（人文社会科学版），2009（1）：38－44.

［29］韩静雅．跨境数据流动国际规制的焦点问题分析［J］．河北法学，

2016，34（10）：170－178.

［30］韩立余.《跨太平洋伙伴关系协定》全译本导读［M］. 北京：北京大学出版社，2018.

［31］韩立余. GATT/WTO 案例及评析 1948－1995［M］. 北京：中国人民大学出版社，2002.

［32］韩立余. TPP 国有企业规则及其影响［J］. 国家行政学院学报，2016（1）：83－87.

［33］韩立余. WTO 案例评析 1995－1999［M］. 北京：中国人民大学出版社，2001.

［34］韩立余. 全球金融危机后国际贸易制度的完善与中国的对策［J］. 法学家，2010，1（2）：148－157.

［35］韩立余. 世贸规则与产业保护［M］. 北京：北京大学出版社，2014.

［36］韩立余. 构建国际经贸新规则的总思路［J］. 经贸法律评论，2019（4）：1－13.

［37］何东霞. 全面理解世贸组织“国营贸易企业”条款［J］. 国际贸易问题，2003（5）：14－18.

［38］何光喜，赵延东，张文霞，等. 公众对转基因作物的接受度及其影响因素基于六城市调查数据的社会学分析［J］. 社会，2015（1）：121－142.

［39］何力. 新自由主义与国际经济法［J］. 政法论丛，2009（4）：3－8.

［40］贺小勇. WTO 法专题研究［M］. 北京：北京大学出版社，2010.

［41］贺小勇. 中国产业政策与 WTO 规则协调研究［M］. 北京：北京大学出版社，2014.

［42］洪俊杰，石丽静，孙乾坤，等. 国际知识产权新规则对我国的挑战及应对［J］. 国际贸易，2015（6）：32－36.

［43］胡焕武. 新自由主义经济理论视阈下 WTO 法的价值生态危机［J］. 湖北社会科学，2012（4）：69－71.

［44］黄东黎，杨国华. 世界贸易组织法：理论·条约·中国案例［M］. 北京：社会科学文献出版社，2013.

［45］黄家镇.《欧盟研究、技术开发及示范活动第七框架计划》及其系列文件［M］. 北京：中国出版集团世界图书出版公司，2014.

［46］黄宁，李杨.“三难选择”下跨境数据流动规制的演进与成因［J］.

清华大学学报（哲学社会科学版），2017（5）：172－182.

［47］黄宁．数据本地化的影响与政策动因研究［J］．中国科技论坛，2017（9）：161－168.

［48］黄强．中国民机产业崛起之探索［M］．北京：航空工业出版社，2007.

［49］季晓南．国有企业是我国科技创新的主力军［J］．现代国企研究，2017（z1）：78.

［50］金世斌．新中国科技政策的演进路径与趋势展望［J］．中国科技论坛，2015（10）：117－118.

［51］金孝柏．服务贸易补贴与我国外贸发展方式转型［J］．国际贸易，2011（6）：25－30.

［52］经合组织发展中心．世界变革中的产业政策［M］．上海：上海人民出版社，2015.

［53］科技部．中国科技法律法规与政策选编［M］．北京：法律出版社，2003.

［54］孔令杰．个人资料隐私的法律保护［M］．武汉：武汉大学出版社，2009.

［55］李成钢．世贸组织规则博弈：中国参与WTO争端解决的十年法律实践［M］．北京：商务印书馆，2011.

［56］李琮．世界经济学大辞典［M］．北京：经济科学出版社，2000.

［57］李光．我国加入WTO面临科技与管理的挑战［J］．科技进步与对策，2002，19（1）：28－30.

［58］李辉．企业防范定牌加工的商标侵权问题研究［J］．经济与管理，2007，21（1）：76－78.

［59］李明德．美国知识产权法（第二版）［M］．北京：法律出版社，2014.

［60］李晓雪．中国科技创新政策与WTO规则一致性研究［D］．北京：对外经济贸易大学博士学位论文，2013.

［61］李哲．从“大胆吸收”到“创新驱动”——中国科技政策的演化［M］．北京：科学技术文献出版社，2017.

［62］李哲．入世十年来我国科技创新政策与WTO规则的协调及展望［J］．

中国科技论坛，2012（12）：5－10.

［63］李正风．中国科技政策60年的回顾与反思［J］．民主与科学，2009（5）：20－23.

［64］梁意．论“TRIPS－plus”边境措施及其合法性问题——以《TPP知识产权草案》为视角［J］．国际商务（对外经济贸易大学学报），2015（2）：95－105.

［65］廖丽．国际知识产权新趋势：TRIPS－PLUS知识产权执法研究［M］．北京：中国社会科学出版社，2015.

［66］廖丽．美国知识产权执法战略及中国应对［J］．法学评论，2015（5）：130－139.

［67］林桂军，任靓．TPP协定的特征与新规则［J］．国际商务（对外经济贸易大学学报），2016（4）：5－15.

［68］林惠玲，卢蓉蓉．WTO新一轮谈判中美国在补贴与反补贴规则修改上的立场和建议［J］．国际商务研究，2010，31（2）：63－72.

［69］刘丹，陈省，王滢．加入WTO后我国的知识产权保护［J］．商业研究，2005（11）：190－192.

［70］刘丹．浅析中国WAPI标准与TBT协议［J］．上海对外经贸大学学报，2005（1）：25－30.

［71］刘芳．WTO框架下SPS措施的合法性问题研究［M］．北京：法律出版社，2017.

［72］刘佳迪．中国政策性贷款的WTO合规性研究［D］．上海：复旦大学博士学位论文，2011.

［73］刘建民，马理，吴金光．促进科技自主创新发展的政府采购机制设计［J］．财政研究，2010（11）：43－45.

［74］刘立．改革开放以来中国科技政策的四个里程碑［J］．中国科技论坛，2008（10）：3－5.

［75］刘向东，李浩东．中国提出加入CPTPP的可行性与实施策略分析［J］．全球化，2019（5）：57－69.

［76］陆燕．国际贸易新规则：重构的关键期［J］．国际经济合作，2014（8）：4－8.

［77］吕国民．TPP知识产权规则：高标准保护与中国的因应［J］．暨南学

报（哲学社会科学版），2016（9）：18－21.

［78］吕晓杰．入世十年：法治中国［M］．北京：人民出版社，2011.

［79］毛真真．国有企业补贴国际规则对比研究——从传统补贴规则到非商业支持规则［J］．河北法学，2017，35（5）：154－163.

［80］蒙英华，于立新．服务贸易补贴及中国政策绩效评估［J］．国际贸易，2013（10）：61－67.

［81］牛君，韩民春．WTO 背景下实施战略性自主创新政策的实证分析——以我国高新技术产业为例［J］．国际贸易问题，2008（2）：21－25.

［82］潘晓明．TPP 高标准国际贸易规则对中国的挑战及应对策略［J］．国际展望，2015（5）：96－111.

［83］齐爱民．拯救信息社会中的人格：个人信息保护法总论［M］．北京：北京大学出版社，2009.

［84］阙方平．中国科技金融创新与政策研究［M］．北京：中国金融出版社，2016.

［85］尚妍．《反假冒贸易协定》的几个基本问题［J］．暨南学报（哲学社会科学版），2014，36（12）：92－99.

［86］尚勇．增强自主创新能力建设创新型国家［J］．中国软科学，2005（7）：1－3.

［87］沈国兵．TRIPS 协定下中国知识产权保护的核心难题及基准［J］．财经研究，2008，34（10）：50－62.

［88］沈铭辉．自由贸易协定与多边贸易体系——基于美国贸易战略的洞察［J］．天津社会科学，2014（6）：80－84.

［89］盛斌，高疆．中国与全球经济治理：从规则接受者到规则参与者［J］．南开学报（哲学社会科学版），2018（5）：18－27.

［90］师华，徐佳蓉．WTO《SPS 协定》与我国农产品应对 SPS 措施对策研究［M］．北京：知识产权出版社，2015.

［91］石广生．中国加入世界贸易组织知识读本［M］．北京：人民出版社，2002.

［92］石静霞．国际贸易投资规则的再构建及中国的因应［J］．中国社会科学，2015（9）：128－145.

［93］石静霞．新一轮服务贸易谈判若干问题［J］．法学研究，2006（3）：

128 – 142.

[94] 史丹，白旻．美欧“双反”情形下中国光伏产业的危机与出路［J］．国际贸易，2012（12）：15 – 20.

[95] 世界贸易组织秘书处．世界贸易报告 2012：贸易和公共政策［M］．北京：中国商务出版社，2013.

[96] 世界贸易组织秘书处．乌拉圭回合协议导读［M］．北京：法律出版社，2000.

[97] 宋锡祥．欧盟转基因食品立法规制及其对我国的借鉴意义［J］．上海大学学报（社会科学版），2008，15（1）：89 – 96.

[98] 苏竣，黄萃．中国科技政策要目概览［M］．北京：科学技术文献出版社，2012.

[99] 苏竣．公共科技政策导论［M］．北京：科学出版社，2014.

[100] 孙昭．寸土必争的世贸争端［M］．北京：知识产权出版社，2015.

[101] 孙振宇．WTO 多哈回合谈判中期回顾［M］．北京：人民出版社，2005.

[102] 唐宜红，符大海．经济全球化变局、经贸规则重构与中国对策——“全球贸易治理与中国角色”圆桌论坛综述［J］．经济研究，2017（5）．

[103] 田玉红．WTO 框架下中国贸易政策与产业政策的协调［M］．北京：人民出版社，2009.

[104] 屠新泉，庞超然，刘斌．TPP 搁浅对我国的影响及对策［J］．求索，2016（12）：9 – 13.

[105] 屠新泉，史丁莎．确定政府采购制度的边界是我国加入 GPA 谈判的关键［J］．中国政府采购，2014（3）：30 – 31.

[106] 屠新泉，徐林鹏，杨幸幸．国有企业相关国际规则的新发展及中国对策［J］．亚太经济，2015（2）：45 – 49.

[107] 屠新泉．我国加入 GPA 谈判的焦点问题分析［J］．中国政府采购，2011（9）：59 – 61.

[108] 屠新泉．新 GPA：政府采购市场国际化的新指针［J］．中国政府采购，2012（2）：13.

[109] 屠新泉．中国加入 WTO 以来的美国对华贸易政策［J］．世界经济研究，2007（11）：30 – 36.

[110] 万钢．中国科技改革开放30年［M］．北京：科学出版社，2008.

[111] 汪蓉．欧盟海关1383/2003条例的法理评析——以欧盟仿制药品过境案为视角［J］．时代金融，2013（11）：31－32.

[112] 王寰，杨朝军．浅析美国反补贴调查中的“不利可得事实”制度［J］．北京工商大学学报（社会科学版），2010，25（1）：106－110.

[113] 王秋雯．国有企业规则在区域贸易谈判平台中的新发展与中国对策［J］．国际贸易，2018（6）：61－66.

[114] 王瑞军，商玲玲．加入GPA对我国科技创新和产业发展的影响和应对策略［J］．中国软科学，2012（4）：188－192.

[115] 王识歧．论WTO规则约束下地方政府在外贸领域的自主创新促进政策［J］．科技和产业，2006（11）：1－3.

[116] 王太平．商标侵权的判断标准：相似性与混淆可能性之关系［J］．法学研究，2014（6）：162－180.

[117] 王小琼．试析WTO框架下与转基因产品相关的贸易规则——兼论中国转基因产品立法之完善［J］．国际经贸探索，2006，22（2）：38－42.

[118] 王孝松，何欣悦．TPP达成对中国贸易发展的影响探究［J］．经济理论与经济管理，2016（3）：86－100.

[119] 王奕．试析WTO转基因产品贸易预防原则［J］．上海对外经贸大学学报，2003（11）：23－26.

[120] 王友华，蔡晶晶，杨明，等．全球转基因大豆专利信息分析与技术展望［J］．中国生物工程杂志，2018（2）：116－125.

[121] 王琢．WTO法专题研究：以WTO争端解决为视角［M］．北京：法律出版社，2016.

[122] 吴久鸿，李洪．仿制药在美国和印度的生产及使用情况对中国的启示［J］．中国药物经济学，2018，13（7）：107－115.

[123] 吴曰程，王玉斌．中国转基因大豆进口及其影响分析［J］．大豆科学，2019（4）：635－643.

[124] 夏杰长．中国服务业发展报告（2016－2017）——迈向服务业强国：约束条件、时序选择与实现路径［M］．北京：经济管理出版社，2017.

[125] 谢青轶．《跨太平洋伙伴关系协定》（TPP）的专利条款研究［J］．知识产权，2016（1）：127－133.

［126］邢继俊，赵刚．自主创新与国际合作并行不悖［J］．中国科技财富，2010（11）：12－13.

［127］徐进亮，康健，张亦华．贸易自由化对中国政府采购产品自主创新的影响及政策建议［J］．广西民族大学学报（哲学社会科学版），2016（6）：151－156.

［128］徐玮晶．转基因农产品引发的国际贸易法律问题及其对策［J］．经济研究导刊，2015（2）：290－292.

［129］薛虹．十字路口的国际知识产权法［M］．北京：法律出版社，2012.

［130］薛澜，柳卸林，穆荣平．OECD 中国创新政策研究报告［M］．北京：科学出版社，2011.

［131］薛荣久．国际经贸理论通鉴［M］．北京：对外经济贸易大学出版社，2013.

［132］杨国华．WTO 中国案例评析［M］．北京：知识产权出版社，2015.

［133］杨鸿，高田甜．过境货物的知识产权边境措施：TRIPS 协定下的合规性问题［J］．亚太经济，2013（4）：43－50.

［134］杨鸿．《反假冒贸易协定》的知识产权执法规则研究［J］．法商研究，2011（6）：108－116.

［135］杨立强，余稳策．从 TPP 到 CPTPP：参与各方谈判动机与贸易利得变化分析［J］．亚太经济，2018（5）：57－64.

［136］杨荣珍．国外对华反补贴案例研究［M］．北京：对外经济贸易大学出版社，2015.

［137］杨荣珍．美国对华铝型材反补贴案评析［J］．对外经贸实务，2012（4）：72－76.

［138］杨幸幸．《美墨加协定》金融服务规则的新发展——以 GATS 与 CPTPP 为比较视角［J］．经贸法律评论，2019（4）：45－58.

［139］叶楠．我国部分产业政策与 WTO 规则的一致性研究［J］．长江大学学报（社会科学版），2013（12）：69－71.

［140］易健雄．OEM 商标侵权纠纷处理的态度选择［J］．知识产权，2009，19（5）：23－28.

［141］尹政平，杜国臣，李光辉．多边贸易体制与区域贸易安排的关系与前

景［J］．国际贸易，2017（7）：11－15.

［142］余淼杰，王宾骆．对外改革，对内开放，促进产业升级［J］．国际经济评论，2014（2）：49－60.

［143］余楠．国际法与国际关系视野下《跨太平洋伙伴关系协定》（TPP）知识产权谈判［M］．北京：法律出版社，2016.

［144］俞文华．加入WTO对我国国家科技计划的冲击及其政策建议［J］．清华大学学报（哲学社会科学版），2000（4）：13－21.

［145］俞文华．加入WTO对我国技术创新政策的挑战及其对策分析［J］．中国工业经济，2000（8）：58－63.

［146］袁晓东．科技创新补贴与SCM的冲突及其协调［J］．软科学，2003（3）：78－80.

［147］袁真富，郑舒姝．《反假冒贸易协定》（ACTA）：制度评价及其国际影响［J］．国际贸易问题，2012（7）：164－176.

［148］张斌．多哈回合规则谈判中的补贴利益及其计算基准问题评析［J］．上海对外经贸大学学报，2009（7）：17－23.

［149］张赤东．国有企业在中高创新驱动力阶段波动停滞——基于企业创新驱动力指数的分析［J］．全球科技经济瞭望，2017，32（7）：58－69.

［150］张汉林．WTO主要成员贸易政策体系与对策研究［M］．北京：经济科学出版社，2009.

［151］张换兆，陈宝明，黄宁．TPP及其对我国科技创新的影响［J］．高科技与产业化，2016（2）：26－28.

［152］张换兆，刘冠男．“自主创新产品优先”政策引发的争议及应对策略［J］．中国科技论坛，2011（5）：5－9.

［153］张惠彬．后TRIPS时代国际知识产权保护新趋势——以《反假冒贸易协定》为考察中心［J］．国际商务（对外经济贸易大学学报），2013（6）：118－125.

［154］张磊，王茜．多哈回合谈判的最新进展：2011年度报告［M］．北京：法律出版社，2013.

［155］张丽英，付文辉．中国清洁能源政策在WTO框架下的合规性研究［C］．WTO法与中国论丛，2011.

［156］张敏．WTO框架下欧盟知识产权边境措施适用于过境货物之合法性

分析［J］．上海对外经贸大学学报，2013（1）：29－42.

［157］张乃根．试析TPP知识产权条款的TRIPS追加义务［J］．海关与经贸研究，2016，37（4）：15－28.

［158］张乃根．试析美欧诉中国技术转让案［J］．法治研究，2019（1）：126－138.

［159］张平．WTO/TRIPS知识产权争端成案及对策［M］．北京：法律出版社，2016.

［160］张伟君，单晓光．TRIPS协议对知识产权滥用的规制探析［J］．上海对外经贸大学学报，2007（10）：13－19.

［161］张伟君，单晓光．WTO框架下完善我国知识产权滥用规制制度的若干思考［J］．法学家，2008（2）：121－126.

［162］张伟君．TPP等区域贸易协定中TRIPS－plus条款对WTO成员的影响［J］．东方法学，2016（1）：84－95.

［163］张晓原，王元，赵明鹏．中国科技金融发展报告2012［M］．北京：经济管理出版社，2013.

［164］张燕．印度为何成为仿制药的"世界药房"［J］．中国经济周刊，2018（28）：62－65.

［165］张宇萌．TPP框架下药品试验数据法律保护研究［D］．重庆：西南政法大学硕士学位论文，2017.

［166］张宇燕．《跨太平洋伙伴关系协定》文本解读［M］．北京：中国社会科学出版社，2016.

［167］张玉卿．基因产品贸易未来的发展趋势——"WTO转基因第一案"述评与展望［J］．WTO经济导刊，2006（12）：59－62.

［168］张月姣．亲历世界贸易组织上诉机构［M］．北京：社会科学文献出版社，2017.

［169］赵云波，武晓媛．GPA规则下政府采购扶持自主创新的策略研究［J］．科学管理研究，2015（5）：34－38.

［170］中国世界贸易组织研究会．深化改革图发展［M］．北京：中国商务出版社，2011.

［171］周忠海．WTO诸边协定释义［M］．长沙：湖南科学技术出版社，2006.

［172］朱榄叶．世界贸易组织法经典案例选编［M］．北京：北京大学出版社，2018.

［173］朱榄叶．世界贸易组织国际贸易纠纷案例评析（2003—2006）［M］．北京：法律出版社，2008.

［174］朱榄叶．世界贸易组织国际贸易纠纷案例评析（2007—2009）［M］．北京：法律出版社，2010.

［175］朱榄叶．世界贸易组织国际贸易纠纷案例评析（2010—2012）［M］．北京：法律出版社，2013.

［176］朱榄叶．世界贸易组织国际贸易纠纷案例评析（2013—2015）［M］．北京：法律出版社，2016.

［177］朱满德，程国强．中国农业的黄箱政策支持水平评估：源于 WTO 规则一致性［J］．改革，2015（5）：58－66.

［178］朱秋沅．《反假冒贸易协定》［J］．上海海关学院学报，2011（1）：102－110.

［179］庄媛媛，卢冠锋．TPP 与 TRIPS 知识产权规则比较研究［J］．亚太经济，2016（3）：82－85.

［180］［美］戴维·帕尔米特，［希］佩特罗斯·马弗鲁第斯．WTO 中的争端解决［M］．北京：北京大学出版社，2005.

［181］［美］贾格迪什·巴格沃蒂．贸易保护主义［M］．北京：中国人民大学出版社，2010.

［182］［美］诺姆·乔姆斯基．新自由主义和全球秩序［M］．南京：江苏人民出版社，2000.

［183］［美］约翰·H. 杰克逊．国家主权与 WTO 变化中的国际法基础［M］．北京：社会科学文献出版社，2009.

［184］［美］约翰·H. 巴顿．贸易体制的演进［M］．北京：北京大学出版社，2013.

［185］［挪］詹·法格伯格，［美］戴维·莫利，［美］理查德·纳尔逊．牛津创新手册［M］．北京：知识产权出版社，2009.

［186］［英］阿姆里塔·纳利卡．权力、政治与 WTO［M］．北京：外语教学与研究出版社，2007.

［187］Anderson R D，Muller A C. The Revised WTO Agreement on Government

Procurement as an Emerging Pillar of the World Trading System: Recent Developments [J]. Trade, Law and Development, 2016, 7 (1): 42-63.

[188] Boumil J S. China's Indigenous Innovation Policies Under the TRIPS and GPA Agreements and Alternatives for Promoting Economic Growth [J]. Chicago Journal of International Law, 2012, 12 (2): 755-781.

[189] Brooks H. The Scientific Adviser [M] //Glipin R, Wright C. Scientists and National Policy - Making. New York: Columbia University Press, 1964.

[190] Burton P F, Romano G, Rimmer S, et al. Transborder Data Flow: A Review of Issues and Policies [J]. Library Review, 1988, 37 (3): 27-37.

[191] Caporale G M, Sova A, Sova R, et al. Trade Flows and Trade Specialisation: The Case of China [J]. China Economic Review, 2015: 261-273.

[192] Chander A, Lê U P. Data Nationalism [J]. Emory Law Journal, 2015 (64): 679-704.

[193] Chou B K. China's Economic Integration into Global Regulatory Frameworks: A Study of Government Procurement [J]. Communist and Post - communist Studies, 2006, 39 (4): 431-445.

[194] Crane K, Luoto J E, Harold S W, et al. The Effectiveness of China's Industrial Policies in Commercial Aviation Manufacturing [R]. RAND Corporation, 2014.

[195] Daniel C. China's Indigenous Innovation Policies and the World Trade Organization [J]. Northwestern Journal of International Law & Business, 2013 (34): 81-124.

[196] Dosi G. Technological Paradigms and Technological Trajectories: A Suggested Interpretation of the Determinants and Directions of Technical Change [J]. Research Policy, 1982, 11 (3): 0-162.

[197] Eaton J, Kortum S S. International Technology Diffusion: Theory and Measurement [J]. International Economic Review, 1999, 40 (3): 537-570.

[198] Eaton J, Kortum S S. Trade in Ideas: Patenting and Productivity in the OECD [J]. Journal of International Economics, 1996, 40 (3-4): 251-278.

[199] Foreropineda C. The Impact of Stronger Intellectual Property Rights on Science and Technology in Developing Countries [J]. Research Policy, 2006, 35

(6): 808 – 824.

[200] Giroud A, Ha Y J, Yamin M, et al. Innovation Policy, Competence Creation and Innovation Performance of Foreign Subsidiaries: The Case of South Korea [J]. Asian Business & Management, 2012, 11 (1): 56 – 78.

[201] Grosse Ruse – Khan H, Kur A. Enough is Enough—The Notion of Binding Ceilings in International Intellectual Property Protection [J]. Social Science Electronic Publishing, 2008.

[202] Grossman G M, Helpman E. Innovation and Growth in the Global Economy [J]. Mit Press Books, 1991, 1 (2): 323 – 324.

[203] Hartman S W. The WTO, the Doha Round Impasse, PTAs, and FTAs/RTAs [J]. The International Trade Journal, 2013, 27 (5): 411 – 430.

[204] Helpman E. Innovation, Imitation, and Intellectual Property Rights [J]. Econometrica, 1993, 61 (6): 1247 – 1280.

[205] Hoekman B, Mattoo A. Liberalizing Trade in Services: Lessons from Regional and WTO Negotiations [J]. International Negotiation, 2013, 18 (1): 131 – 151.

[206] Horn H, Mavroidis P C, Sapir A, et al. Beyond the WTO? An Anatomy of EU and US Preferential Trade Agreements [J]. The World Economy, 2010, 33 (11): 1565 – 1588.

[207] Kaldor N. A Model of Economic Growth [J]. Economic Journal, 1957, 67 (268): 591 – 624.

[208] Kaldor N. The Case for Regional Policies [J]. Scottish Journal of Political Economy, 1970, 17 (5): 481 – 491.

[209] Krugman P R. A Model of Innovation, Technology Transfer, and the World Distribution of Income [J]. Journal of Political Economy, 1979, 87 (2): 253 – 266.

[210] Lewis J I. The Rise of Renewable Energy Protectionism: Emerging Trade Conflicts and Implications for Low Carbon Development [J]. Global Environmental Politics, 2014, 14 (4): 10 – 35.

[211] Lucas R E. On the Mechanics of Economic Development [J]. Journal of Monetary Economics, 1988, 22 (1): 3 – 42.

[212] Lugard M, Smart M. The Role of Science in International Trade Law [J]. Regulatory Toxicology and Pharmacology, 2006, 44 (1): 69-74.

[213] Lundvall B A, Borras S, Science, Technology and Innovation Policy [M]. Oxford: Oxford University Press, 2005.

[214] Maskus K E, Reichman J H. The Globalization of Private Knowledge Goods and the Privatization of Global Public Goods [J]. Journal of International Economic Law, 2004, 7 (2): 279-320.

[215] Mathis J. Multilateral Aspects of Advanced Regulatory Cooperation: Considerations for a Canada-EU Comprehensive Trade Agreement (CETA) [J]. Legal Issues of Economic Integration, 2012, 39 (1): 73-91.

[216] Mccrudden C, Gross S G. WTO Government Procurement Rules and the Local Dynamics of Procurement Policies: A Malaysian Case Study [J]. European Journal of International Law, 2006, 17 (1): 151-185.

[217] Nagarajan N. Regionalism and the WTO: New Rules for the Game? [J]. Economic Papers: A Journal of Applied Economics and Policy, 1998 (128): 1-22.

[218] OECD. The Evolving Privacy Landscape: 30 Years After the OECD Privacy Guidelines [R]. OECD Digital Economy Papers, 2011.

[219] Pipe G R. International Information Policy: Evolution of Transborder Data Flow Issues [J]. Telematics & Informatics, 1984, 1 (4): 409-418.

[220] Rickard S J, Kono D Y. Think globally, Buy Locally: International Agreements and Government Procurement [J]. Review of International Organizations, 2014, 9 (3): 333-352.

[221] Romer P M. Endogenous Technological Change [J]. Journal of Political Economy, 1990, 98 (5): 71-102.

[222] Romer P M. Increasing Returns and Long-Run Growth [J]. Journal of Political Economy, 1986, 94 (5): 1002-1037.

[223] Roy M, Marchetti J A, Lim H, et al. Services Liberalization in the New Generation of Preferential Trade Agreements (PTAs): How Much Further than the GATS? [J]. World Trade Review, 2007, 6 (2): 155-192.

[224] Salami R, Soltanzadeh J. Comparative Analysis for Science, Technology

and Innovation Policy; Lessons Learned from Some Selected Countries (Brazil, India, China, South Korea and South Africa) for Other LdCs Like Iran. [J]. Journal of Technology Management & Innovation, 2012, 7 (1): 211-227.

[225] Sell S K. TRIPS Was Never Enough: Vertical Forum Shifting, FTAs, ACTA, and TPP [J]. Journal of Intellectual Property Law, 2011 (18).

[226] Siyuan A, Brian P. China's Indigenous Innovation Policy in the Context of Its WTO Obligations and Commitments [J]. Journal of International Law, 2011, 42 (2): 375-447.

[227] Trubow G B. European Harmonization of Data Protection Laws Threatens U. S. Participation in Trans Border Data Flow [J]. Journal of Architecture & Building Science, 1992, 52 (1): 159.

[228] UNCTAD. Data Protection Regulations and International Data Flows: Implications for Trade and Development [R]. 2016.

[229] Urata S. Mega-FTAs and the WTO: Competing or Complementary? [J]. International Economic Journal, 2016, 30 (2): 231-242.

[230] Wu M. Why Developing Countries Won't Negotiate: The Case of the WTO Environmental Goods Agreement [J]. Trade, Law and Development, 2014, 6 (1): 93-176.

[231] Wu X. The Evolution of Innovation Policy in China: A Brief Introduction [J]. Australian Economic Review, 2012, 45 (4): 463-466.

附　　录

附录1：中国被诉WTO争端简表

序号	编号	申诉方	年份	案件	争议措施
1	DS309	美国	2004	集成电路税收优惠案	给予集成电路产业的增值税退税政策
2	DS339	欧盟	2006	汽车零部件案	《关于构成整车特征汽车零部件进口管理办法》等汽车零部件进口关税政策
3	DS340	美国			
4	DS342	加拿大			
5	DS358	美国	2007	税收政策优惠案	关于外商投资企业的所得税优惠及增值税优惠政策
6	DS359	墨西哥			
7	DS362	美国	2007	知识产权保护与执法案	知识产权刑事处罚门槛、海关对没收的侵权货物的处置规定、《著作权法》关于未获许可出版传播的作品不受法律保护的规定
8	DS363	美国	2007	出版物市场准入案	出版物、音像制品、电影进口专营和分销的法规和规章
9	DS372	欧盟	2008	金融信息案	外国通讯社在中国境内提供金融信息服务的管理规定
10	DS373	美国			
11	DS378	加拿大			
12	DS387	美国	2008	名牌项目出口补贴案	与“中国世界名牌”项目、“中国出口名牌”项目有关的补贴措施
13	DS388	墨西哥			
14	DS390	危地马拉			

续表

序号	编号	申诉方	年份	案件	争议措施
15	DS394	美国	2009	原材料出口限制案	对矾土、焦炭、氟石、镁、锰、碳化硅、金属硅、黄磷、锌等九种原材料的出口限制措施及出口关税措施
16	DS395	欧盟			
17	DS398	墨西哥			
18	DS407	欧盟	2010	紧固件反倾销案	对欧盟紧固件采取的临时反倾销措施
19	DS413	美国	2010	电子支付服务案	对电子支付卡交易和服务维持的限制措施
20	DS414	美国	2010	取向硅钢双反案	对取向硅钢采取反补贴和反倾销终裁措施
21	DS419	美国	2010	风能措施案	鼓励风能发展的资金扶持措施
22	DS425	欧盟	2011	X 射线安全检查设备反倾销案	对欧盟 X 射线安全检查设备采取的最终反倾销措施
23	DS427	美国	2011	白羽肉鸡双反措施案	对白羽肉鸡采取的反倾销和反补贴最终措施
24	DS431	美国	2012	稀土出口限制案	对稀土、钨、钼采取的出口关税及出口限制措施
25	DS432	欧盟			
26	DS433	日本			
27	DS440	美国	2012	汽车双反措施案	对从美国进口的部分汽车采取的反倾销和反补贴措施
28	DS450	美国	2012	汽车出口补贴案	鼓励汽车和汽车零部件出口的政策
29	DS451	墨西哥	2012	纺织品服装补贴案	鼓励纺织品、服装生产和出口的政策
30	DS454	日本	2012	不锈钢无缝钢管反倾销案－1	对从日本进口的高性能不锈钢无缝钢管采取的反倾销措施
31	DS460	欧盟	2013	不锈钢无缝钢管反倾销案－2	对从欧盟进口的高性能不锈钢无缝钢管采取的反倾销措施
32	DS483	加拿大	2014	浆粕反倾销案	对从加拿大进口的浆粕采取的反倾销措施
33	DS489	美国	2015	示范基地与公共服务平台补贴案	通过示范基地和公共服务平台项目鼓励出口的政策
34	DS501	美国	2015	国产飞机税收优惠案	对部分国产飞机免征增值税的措施
35	DS508	美国	2016	原材料出口关税案	对锑、钴、铜、石墨、铅、镁、滑石、钽和锡等原材料征收出口关税的措施
36	DS509	欧盟	2016	原材料出口关税及限制措施案	对锑、铬、钴、铜、石墨、铟、铅、镁、滑石、钽和锡等原材料征收出口关税及实施的其他出口限制措施

续表

序号	编号	申诉方	年份	案件	争议措施
37	DS511	美国	2016	农业生产国内支持案	针对部分农产品国内生产的支持政策
38	DS517	美国	2016	农产品关税配额案	对部分农产品进口实施的关税配额
39	DS519	美国	2017	原铝补贴案	鼓励原铝生产的扶持措施
40	DS542	美国	2018	知识产权保护案	有关技术转让的措施
41	DS549	欧盟	2018	技术转让案	有关技术转让的措施
42	DS558	美国	2018	加征关税案	对某些进口自美国的产品加征关税的措施
43	DS568	巴西	2018	食糖进口案	对食糖进口采取的管理措施

注：时间截至2019年7月。

附录2：中国被诉的科技创新政策汇总表

序号	政策	发布部门	涉入案件
1	《关于扶持出口名牌发展的指导意见》（商贸发〔2005〕124号）	商务部、科技部等	DS387/388/390
2	《黑龙江省关于扶持出口名牌发展的指导意见》（黑商联发〔2006〕1号）	黑龙江省商务厅、科技厅等	DS387/388/390
3	《实施贵阳市“十一五”科学与技术发展规划（2006—2010年）的若干配套政策》	贵阳市政府	DS387/388/390
4	《佛山市南海区实施自主创新品牌带动及企业上市扶持奖励办法》（南府〔2007〕128号）	佛山市南海区政府	DS387/388/390
5	《国家中长期科学和技术发展规划纲要（2006—2020年）》若干配套政策（国发〔2006〕6号）	国务院	DS450、DS451
6	《关于“十二五”期间促进机电产品出口持续健康发展的意见》	商务部、科技部等	DS450
7	《优化机电和高新技术产品进出口结构资金管理暂行办法》（商财发〔2007〕291号）	商务部、财政部	DS450

续表

序号	政策	发布部门	涉入案件
8	《厦门市机电和高新技术产品出口结构调整项目管理办法》（厦经外〔2009〕449号）	厦门市经济发展局等	DS450
9	《国家科技支撑计划管理暂行办法》（国科发计字〔2006〕第331号）	科技部、财政部	DS451
10	关于印发《高新技术企业认定管理办法》（国科发火〔2008〕172号）	科技部、财政部、国家税务总局	DS451
11	《关于组织推荐科技成果转化项目的通知》（财办建〔2010〕25号）	财政部办公厅、工信部办公厅	DS451
12	《关于组织推荐2012年国家重大科技成果转化项目的通知》（财办建〔2012〕20号）	财政部办公厅、工信部办公厅	DS451
13	《关于做好顺德区2013年外贸转型升级示范基地建设资金使用管理工作的通知》（顺经发〔2013〕62号）	广东省佛山市顺德区经济和科技促进局	DS489
14	《宝安区关于促进产业转型升级加快转变经济发展方式的实施意见》	广东省深圳市宝安区科技创新局	DS489
15	《关于做好2014年度外经贸发展专项资金外贸公共服务平台项目申报工作的预通知》	广东省佛山市南海区经济和科技促进局	DS489
16	《珠海市扩大进口专项配套资金管理办法》（珠科工贸信〔2012〕1145号）	珠海市科技工贸和信息化局、珠海市财政局	DS489
17	《关于加快推进农业科技创新持续增强农产品供给保障能力的若干意见》（中发〔2012〕1号）	中共中央、国务院	DS511
18	《关于加大改革创新力度加快农业现代化建设的若干意见》（中发〔2015〕1号）	中共中央、国务院	DS511
19	《关于商业银行改善和加强对高新技术企业金融服务的指导意见》（银监发〔2006〕94号）	中国银行业监督管理委员会	DS519
20	《中华人民共和国技术进出口管理条例》（2011年1月修订）	国务院	DS542、DS549
21	《国家中长期科学和技术发展规划纲要（2006—2020年）》（国发〔2005〕第044号）	国务院	DS549

续表

序号	政策	发布部门	涉入案件
22	《关于鼓励技术引进和创新，促进转变外贸增长方式的若干意见》（商服贸发〔2006〕13 号）	商务部、科技部等	DS549
23	《汽车产业中长期发展规划》（工信部联装〔2017〕53 号）	工信部、发改委、科技部	DS549
24	《技术进出口合同登记管理办法》，中华人民共和国商务部令 2009 年第 3 号	商务部	DS549
25	《最高人民法院关于审理技术合同纠纷案件适用法律若干问题的解释》，2004 年 11 月 30 日由最高人民法院审判委员会第 1335 次会议通过	最高人民法院审判委员会	DS549
26	《知识产权对外转让有关工作办法（试行）》（国办发〔2018〕19 号）	国务院办公厅	DS549
27	《中华人民共和国技术进出口管理条例问答》（中信出版社 2002 年版）	国务院法制办公室财政金融法制司	DS549
28	《关于禁止滥用知识产权排除、限制竞争行为的规定》，2015 年 4 月 7 日国家工商行政管理总局令第 74 号公布	国家工商行政管理总局	DS549
29	《中国禁止进口限制进口技术目录》（修订后），商务部令 2007 年第 7 号	商务部	DS549
30	《中国禁止出口限制出口技术目录》，商务部、科技部令 2008 年第 12 号	商务部、科技部	DS549
31	《鼓励进口技术和产品目录（2016 年版）》（发改产业〔2016〕1982 号）	发改委、财政部、商务部	DS549
32	《关于鼓励技术出口的若干意见》（商服贸发〔2009〕第 584 号）	商务部、科技部	DS549
33	《中华人民共和国科学技术进步法》，中华人民共和国主席令（十届第 82 号）	第八届全国人大常委	DS549

注：被诉时间截至 2019 年 7 月，且排除 DS309、DS419、DS501、DS362 四个案件。